Erich Renner

Andere Völker – andere Erziehung

Erich Renner

Andere Völker – andere Erziehung

Eine pädagogische Weltreise

Edition Trickster im Peter Hammer Verlag

Professor Erich Renner, Ethnopädagoge an der Universität Erfurt, unternahm Forschungsreisen in viele Teile der Welt, zuletzt zu den Navajo-Indianern im Südwesten der USA. Im Herbst 2001 erscheint: „Heilige Berge und Großer Nachtgesang".

Die Deutsche Bibliothek – CIP-Einheitsaufnahme
Ein Titeldatensatz für die Publikation ist bei
Der Deutschen Bibliothek erhältlich.

Umschlaggestaltung: Magdalene Krumbeck
mit Verwendung eines Motivs von Wilhelm Busch
Satz: Greiner & Reichel, Köln
Druck: Clausen & Bosse, Leck
ISBN 3-87294-870-9

Inhalt

Vorbemerkungen 7

Stichwörter
Aggression 9
Angst 20
Arbeit 27
Aufklärung 34
Autorität 39
Denken 44
Einweihung 57
Erbanlage oder Milieu 67
Ernährung 78
Erzählen 87
Erziehung 96
Familie 102
Geburt 110
Geschwister 117
Großeltern 121
Gruppen 128
Kindheit 144
Lernen 152
Liebe 164
Lieder und Musik 171
Medien 179
Religion 188
Schule 199
Spielen 211
Strafen 223
Trennung 232
Vorbilder 243

Vorbemerkungen

Dieses Buch wendet sich an alle, die Verantwortung in der Erziehung tragen, an Eltern, Großeltern, erwachsene Geschwister, Verwandte, an Lehrende aller Schularten, an Studierende und Lehrende in Pädagogik, Psychologie, Soziologie, Ethnologie. Es wendet sich aber auch an diejenigen, denen die Lebensverhältnisse in unserer Gesellschaft im Hinblick auf die nachwachsenden Generationen nicht gleichgültig sind.

Mit Stichwörtern zwischen „Aggression“ und „Vorbilder“ möchte dieses Buch Erfahrungen fremder Völker über Erziehungsthemen und -bedingungen, die hier wie dort die Verantwortlichen beschäftigen oder beschäftigt haben, als einen Gedankenaustausch anbieten. Der Verfasser glaubt, nur wer ganz andere Verhältnisse kennt, kann seine eigenen wirklich verstehen! Auf diese Weise geben die Beispiele aus fremden Kulturen, die in den einzelnen Stichwörtern vorgestellt werden, Anlaß, über eigene Erfahrungen nachzudenken, ohne daß sich daraus eine simple Nachahmung ableiten ließe. Wäre uns das möglich, dann müßten die Verhältnisse, die fremden und die unsrigen, ebenfalls simpel sein und – wäre das möglich, dann hätten die fremden Kulturen immer vorbildlich zu sein. Daß beides nicht so ist, ist der Grundgedanke dieses Buches.

Die Leser sollten die verwendeten völkerkundlichen Quellen nicht danach beurteilen, ob sie historische Zustände schildern, die heute so nicht mehr existieren, denn es geht ja nicht um die Darstellung historischer Entwicklungen. Entscheidend war allein die Glaubwürdigkeit der Quellen und der darin geschilderten Situationen und Verhaltensweisen. Folglich können zeitlich und räumlich sehr unterschiedliche Beispiele im aufklärerischen Sinne nebeneinander stehen, sofern sie das gleiche Thema behandeln. Es muß jedoch eingeräumt werden, daß die Reichweite vieler Beispiele groß ist, so daß sie aufgrund ihrer Vielschichtigkeit verschiedenen Stichwörtern zuzuordnen wären. Mit Unterstichwörtern und Textverweisen hat der Verfasser versucht, dieser Vielschichtigkeit gerecht zu werden.

Jedes Stichwort beginnt mit einer breiten Einführung in das Thema. Es folgen dann die Beispiele aus fremden Kulturen, ausführlich oder knapp kommentiert, entsprechend den jeweils vorhandenen Quellen und dem hier gebotenen Umfang. Der Verfasser hat autobiographische Dokumente aus fremden Kulturen bevorzugt, weil diese authentische Innenansichten wiedergeben. Im jeweils konkreten Fall kommen solche Innenansichten auch ausführlich zu Worte. Abschließend findet der Leser einen resümierenden Kommentar.

Ich habe in einigen Stichwörtern auf meine Tagebuchnotizen über Gespräche und Erfahrungen mit unseren Söhnen Andreas und Florian zurückgegriffen. Ihnen verdanke ich viele Inspirationen und Einsichten für mein Lehrer-, Hochschullehrer- und Forscherdasein. Vielleicht stecken in diesen Beispielen auch Anregungen für Leser, sich intensiv mit Kindern und Jugendlichen zu befassen, sich auf Gespräche mit ihnen einzulassen. Ihr Gedankenreichtum kann uns oft erstaunen – Erziehung kann nur gelingen, wenn der Gesprächsfaden nie abreißt.

Aggression

→ **Aggressivität** → **Gewaltbereitschaft** → **Disziplinierung**

Aggression und Aggressivität sind keine zeitgenössischen Erscheinungen. Das lehrt uns die abendländische Geschichte. Wie sie aber vor Jahrhunderten im alltäglichen Leben von Kindern vorkommen, ist nicht so häufig überliefert. Von aggressiven kindlichen Kriegsspielen in Langensalza am Ende des 18. Jahrhunderts erzählt die Autobiographie von Ch. W. Bechstedt: „Etwas roh und wild ging es wohl bei uns in den neunziger Jahren zu. Was die Älteren über die Französische Revolution und den Krieg lasen, das spielten wir Schuljungen ihnen praktisch vor. Vor den Toren der Stadt, im Felde, schlugen wir aufeinander los, daß das Blut darein lief und warfen uns mit Steinen Löcher in die Köpfe. Sobald ich zum Sextus, Herrn Schröder, in die Schule kam, wurde ich angeworben und mußte unter dem Kommando des Generals Heinemann (jetzt noch lebender alter Cafetier) kleine Wagen mit Wurfsteinen beladen, hinter der Front herziehen, was stets die Arbeit der Jüngsten war. Zwei Jahre saß ich bei Herrn Ströhler, dann führte er mich und Andreas Koch, als seine zwei besten Schüler, zum Quintus, Herrn Ratz, hinüber. Auch draußen im Felde war ich befördert worden und als Unteroffizier schon manchmal mit Blutflecken und Beulen nach Hause gekommen. Wieder zwei Jahre saß ich nun in Quinta, bei Herrn Ratz, wo wir schon viel Latein deklinieren und konjugieren mußten (…) In diesen Jahren ging das Kriegsspielen immer schlimmer fort; auch die Erwachsenen hatten Gefallen daran, wenn wir mit Trommeln und Fahnen zum Tore hinausmarschierten. Wir hatten uns in Franzosen und Deutsche geteilt, und jede Abteilung war manchmal 50 Jungen stark. Die Leute eilten ans Fenster, und die Clemenser Soldaten riefen manchmal die Wache ins Gewehr, wenn es durchs Mühlhäuser Tor ging. Nur die vielen Blessierten wollten den Eltern nicht gefallen, und mancher durfte deswegen nicht mehr mit. Mein Vater aber sagte: ‚Das schadet den Jungen nichts, sie lernen vorsichtig zu sein und kriegen Courage.'"

Obwohl 1793 das Zeitalter der elektronischen Medien noch in weiter Ferne lag, verbindet der Erzähler seine intensive Beteiligung am Kriegsspiel

„Deutsche gegen Franzosen“ mit Leseerfahrungen der Älteren, vermutlich der Erwachsenen. Gleich welcher Art diese Lektüre gewesen sein mag, ihre Inhalte müssen irgendwie zur Kenntnis der Kinder gelangt sein. Außerdem existierte ein gewisses Wohlwollen gegenüber solchen Spielen, weil es mit allgemeinen Vorbehalten gegenüber den Franzosen übereinstimmte. Diese Erinnerung zeigt aber auch, manche Eltern hielten ihre Kinder davon ab, aber nur, weil sie sich Sorgen um ihr Wohlergehen machten. Doch der Vater des Erzählers glaubt, mit dem aggressiven Spiel der Kinder könnten allgemeine, für notwendig gehaltene Erziehungsprinzipien eingeübt werden: Vorsicht und Mut.

Seien wir ehrlich, wundert uns eine solche Schlußfolgerung?

Auch heute, zweihundert Jahre später am Anfang des 21. Jahrhunderts, sind Aggressivität und Gewaltbereitschaft in aller Munde. Und man streitet immer wieder und immer noch darüber, woher sie kommen. Gehören sie zum natürlichen Bestand des menschlichen Verhaltens oder sind sie anerzogen? Je nachdem, welcher Seite man zuneigt, zieht man Untersuchungsergebnisse der Verhaltens- oder der Milieuforscher heran. Eine besondere Schwierigkeit besteht darin, daß man nicht abläßt, nach einfachen Erklärungen zu suchen. Man stelle sich vor, wir würden uns damit abfinden zu sagen, gegen Aggressivität gibt es kein Gegenmittel, weil sie angeboren ist! Man stelle sich vor, wir würden jeden, der die medial allgegenwärtige Gewalt konsumiert, als potentiellen Gewalttäter behandeln!

„Kinder neigen dazu, Verhalten anderer auch in den Medien unter bestimmten Bedingungen nachzuahmen.“ Dieser Satz von Dieter Baacke spiegelt so etwas wie den aktuellen Stand der Diskussion, gerade auch, was aggressives Verhalten angeht. Und es sind die „bestimmten Bedingungen“, denen man heute größte Aufmerksamkeit zukommen lassen muß. Ist die oben zitierte Erinnerung aus dem 18. Jahrhundert nicht eigentlich schon ein Beispiel dafür?

Bereits die ursprünglichen Kontrahenten, Verhaltens- und Milieuforscher, haben versucht, ihre Positionen anhand fremdkultureller Beispiele zu untermauern. Erinnert sei an Konrad Lorenz, den Begründer der Verhaltensforschung, der die anlagebedingte Weitergabe von Aggressivität am Beispiel des Ute-Stammes im Südwesten der USA zu belegen versucht. Er stützt sich dabei auf Fremduntersuchungen des Psychoanalytikers Sidney Margolin.

Spätere Analysen des Materials haben sowohl Margolins Befunde als auch Lorenzens Schlußfolgerungen als unhaltbar widerlegt. Verwunderlich bleibt, daß auch wirklich bedeutende Forscher bei Versuchen, ihre Theorien zu stützen, nicht so genau hinschauen.

Irenäus Eibl-Eibesfeldt, Schüler von Konrad Lorenz, hat in eigenen kulturvergleichenden Untersuchungen in allen Kontinenten [→ Erbanlage oder Milieu] auch das Problem der Aggressivität behandelt. Insbesondere vergleicht er die Aggressivität bei den Yanomami im Orinoco-Dschungel Südamerikas mit der Friedfertigkeit der Buschleute in der Kalahari. Er beobachtet die außerordentlichen Unterschiede im Verhalten der Yanomami im Verhältnis zu den Buschleuten. Die ersten leben nach dem Kriegerideal „waiteri", was dazu führt, daß etwa ein Viertel der männlichen Stammesmitglieder im Kriege umkommt. Deshalb werden die Jungen schon von früher Kindheit zur Aggressivität angehalten, ja angestachelt. Buschleute dagegen „ermuntern ihre Kinder nicht zur Aggression". Nach Eibl-Eibesfeldts Auffassung zeigen beide Völker genetische Grundlagen für aggressives Verhalten: „Die Veranlagung ist im Grunde gleich. Verschieden ist der kulturelle Überbau, den die Erziehung schafft." Die einen, die Yanomami, forcieren Aggression, die anderen, die Buschleute, leiten sie durch Wettbewerbsspiele ab. Alle Ergebnisse seiner Feldforschung bei vier naturnah lebenden Völkern faßt Eibl-Eibesfeldt in „humanethologischen Steckbriefen" zusammen. Die schon genannten Yanomami und Buschleute halten beim Vergleich von Aggressivität und entsprechender Erziehung die beiden extremen Pole inne. Die Himba aus Namibia liegen mit geringer Ermunterung zur Aggression und wenig Streit in der Gruppe wie die Eipo aus Neuguinea mit Ermunterung zur Aggression und gelegentlicher Gewalttätigkeit in der Gruppe zwischen diesen Positionen. Eine wichtige Erkenntnis ergänzt diese verhaltensbiologischen Befunde, nämlich die genetische Disposition für selbstloses, für altruistisches Verhalten, also ein „sowohl als auch". Aus stammesgeschichtlicher Sicht sei sie unabdingbar, um die notwendige menschliche Gemeinschaft zu ermöglichen.

Aus der Sicht dieser Ergebnisse könnte demnach der alte Streit um die eine oder andere alleinige Ursache für Aggressivität als beigelegt gelten. Genügte aber hier nicht die Annahme, daß menschliches Verhalten nach beiden Seiten offen ist, weil es auf die bestimmten Bedingungen ankommt? Wie mit Aggression und Gewaltbereitschaft bei anderen Völkern umgegangen wird, bleibt auch aus diesem Grunde spannend! Häufig unterschlägt die Diskussion über Anlage oder Milieu die Bedeutung einer dritten Komponente in der menschlichen Entwicklung: das Entstehen des Ichs, des individuellen Charakters, der Persönlichkeit. Diese Komponente bleibt als wichtiger Begleitfaktor auch der Aggressivität häufig außer Betracht oder sie wird oft mit dem Anlagefaktor vermengt.

Die nachfolgende Geschichte ist ein Ausschnitt aus der Autobiographie einer Ifugao-Frau von der Philippinen-Insel Luzon. Die Ifugao sind Reisbauern und Kopfjäger oder waren es in den 30er Jahren des 20. Jahrhunderts, als diese Lebensgeschichte aufgenommen wurde. Der Initiator dieser Selbstbiographie beteuert, Bugan sei keine typische Ifugao-Frau. Von Natur aus sei sie aggressiver und vitaler als die meisten Männer oder Frauen. Interessanterweise hat sie offensichtlich genau dieses Bild auch von sich selbst.

„Ich war ein aggressives Kind und ein Wildfang, das gern die Spiele auf die Spitze trieb, gerade wie ein Junge und eben auch mit den Jungs. Die Leute sagten immer zu mir, es wäre ungehörig, alles bis zum letzten zu treiben. Aber ich hatte immer meine eigene Art zu spielen, und wenn mir ein anderes Kind in die Quere kam, habe ich es mit Steinen beworfen, ausgepeitscht oder ihnen meine Fersen auf die Zehen gehauen.

Fast jeden Tag haben wir Kinder im Fluß gebadet und blieben dort die ganze Zeit, wobei wir schwammen, spielten und uns Schlachten im Steinewerfen lieferten. Damals gab es noch keine strenge Trennung zwischen Jungen und Mädchen wie heute. Jungen und Mädchen badeten gemeinsam, selbst Brüder und Schwestern benutzten die gegenüberliegenden Ufer des Wassers. Wenn wir aus dem Wasser kamen, spielten wir Mädchen Fußknöchel greifen und einander umwerfen. Danach füllten wir unsere aufgerollten Röcke über dem Hüftgürtel mit Steinen und übten Steinewerfen. In der Zwischenzeit hatten die Jungen sich Schilde aus Blättern der Betel oder Kokosnußpalme gemacht und begannen einen Kampf mit Palmrippen als Speere. Früher oder später artete ein solcher Kampf ins Steinewerfen aus. Manchmal vermischten sich die Kämpfe der Mädchen mit denen der Jungs, wenn ein Mächen zum Beispiel sah, wie sein Bruder angegriffen wurde, hat es sich eingemischt, um ihn zu schützen, wie ich es immer gemacht habe. Damit will ich nicht sagen, daß die Jungs in einem solchen Fall nie Steine nach den Mädchen warfen, aber sie vermieden es normalerweise, denn wenn das Mädchen zu heulen anfing, kamen die ganze Verwandtschaft und auch die mit ihm verwandten Jungs, um den Missetäter anzugreifen, wobei seine eigene Verwandtschaft ihn dann nicht voll unterstützte. Was aber auf jeden Fall geschah, man ergriff unter den Mädchen Partei genau wie die Brüder und statt Steinewerfen begann dann Haarreißen, Kratzen und Beißen, denn so können Mädchen besser kämpfen. Wenn unsere Eltern uns mit den Spielkameraden kämpfen sahen, haben sie uns unsere Köpfe aneinander genußt und klar gemacht, daß Kinder aus dem gleichen Dorf nicht miteinander kämpfen sollen.

Einmal ist ein Junge namens Bukbukalon mit meinem Rock weggerannt, während ich im Wasser war. Und er wollte ihn nicht zurückgeben. Ich wurde immer zorniger und schließlich holte ich ihn ein und biß ihn in die Backe. Er schrie laut und rannte heim. Meine Freunde und ich fürchteten die Vergeltung seines Vaters und versteckten uns. Schließlich fand ich meinen Rock zwischen den Steinen eines Reisfeldes. Bukbukalons Verwandte unter den Jungs logen und erklärten, der Rock sei durch den Wind dahingekommen. Als Bukbukalons Vater die geschwollene Backe seines Sohnes sah, wurde er zornig und beschwerte sich bei meinem Vater. Als es Abend wurde, konnten wir unsere Heimkehr nicht länger hinauszögern. Am nächsten Morgen versammelten sich Bukbukalons Verwandte in böser Stimmung vor unserem Haus, aber unsere Verwandten auch. Und ich verteidigte mich standhaft, sagte, ich hätte gute Gründe gehabt, den Jungen in die Wange zu beißen. Danach gab es eine lange Debatte und schließlich gingen alle nach Hause."

Bugans Geschichte über aggressive Steine-Kriegsspiele ist unter Ifugao-Kindern alltäglich, wie der Bericht des männlichen Erzählers Kumíha belegt. Aber bei ihm geht es gegen Kinder eines Nachbardorfes, Aggressionen, die die Erwachsenen offensichtlich tolerieren. Zu den Erinnerungen Kumíhas gehört auch, daß die Jungen die Mädchen geneckt haben. Doch Bugan scheint in ihren aggressiven Reaktionen als Mädchen ein Sonderfall zu sein.

Aber abgesehen von Bugan, sind sie sich nicht wirklich ähnlich – die Kriegsspiele der Ifugao-Kinder und ihrer Vorläufer in Langensalza? Und das Verhalten der Erwachsenen?

In einer Veröffentlichung über die „Welt der Babies" lassen die Autorinnen fiktive Persönlichkeiten aus sieben Kulturen berichten. Diese sollen den interessierten Lesern jeweils kulturell authentische Informationen über Entwicklung und Erziehung von Kleinkindern vermitteln. Ein fiktiver balinesischer Heiler erläutert deshalb unter anderem die balinesische Begleitung der Entwicklung des Charakters und des Temperaments eines Kindes. Er spricht dabei die Leser direkt an, was die Darstellung wirklichkeitsnah machen soll: „Der Charakter deines Kindes liegt in deiner Verantwortung. Man kann seinen Charakter beeinflussen und formen. Bereits kurz nach der Geburt sollte man mit dem Kind zu einem Ritual- und Trance-Spezialisten, einem ‚balian matuun', um herauszufinden, welche Seele aus deiner Ahnenreihe deinem Kind mitgegeben wurde und welcher Art seine Persönlichkeit ist. Der ‚balian' wird sich in Trance versetzen, damit dieser Ahne durch ihn sprechen kann, um darzulegen, welche speziellen Aufgaben lebenslang damit verbunden sind, d. h., Dinge, die du und deine Familie beachten müssen, um ein erfolgreiches Leben für das Kind zu sichern. Zum Beispiel könnte es möglich sein, daß du unerfüllte Versprechen des vorangegangenen Lebens erfüllen oder Opfer bringen mußt (...) Wenn du das tust, was der ‚balian' empfiehlt, ist die Wahrscheinlichkeit groß, daß dein Kind ein gutes Leben haben wird.

Ein Teil der Persönlichkeit und des Charakters deines Kindes wird durch den Tag der Geburt bestimmt. Trotzdem ist der Charakter deines Babys nicht vollkommen festgelegt. (...) Ein ‚balian' kann dir sagen, was der Tag der Geburt für Charakter und Persönlichkeit des Kindes bedeutet. Hast du Probleme mit der Persönlichkeit deines Kindes, wenn es etwa sehr oft weint, ziehe einen ‚balian' zu Rate, der den Tag der Geburt nach den damit verknüpften spirituellen Kräften untersucht, wodurch deine Schwierigkeiten gelöst werden können. Durch gezielte Gebete und Opfer kannst du es schaffen, unerwünschte Charaktermerkmale deines Kindes zu ändern. Der ‚balian' kann auch herausfinden, welche Tiere, Vögel und Götter mit dem Geburtsdatum korrespondieren, so daß sich dein Kind zu diesen Wesen besonders verhalten lernt.

Einige Experten sagen, daß die vier Geist-Verwandten deines Kindes sich nach der Sechs-Monate-Zeremonie zu den beiden Geistern seiner Seele zusammenschließen: Kala und Dewa. Geist Kala ist verantwortlich für schlechte Gedanken, Emotionen und Verhalten des Kindes, während Dewa für die guten zuständig ist und für Gemütsruhe.

Eine andere Lösung für unverwünschte Charakterzüge eines Kindes liegt in einem neuen Namen. Ein Name kann zu schwer wiegen oder zu einfach sein, wodurch der Geist des Kindes aus dem Gleichgewicht gerät. Wenn dein Kind viel schreit oder sonst schwierig ist, kann das ein Zeichen sein, daß es gegen einen unangemessenen Namen protestiert. Ein ‚balian' kann einen neuen Namen auswählen.

Ein weitere Methode, um das Temperament des Kindes zu verbessern, wäre, das therapeutische Ritual ‚metuah' durchzuführen. Man opfert Meeresfrüchte in einem Fluß oder deponiert sie unter das Dachgesims des Hauses. Das Ritual soll schlechte Verhaltensweisen wie ungute Stimmungen oder Faulheit bekämpfen, wenn sie sich in deinem Kind reinkarniert haben. Diesen Ritus kann man auch durchführen, wenn das Kind älter ist (selbst bei Erwachsenen), sollten sich schlechte Eigenschaften zeigen."

Bei diesen Vorschlägen ist zu berücksichtigen, daß die Balinesen mehrheitlich einen buddhistisch beeinflußten Hinduismus praktizieren. Seine zentralen Merkmale liegen in der Bedeutung der Ahnen und im Glauben an die Wiedergeburt (Reinkarnation). Deshalb wird die Entwicklung der Kinder sorgfältig beobachtet, weil man sicher sein will, daß alle weltanschaulich wichtigen Gesichtspunkte für den positiven Werdegang des Nachwuchses in Betracht gezogen worden sind. Erstaunlich ist die Vielfalt der Aspekte, die beachtet werden müssen. Einerseits existiert die Vorstellung, daß die Entwicklung der kindlichen Persönlichkeit durch einen Ahnen und den Tag der Geburt vorbestimmt ist, Erbfaktoren, wenn man will, denen man mit angemessenen religiösen Aktivitäten gerecht werden muß. Andererseits gibt es die Annahme, in jedem Menschen seien böse und schlechte Eigenschaften angelegt, deren Balance ebenfalls durch eine Reihe von religiös motivierten Tätigkeiten erreicht werden kann. Der richtige Name für ein Kind kann daher sehr bedeutungsvoll sein. Dem Mitteleuropäer fällt hier das geflügelte Wort „Nomen est omen" ein. Bedenkenswert für unsere Debatte über die Entstehung von Aggressivität ist die in Bali selbstverständliche Vorstellung, daß schon die Persönlichkeit des Kindes von Anfang an sowohl von negativen als auch von positiven Kräften geprägt ist. Deshalb kommt es darauf an, angemessen damit umzugehen, d. h. diese Kräfte auszubalancieren. Die Balinesen leiten ihre Maßnahmen für eine positive Einflußnahme aus ihrer Weltanschauung, aus ihrer Religion her. [→ Geburt]

Jan Yoors, Adoptivsohn einer Familie von osteuropäischen Lowara-Roma, ist ein genauer Beobachter und Berichterstatter ihrer Verhaltensweisen. Das nachfolgende Beispiel zeigt, wie aggressive Grundmuster aktiviert und im Sinne von Durchsetzungsvermögen und Überwindung von Angst modifiziert und gezielt geübt werden können. „Am selben Nachmittag hatte ich Pulika zugesehen, wie er mit seinem kleinen Enkel Palko, dem Sohn unseres Yoyo, spielte. Er saß auf einem umgestülpten Eimer am Feuer, Palko stand zwischen seinen Knien und stützte sich mit den Ellenbogen auf Pulikas kräftige Oberschenkel. Von Zeit zu Zeit zog er die Beine hoch und schwang sich lässig hin und her und beobachtete dabei ernsthaft, wie sein Großvater rauchte. Pulika beugte sich vor, flüsterte ihm etwas ins Ohr und zeigte auf Tshaya, die in der Nähe hockte und Gemüse putzte. Ein wenig zögernd, aber ziemlich laut rief der Kleine in seiner Kindersprache Tshaya ein Wort zu, von dem er wußte, daß es häßlich oder ungezogen war. Tshaya tat zuerst so, als habe sie es nicht gehört, aber Pulika ermunterte das Kind, sie weiter zu nekken. Das Wort, es klang wie kula oder pulpa, hatte keine besondere Bedeutung, es war einfach eine Äußerung verhaltenen Ärgers oder Spotts, aber mehrmals an eine Person gerichtet, wirkte es aufreizend. Tshaya sah auf und drohte mit der flachen Hand, als wollte sie ihn schlagen. Von Pulika ermuntert, wiederholte Palko das Wort, und Tshaya tat, als werde sie wirklich böse. Schließlich stand sie auf, ging zu den beiden und schlug den Kleinen wie auch den Großvater. Das Kind schmiegte sich an Pulika, der es mit übertriebener schützender Gebärde umschlang. Wieder rief der Kleine sein ungezogenes Wort, und als er allmählich seine Furcht überwand, schlug Tshaya noch stärker zu. So ging es hin und her, der Junge bekam immer wieder spielerische Klapse, bis er die Furcht völlig verlor. Ein paarmal schrie er ärgerlich und voller Protest, wenn der Schlag stärker war, als er erwartet hatte, aber die ‚Lektion' ging so lange weiter, bis das Kind imstande war, die Neckerei fortzusetzen, ohne Angst vor unmittelbaren Folgen zu haben. Solche spielerischen Zweikämpfe geschahen mit schweigendem Einverständnis der Erwachsenen und durften niemals übertrieben werden. Der Zweck des Spiels war, das Kind zu lehren, nicht aus Angst vor körperlichen Schmerzen vor etwas zurückzuschrecken. Dadurch sollte im Kind so etwas wie Feigheit gar nicht erst aufkommen. Die einzige Form von Disziplin, die letztlich von den Lowara anerkannt wurde, war eine auf Verständnis beruhende Selbstdisziplin, mit anderen Worten: eine Disziplin der Verantwortung. Für die Lowara war Furcht ein Teil des ‚beng', des Bösen, weil sie des Menschen Seele zerstört."

Gruppenbedingungen als Ausgangspunkt für Entstehung und Entwicklung individueller Gewaltbereitschaft illustriert der Bericht des Chinesen Lin Wei. Diesem Beispiel scheint eine spezielle kulturelle Dimension zu fehlen. Es könnte sich demnach ebensogut in einem mitteleuropäischen Arbeiterviertel abgespielt haben.

„In der dritten Klasse bekamen wir noch einen Mitschüler. Er war sitzengblieben und hat sich immer gern geprügelt. Eigentlich war ich ziemlich brav, aber ich war ja immer mit vielen Freunden zusammen. Unsere Eltern haben alle in der Baufirma Nr. 18 gearbeitet, und wir gingen alle in dieselbe Schule. Auch wenn wir draußen spielten, blieben wir immer zusammen, damit uns die anderen Kinder nicht verdreschen konnten. Wir Kinder von der Baufirma Nr. 18 haben zusammengehalten. Aber dieser Zhao Dongdong war sehr hochnäsig. Er schikanierte uns dauernd, und ich konnte ihn nicht ausstehen. Einmal hab ich mit Kreide etwas gegen ihn an die Wand geschrieben, das hat er herausbekommen, und dann hat er mir vor dem Schultor unheimlich eine gelangt.

Das war mir eine Lehre! Ich beschloß, in Zukunft nicht abzuwarten, bis andere mich schlagen, sondern lieber als erster hinzulangen. Schlagen ist besser als geschlagen werden, fand ich. Warum war mein Bruder ein so toller Kerl? Er hatte das Zimmer voll mit Freunden, alle hatten Respekt vor ihm! Ich wollte auch so sein wie er, niemand sollte mich schikanieren. Aber was kannst du machen, damit die anderen dir nicht auf der Nase herumtanzen?

Einfach um dich schlagen, das nützt nichts! Damals habe ich mir das alles genau überlegt: ‚Wie kann ich mich richtig wehren?' Blindwütig losdreschen ist sinnlos, also legte ich für mich genaue Regeln fest: ‚Wenn ich dich gereizt habe und du schlägst mich, schlage ich nicht zurück. Vielleicht benutze ich einen schmutzigen Trick und schicke dir meine Freunde auf den Hals, falls du sie nicht kennst. Aber wenn du mich schikanierst, dann schlage ich auf jeden Fall voll zurück. Ich suche mir möglichst viele Leute zusammen, damit ich genug Hilfe und Rückendeckung habe.'

Einmal ist ein Freund von mir, mit dem ich schon als kleines Kind spielte, grundlos verdroschen worden. Da hab ich viele Jungen zusammengetrommelt, und wir haben den anderen halbtot geschlagen. Damals war ich ungefähr zehn. Von da an hatten die Kinder in meinem Wohngebiet Angst vor mir. Alle haben mich gefürchtet, wirklich! Wenn du ganz brutal bist, dann hast du deine Ruhe. Ich habe in dieser Zeit viel Mist gebaut. Die

Lehrerin kam oft zu uns nach Hause. Natürlich hab ich ihr nichts getan, damals waren die Lehrer sehr streng. Von meinen Eltern bekam ich oft Prügel. Zu Hause wurde ich geschlagen, und anschließend ging ich raus und vermöbelte andere. Trotzdem, gelernt hab ich immer sehr gut. In dieser Hinsicht konnten sie mir nichts anhaben, ich saß immer vorn, in den ersten Reihen bei den Besten.

Schläge austeilen will gut überlegt sein. Eins gegen eins, das ist leicht zu regeln, aber wir traten meistens als ganze Gruppe auf. Ich mag's nicht, wenn so ein Streit kein Ende hat, deshalb hab ich immer gedacht, es ist besser, man einigt sich. Manchmal hab ich wie wahnsinnig hingelangt, je brutaler, desto besser. Dann hab ich gefragt: ‚Hast du genug? Wenn du klein beigibst, ist die Sache für mich erledigt, und wir vertragen uns. Aber wenn es dir noch nicht reicht, dann bestimmen wir einen neuen Platz. Du sagst, wieviel Leute kommen sollen. Egal wie viele, ich mache mit, es ist ja ein Bandenkrieg. Wenn du aber aufgeben willst, sagst du: Genug, es reicht mir! Dann mußt du etwas bezahlen.' Damals kostete so eine Schlägerei eine Schachtel Zigaretten oder zwei. Wir waren ja Kinder. ‚Du bezahlst – Schwamm drüber! Jetzt bist du mein Bruder, und wenn wir uns später treffen, nennst du mich ‚Großer Bruder'.'

Mit jeder Schlägerei kamen neue Freunde dazu. Wir aus unserem Wohnblock haben mit denen aus anderen Wohnbezirken gekämpft. Als ich sechzehn war und Schluß damit machte, hatte ich im Umkreis von zehn Kilometern alles abgegrast. Alle Jungen in diesem Gebiet kannten meinen Spitznamen, ‚Kleiner Alter'. Ich weiß auch nicht, wie sie darauf gekommen sind. Es war mein Ziel, immer nur dann zu schlagen, wenn ich im Recht war, sonst nicht. Wenn nicht, haben es andere für mich erledigt. Als Kind hatte ich nur solche Gedanken im Kopf."

Lin Weis Kindheitserfahrungen haben sehr viel mit Gewalt zu tun. Zu Hause war es üblich, daß man ihn prügelte, obwohl er, wie er sagt, immer ein guter Schüler war. Gründe für die bezogenen Prügel gibt er nicht an. Die dort erfahrene Frustration habe er an anderen Kindern ausgelassen. Andere Erfahrungen mit Gewalt unter Kindern hätten ihn dann wohlüberlegt zu einer regelrechten Überlebensstrategie veranlaßt; wenn man will, einer Philosophie der Gewalt. Motto: „Schlagen ist besser als geschlagen werden!" Seine Strategie besteht darin, Überlegenheit durch organisierten Gruppenzusammenhalt zu ermöglichen und dabei eine führende Rolle einzunehmen. Die in der Gruppe praktizierte Gewalt ist Ausweis der Überlegenheit. Als Anführer sei er bis zu seinem 16. Lebensjahr gefürchtet gewesen, man habe ihm sogar den Spitznamen „Kleiner Alter" gegeben. Und die in Bandenkriegen besiegten Gruppen hätten ihn „Großer Bruder" nennen müssen. Diese Namen stellen dann doch einen Bezug zur traditionellen chinesischen Namengebung her. Mit der Bezeichnung „Großer Bruder" werden familienähnliche Beziehungen gestiftet. Der Spitzname „Kleiner Alter" dürfte wohl eine gewisse Anerkennung seiner Vormachtstellung spiegeln, die er sich ja wohldurchdacht, wie man es sonst nur von „ehrwürdigen" Alten erwarten kann, erarbeitet hat.

Angesichts der Darstellung dieser Kindheitserfahrungen müssen wir uns auch von der Vorstellung verabschieden, als seien Kinder und erst recht Jugendliche bei ihrer Gewaltbereitschaft nur Opfer ihrer Verhältnisse. Sie können, wie dieses Beispiel eindrucksvoll belegt, sehr früh schon auch selbstverantwortliche Täter sein. [→ Gruppen]

Aggression und Aggressivität sind kein Schicksal. Kinder und Jugendliche (und Erwachsene) tragen Möglichkeiten für Negatives und Positives in sich selbst. Ihre nicht selbst wählbaren Lebensumstände nähren diese Möglichkeiten und geben dem einen oder dem anderen ein eigenes Gewicht. Kinder und Jugendliche müssen deshalb lernen, mit aggressiven Neigungen umzugehen, sie positiv umzuformen. Dazu brauchen sie den Beistand von Erwachsenen. Aber Kinder und Jugendliche sind in jedem Falle schon sehr früh Mittäter, d. h. selbst an der Entwicklung ihrer Möglichkeiten beteiligt.

Dieter Baacke: Die 6–12jährigen. Einführung in Probleme des Kindesalters. Weinheim: Beltz 1998 – R. F. Barton: Philippine Pagans. The Autobiographies of Three Ifugaos. London: Routledge 1979 (1938) – Judy DeLoache, Alma Gottlieb: A World of Babies. Imagined Childcare Guides for Seven Societies. Cambridge: Cambridge University Press 2000 – Irenäus Eibl-Eibesfeldt: Menschenforschung auf neuen Wegen. Die naturwissenschaftliche Betrachtung kultureller Verhaltensweisen. Wien: Molden 1976 – Konrad Lorenz: Das sogenannte Böse. Wien: Molden 1963 – Ashley Montagu: Der Krieg kommt nicht aus unseren Genen. Weinheim: Beltz 1974 – Katharina Rutschky: Deutsche Kinder-Chronik. Wunsch- und Schreckensbilder aus vier Jahrhunderten. Köln: Kiepenheuer & Witsch 1983 – Traudel Schlenker, Zhao Yuanhong: Im Traum war ich ein Schmetterling. Chinesen erzählen ihre Kindheit. Leipzig: Gustav Kiepenheuer 1993 – Jan Yoors: Die Zigeuner. Stuttgart: Klett 1970

Angst

→ Urängste → Einschüchterung, Angst machen
→ Angst als Erziehungsmittel → Angst bei Einweihungsfeiern

Die Kinder- und Jugendbuchautorin Ursula Wölfel hat in einer ihrer berühmten Kurzgeschichten Entstehung, Entwicklung und Eskalation kindlicher Angst literarisch glaubhaft dargestellt. Pädagogen und Psychologen müßten vor einem solch tiefen Einfühlungsvermögen eigentlich vor Neid erblassen, würden sie Literatur als fiktionale Modelle wissenschaftlicher Problemstellungen überhaupt wahrnehmen oder in Betracht ziehen. In ihrem Text „Nachtvogel“ verdeutlicht die Verfasserin, wie gefühl- und phantasievolle Vorstellungen eines Kindes sich mit Urformen der Angst vor dem Verlassensein verbinden und Bedürfnisse nach verläßlicher Zuwendung der Erwachsenen offenbaren. Daß diese dann verweigert wird, zeigt beispielhaft eine häufig anzutreffende Kluft zwischen kindlicher Befindlichkeit und Erwachsenen-Egoismus oder auch schlichter Ignoranz. Und das nicht erst im 20. Jahrhundert. Karl Philipp Moritz schildert in seiner Autobiographie „Anton Reiser“ (1792) die „höllischen Qualen, die ihm die Märchen seiner Mutter und seiner Base im Wachen und im Schlafe machten“, seit er zwei oder drei Jahre alt war. Mit der Anmerkung, sie habe sich wohl nichts dabei gedacht, versucht Moritz zwar seine Mutter zu entlasten. Tatsächlich lesen sich die Erinnerungen des Autors an seine Kindheit als ein Dokument des Verlassenseins und des permanenten Suchens nach Zuwendung. Und genau darin spiegeln sich die Ursachen seiner Ängste. Mit seinem detailversessenen Rückblick liefert Moritz eine vermutlich erste Version über die Entwicklung von Ängsten. Auch hier schon kommt der Literatur eine Vorreiterrolle zu.

Bei seiner Betrachtung über die „Angst unserer Kinder“ vergleicht der Schweizer Pädagoge und Psychoanalytiker Hans Zulliger die Angst der „Primitiven“ mit der in unserem Kulturkreis. Mit großer Unbekümmertheit schert er in diesem Zusammenhang die Vielfalt der kulturellen Erscheinungen bei den Naturvölkern über einen einzigen Kamm. Sie litten unter „tausend Befürchtungen", wobei Dämonen, Personifizierungen unverstandener Naturerscheinungen und Geister der Verstorbenen die Menschen bedrohten. Auch die „weiße Rasse" habe früher unter ähnlichen Bedingungen existiert. „Aus dieser Frühzeit sind gefühlsmäßige Überreste vererbungsmäßig und unbewußt bis heute in uns steckengeblieben", eine Zeit, „da auch wir noch ‚Wilde' waren". Merkwürdig mutet vor solcher Behauptung ein aktueller Zeitungsbericht vom 6. Mai des Jahres 2000 an. 12 Millionen Italiener gingen mindestens einmal im Jahr zum Hellseher, Magier, Kartenleser – und gäben dabei mehr Geld als für Kirchensteuern aus, heißt es dort. Sicherlich unterscheiden sich Italiener in dieser Hinsicht nur graduell von anderen europäischen Völkern. Und was sonst könnte ein Beweis für die typisch menschlichen Urängste vor der Ungewißheit der Zukunft sein!? Also sind Menschen aller Völker in Zulligers Sinne „wild" geblieben. Immerhin, für heutige Beurteilung von Angst bei Kindern bietet er uns die Unterscheidung nach „Realangst" und „irrealer Angst" an.

In Wirklichkeit läßt sich das Thema Angst nicht ohne die Bedeutung kultureller Prägung der Entwicklung von Phantasie und Vorstellungskraft verstehen. Denn es kommt offensichtlich wesentlich darauf an, mit welchen Inhalten die Vorstellungskraft der Kinder durch Wissen und Erzählungen der Erwachsenen besetzt wird.

Florence Weiss, eine Ethnopsychoanalytikerin – ebenfalls aus der Schweiz –, hat Yatmul-Kinder in Neuguinea über ihren Alltag befragt. Ängste spielen wie selbstverständlich in den Berichten dieser Kinder eine Rolle. Weiss: „Jetzt möchte ich dich noch etwas fragen. Hast du heute geweint, Simbari?" S.: „Ja." Weiss: „Kannst du mir erzählen, wie das passiert ist?"

S.: „Ja. Es ist Nacht, ich schlafe, da kommt ein Mann (Totengeist) in unser Haus. Ich bekomme Angst und schreie. Papa kommt aus dem Schlafnetz heraus, um zu sehen, was los ist. Da läuft der Mann schnell die Treppe hinunter, Papa hintendrein, er verfolgt ihn. Papa denkt, der Mann sei weg, doch dieser kommt die Treppe (auf der anderen Seite des Hauses) wieder hoch. Das weiß mein Vater nicht, und so schlüpft er in sein Schlafnetz zurück und ist damit beschäftigt, die Moskitos, die hereingekommen sind, zu töten. Der Mann kommt wieder, wieder habe ich Angst und schreie. Als er zum ersten Mal ins Haus kam, lag ich schlafend da. Er hielt mich am Bein. Ich begann vor Angst zu schreien und zog mein Bein schnell an. Papa fragte:

'Was ist denn los?' 'Ein Mann hat mich am Bein gefaßt', sagte ich ihm. Wie das Papa hörte, nahm er die Taschenlampe, schlüpfte aus dem Schlafnetz und verfolgte den Mann. Da machte sich der Mann davon und verschwand. 'In der Nacht, wenn Ihr euch schlafen legt, darfst Du und darf Milan nie reden. Es gibt da nämlich eine Katze, die zusammen mit (verstorbenen) Menschen durch das Dorf spaziert'." In diesem Ausschnitt aus einem Kinderbericht weiß der Yatmul-Vater ganz offensichtlich sofort, um welche angsterzeugende Erscheinung es sich handelt. Und er reagiert entsprechend, indem er den Totengeist verfolgt und vertreibt. Die kleine Simbari kann sich auf den Beistand der Familie verlassen. Ihre Angstreaktionen werden im familiären Wissen um die Ursachen und im gewährten Schutz aufgefangen.

Der Same Siri Matti erinnert sich an Kindheitsängste: „Damals hatten wir Kinder auch noch große Angst, daß Stalo uns mit sich nehmen würde. Es gab damals noch viel mehr Stalos als heute auf der Welt. Heute wissen die Lappenkinder nichts mehr von ihm. Es kann sein, daß einige noch den Namen kennen, wenn man ihnen eine Geschichte von ihm erzählt. Sie machen sich aber keine Gedanken mehr über Stalo, wie wir es damals taten. Als ich noch ein Kind war, lief uns schon ein Gruseln durch den Körper, wenn wir den Namen Stalo nur hörten, und wir zitterten am ganzen Leibe, wenn wir ihn auf den vidda [freies Land] zu sehen glaubten. (...) Als kleiner Junge hatte ich nicht nur Angst vor Stalo, sondern auch vor der Dunkelheit, die sich über den Schnee legte. Ich hatte Nachtangst. Wenn ich von der Herde fortging, hielt ich mich immer an diejenigen Stellen, an denen keine Büsche und Bäume waren, damit Stalo sich nicht um sie herum an mich heranschleichen konnte. (...) Dann sprang ich eilig in das Zelt, ich war müde, und vor lauter Angst rann mir der Schweiß über die Backen. Die Mutter fragte: 'Warum atmest du so schwer, Mathies, warum rinnt dir der Schweiß über Stirn und Backen?' 'Mutter', erwiderte ich, 'ich hatte so große Angst vor Stalo!' 'Stalo tut dir nichts zuleide', versetzte die Mutter, 'du brauchst keine Angst vor ihm zu haben!' 'Aber Mutter', hielt ich ihr entgegen, 'die Leute erzählen so oft von Stalo, daß es doch wahr sein muß, was man von ihm sagt.' 'Nein', beruhigte mich die Mutter, 'was sie sagen, ist keine Wahrheit, sondern nur Lug und Trug!' Ich aß dann beruhigt mein Abendbrot, gekochtes Renfleisch, und trank viel Kaffee." Interessant das Verhalten von Siri Mattis Mutter. Zuerst beruhigt sie ihren Sohn, gibt ihm ein Gefühl der Geborgenheit und Sicherheit und dann macht sie, möglicherweise gegen ihre eigene Überzeugung, einen Versuch, der Angst ihres Sohnes rational zu begegnen, indem sie behauptet, alles sei nicht wahr. Man sieht aber auch, wie der Erzähler selbst die kulturelle Prägung der kindlichen Phantasie als eine Gegebenheit deutet, die damals existierte, aber heute nicht mehr.

Daß Eltern Ängste ihrer Kinder wahrnehmen, deuten und daraus für ihr eigenes Verhalten Schlüsse ziehen, zeigt eine Episode aus Elias Canettis Kindheitserinnerungen in einem jüdisch-traditionellen Elternhaus: „Das Fest, das wir Kinder am kräftigsten spürten, obwohl wir, ganz klein, noch nicht eigentlich daran teilnahmen, war das Purim-Fest. Es war ein Freudenfest zur Erinnerung an die Errettung der Juden von Hamán, dem bösen Verfolger.(...) Die Erwachsenen verkleideten sich und gingen aus, man hörte Lärm von der Straße, Masken erschienen im Haus, ich wußte nicht, wer sie waren, es war wie im Märchen, nachts blieben die Eltern lange aus, die allgemeine Aufregung teilte sich uns Kindern mit, ich lag wach im Kinderbett und horchte. Manchmal zeigten sich die Eltern maskiert und entlarvten sich dann, das war ein besonderer Spaß, aber lieber noch war es mir, ich wußte nicht, daß sie es waren.

Eines Nachts, ich war schließlich doch eingeschlafen, weckte mich ein riesiger Wolf, der sich über mein Kinderbett neigte. Eine lange, rote Zunge hing ihm aus dem Mund und er fauchte fürchterlich. Ich schrie aus Leibeskräften: „Ein Wolf! Ein Wolf!" Niemand hörte mich, niemand kam, ich schrie immer gellender und weinte. Da kam eine Hand hervor, griff an die Ohren des Wolfs und zog seinen Kopf herunter. Dahinter stand der Vater und lachte. Ich schrie weiter: „Ein Wolf! Ein Wolf!" Ich wollte, daß der Vater ihn verjage. Er zeigte mir die Maske des Wolfes in der Hand, ich glaubte ihm nicht, er konnte lange sagen: ‚Siehst du nicht, das war ich, das war kein wirklicher Wolf', ich war nicht zu beruhigen und schluchzte und weinte immer weiter. (...) So war die Geschichte vom Werwolf wahr geworden. Der Vater wird nicht gewußt haben, was die kleinen Mädchen mir immer erzählten, wenn wir im Dunkeln auf einem Haufen allein waren. (...) Der Wolfsschrecken hielt lange vor, Nacht für Nacht hatte ich böse Träume und weckte die Eltern, in deren Zimmer ich schlief, sehr oft auf. Der Vater suchte mich zu beruhigen, bis ich wieder einschlief, aber dann kam der Wolf im Traume wieder, wir wurden ihn nicht so bald los." Aufschlußreich ist, wie selbst der augenscheinliche Gegenbeweis, der Vater mit der Wolfsmaske in der Hand, die verursachte tiefsitzende Angst nicht tilgen kann; besonders wichtig auch Canettis Hinweis auf die phantasievollen Verknüpfungen, die seine kindlichen Erfahrungen mit den Erzählungen anderer Kinder eingegangen sind. Obwohl die Eltern sehr traditionsverhaftet sind, reagieren sie sehr aufgeklärt auf die nächtlichen Angstäußerungen ihres Sohnes: „Von dieser Zeit an galt ich als gefährdetes Kind, dessen Phantasie nicht überreizt werden dürfe, und die Folge war, daß ich während vieler Monate nur langweilige Geschichten zu hören bekam, die ich alle vergessen habe.“ Mit der letzten Bemerkung gewinnt der Erzähler den damals doch wirklich schrecklichen Erfahrungen heute eine ironische Pointe ab, indem er auf die in den ausgestandenen Ängsten angelegte Faszination hinweist. In dieser rückblikkenden Verarbeitung spiegelt sich aber auch ein Stück des Selbstverständnisses eines Schriftstellers.

Wie ähnlich sich die Menschen vieler Völker sind, zeigen Beispiele, in denen die Unbefangenheit der Kinder ausgenützt wird, um Erziehungsabsichten durch das Erzeugen von Angst auf den vermeintlich richtigen Weg zu bringen. Wir alle kennen die in unseren Breiten nicht seltene Drohung vor den Aufgaben und Strafen der Schule. „Auch ich hatte mich auf die Schule nicht besonders gefreut, weil ich Angst gehabt hatte. Damals, in meiner Zeit, hatten fast alle Kinder vor der Schule Angst. Es war ja noch üblich, daß die Lehrer mit dem Rohrstock schlugen.“ Und es war eben nicht nur eine Drohung, sondern „die Prügelstrafe war ja damals ein übliches Erziehungsmittel“. Aber auch dubiose Hinweise, mit der Schule beginne der Ernst des Lebens, haben häufig Angst erzeugt. Dabei ignorieren sie, wie sehr für viele Kinder der Ernst des Lebens vom Tage ihrer Geburt schon präsent und erfahrbar ist. Aber es sind nicht allein Erwachsene, sondern auch ältere Kinder und „erfahrene“ Schüler, die aus purer Lust und Schadenfreude bei Neulingen eine Angst vor dem Ungewissen schüren: „Meine zwei älteren Brüder jedoch haben immer wieder versucht, mir Angst zu machen.“

Ein zum Zeitpunkt des Erzählens zwar aufgeklärter, aber dennoch ambivalent fühlender Insulaner vom Solomonen-Archipel beschreibt die erzieherisch gewollten Ängste seiner Kindheit: „Vom Leben im Kanuhaus erinnere ich mich an meine Angst vor den Geistern. Da gab es einen Sockel aus flachen Steinen in der Mitte, auf dem die Gebeine der Ahnen ruhten. Und das ganze Arrangement erschreckte mich sehr. Deshalb mußte mein Vater immer bei mir sein. Es gab auch bestimmte Geister, die als besonders böse galten. Ich kannte deren Namen. Sogar heute noch habe ich eine Scheu davor, diese Namen auszusprechen. Denn ich fühle – nun, ich glaube, durch das Benennen dieser Geister würde auch ihre Kraft wiedererstehen. Wir Melanesier sind ja diesbezüglich besonders ängstlich. Niemals würden wir alleine in den Busch gehen oder am Abend das Haus verlassen. Ein Grund für diese allgemeine Furcht liegt in der Kindererziehung. Es hieß immer, wenn du dich nicht ordentlich benimmst, kommt dieser oder jener Geist und wird dich mitnehmen oder töten. Wenn ich daran zurückdenke, glaube ich, daß dies eine sehr schlechte Erziehung war." Liest man dieses Textstück genau, dann merkt man, wie der Erzähler auch jetzt noch die Nennung der Namen jener Geister meidet: „... kommt dieser oder jener Geist ...". Und das, obwohl er zum Zeitpunkt des Erzählens schon lange als anglikanischer Geistlicher praktiziert. Die Ängste seiner Kindheit scheinen ihm im Sinne des Wortes noch in den Gliedern zu stecken.

Ob Geister, Götter, Schreckenstiere oder eigens beauftragte Furchterzeuger, die in Verkleidung und Maske auftreten wie bei einigen nordamerikanischen Völkern, die Erwachsenen waren und sind überall auf der Welt sehr erfindungsreich, wenn sie ihren Nachwuchs disziplinieren wollen. Eine Mischung aus Angst vor dem Tod, aus Angst vor Schmerzen, aus Befürchtungen, die Erwartungen der Erwachsenen nicht zu erfüllen, auch aus Angst vor einer ungewiß geheimnisvollen Zukunft geht mit der in Afrika weit verbreiteten Beschneidung und den zugehörenden, oft schmerzensreichen Einweihungsfeiern einher. Vom „Tod der Kindheit", vom „Tag als mich das Messer traf" sprechen dann auch einige afrikanische Erzähler, wenn sie sich an die für sie hochbedeutsamen Ereignisse erinnern. Und sie glauben zumeist, durchgestandene Ängste und Schmerzen seien für ihr aktuelles erwachsenes Selbstverständnis notwendig gewesen. „Was man unter Angst und Schmerzen lerne, bleibe für immer im Gedächtnis", formuliert es Modupe aus dem Volk der westafrikanischen Sousou.

Angst und Äußerungen von Angst gehören unabdingbar zur menschlichen Natur. Sie funktionieren wie ein Warn- und Schutzmechanismus in der noch offenen Entwicklung des menschlichen Wesens von der ersten Sekunde nach seiner Geburt. Diese Urängste können nur durch größtmögliche

Nähe und verläßliche Zuwendung aufgefangen werden. Weil sie das wissen, tragen viele Mütter traditionell lebender Völker ihre Kinder am Körper. Dadurch ist eine optimale taktile, emotionale und auch ernährungsmäßige Versorgung möglich. Auch viele selbstkritische Europäerinnen folgen in den letzten Jahren diesem Beispiel. Aber Vorsicht, die Neigung zu Angstreaktionen bleibt langfristig erhalten. Sie braucht als Gegenmittel nicht nachlassende verläßliche Zuwendung. Doch brauchen Kinder auch die Geschichten der Erwachsenen (Mythen, Märchen, Legenden), in denen Ordnungen der Welt präsent werden. Und Kinder halten die oft harten und grausamen Auseinandersetzungen zwischen den bösen und den guten Mächten in diesen Geschichten umso besser aus, je sicherer sie sich ihrer persönlichen Geborgenheit sein können.

Doris Byer: Die Große Insel. Südpazifische Lebensgeschichten. Wien: Böhlau 1996 – Elias Canetti: Die gerettete Zunge. München: Hanser 1977 – Karl Philipp Moritz: Anton Reiser. Frankfurt/Main: Deutscher Klassiker Verlag 1990 (1792) – Ilona K. Schneider: Einschulungserlebnisse im 20. Jahrhundert. Weinheim: Deutscher Studien Verlag 1996 – Ursula Wölfel: Der Nachtvogel. In: Die grauen und die grünen Felder. Düsseldorf: Hoch Verlag 1980 – Hans Zulliger: Die Angst unserer Kinder. Frankfurt/Main: Fischer Taschenbuch 1981

Arbeit

→ Aufgaben für Kinder → Kinderarbeit → Selbständigkeit

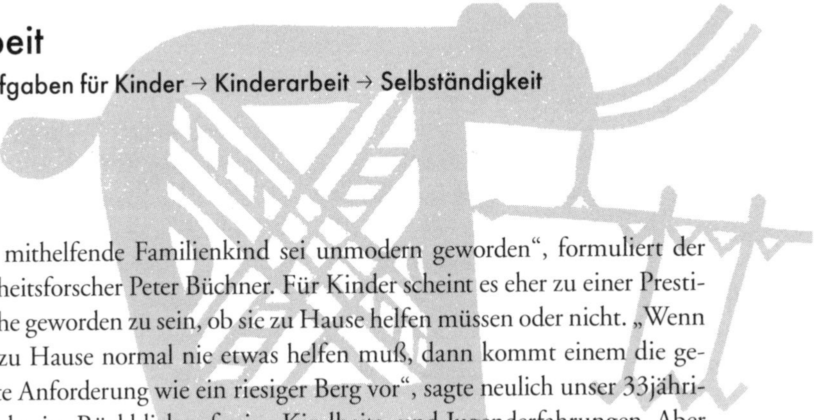

„Das mithelfende Familienkind sei unmodern geworden", formuliert der Kindheitsforscher Peter Büchner. Für Kinder scheint es eher zu einer Prestigesache geworden zu sein, ob sie zu Hause helfen müssen oder nicht. „Wenn man zu Hause normal nie etwas helfen muß, dann kommt einem die geringste Anforderung wie ein riesiger Berg vor", sagte neulich unser 33jähriger Sohn im Rückblick auf seine Kindheits- und Jugenderfahrungen. Aber wie sehr haben seine Eltern noch in Erinnerung, daß ihr Sohn in der frühen und mittleren Kindheit höchst interessiert an imitativer Mithilfe im familiären Bereich gewesen ist. Dieses natürliche Interesse am Mittun hat sich aber von selbst erledigt, als daraus keine dauerhaften Verpflichtungen und keine echte Verantwortung abgeleitet wurden, sind doch „moderne" Haushalte so eingerichtet, daß Mithilfe den Kindern leicht als lästige Hilfsarbeiten erscheinen, nicht aber als lebensnotwendige und verantwortungsträchtige Tätigkeit. Das Mitleben der Erwachsenengesellschaft oder die Teilnahme an Arbeitsprozessen, an deren Ende Gegenstände oder Produkte mit unmittelbar lebensnotwendiger Bedeutung stehen, sind kaum noch möglich. Sie sind ausgelagert in die unzugänglichen und unübersichtlichen Katakomben der „modernen" Arbeitswelt.

Andererseits, auf die Frage nach weltweiter Abschaffung von Kinderarbeit antwortet eine Vertreterin des Arbeitskreises Tourismus & Entwicklung, „solange Kinder ihren Lebensunterhalt verdienen (oder mitverdienen) müssen, können sich Verbote nur gegen sie wenden". Jedenfalls, diese beiden Pole, Abwesenheit von Aufgaben und Verantwortung für Kinder und Jugendliche in den technisierten Industriegesellschaften und arbeitsmäßige Ausbeutung von Kindern in vielen Ländern, umreißen ein breites Spektrum von Lebensverhältnissen.

Beobachtungen in den westafrikanischen Ländern zu Anfang des 20. Jahrhunderts zeigen, wie die dort lebenden Völker ihren Nachwuchs allmählich, aber konsequent in die Tätigkeiten der Erwachsenen einbinden. Beim

Volk der Nupe ähnelt dies einem gut durchdachten Erziehungsprogramm: „Etwa von seinem dritten Lebensjahr an kann der Junge sich nach Belieben herumtreiben und austoben, bis er ein Alter von 6 bis 7 Jahren erreicht hat. Dann nähert sich ihm der Arbeitsernst des Lebens, wenn zunächst auch noch mit zartem Anspruch. Alsdann nämlich läßt der Vater beim Schmiede eine ganz kleine Hacke, ein Dugbagi, herstellen, die just geeignet ist, auch von einem Kinderärmchen geführt zu werden. Wenn im Frühjahr der erste Regen fällt, muß das kleine Bürschlein hinter und neben seinem Vater hinaus in die Farm trippeln. Der Vater greift mächtig aus, der Junge hackt spielend nebenbei. Im Anfang ist der kleine Kerl meist feuriger und so draufgängerisch, daß es ohne kleine Unfälle nicht abgeht, das Hackeisen schlägt also einmal in den Fuß, statt in die Erde. Dann kommt er schreiend zum Vater und der fragt: ‚Was ist denn?' Er antwortet: ‚Die schlechte Hacke hat mich geschnitten!' Der Vater tröstet ihn: ‚Dann geh' hin und spiele!' So naht der Ernst des Lebens in Gestalt kleiner Leiden auch hier schon früh. Der Junge mag den Rest des Tages nun spielen, bis etwa 5 Uhr; dann heben Vater und Sohn ihr Gerät auf den Kopf und pilgern gemeinsam heim. Am andern Morgen ziehen sie aus, um die Versuche des Jungen zu wiederholen. So verstreicht das erste Frühjahr des Arbeitslebens. Dann kommt der Sommer und die Reife. Nun wird dem Bürschlein ein anderes Amt: er muß das heranreifende Korn gegen die Affen verteidigen. Er ist dazu mit einem starken Knüppel ausgerüstet, pirscht sich möglichst nahe an die frechen Räuber heran und weiß sie dann durch Erschrecken in die Flucht zu treiben. (...) Arbeitszeit und Arbeitsplan ändern sich später. Ist der Bursche dann größer, dann hat er am Morgen von 6–8 mit dem Vater zu arbeiten, hat von 8–9 Uhr Frühstückszeit, umd dann noch von 9–3 Uhr auf Vaters Farm zu wirken. Um 3 Uhr pflegt der Vater, der heranwachsende Söhne hat, heimzugehen. Nicht so sein Sohn. Wenn er etwa das zwölfte Jahr erreicht hat, pflegt der Vater den eben beschriebenen Arbeitsplan einzusetzen, in dem für den Jungen freier Zeitraum täglich um 3 Uhr beginnt. Nun macht er eine eigene Stelle im Busch urbar. Und wenn er bis 3 Uhr für den Alten und den Familienbesitz geschuftet hat, greift er mit erneuter Kraft zur Hacke, denn was er am Rest des Tages erarbeitet, das ist die Grundlage seines eigenen Besitzes." An diesen Beobachtungen des Afrikaforschers Leo Frobenius ist wichtig, daß die Einbindung in den Arbeitsprozeß des Erwachsenenlebens auf die Entwicklung eigener wirtschaftlicher Grundlage für die Kinder angelegt ist. Offensichtlich wissen die Erwachsenen, daß sich das Interesse des Nachwuchses an der Arbeit am besten erhalten läßt, wenn man ihn am wirtschaftlichen Besitz und Ertrag beteiligt. Mit dem Recht auf eigenen Besitz werden die Kinder aber auch als vollwertige Persönlichkeiten respektiert.

„Wächst (der Sohn) weiter heran (…), so wird sein Selbstgefühl dadurch gesteigert, daß der Vater ihm ein eigenes Feld gibt, Korn und Saat schenkt, so daß er neben der Pflichtarbeit für den Alten noch für sein eigenes Besitztum Sorge tragen kann. Dieses Besitztum wird immer vermehrt, so daß er immer selbständiger wird. Auch weist der Vater ihm einen eigenen Platz im Gehöfte an, wo er erst eine oder mehrere Kammern bewohnen, später aber mit Hilfe seiner Kameraden und Altersgenossen ein eigenes Haus bauen kann." In diesen Beobachtungen Frobenius' bei den Yoruba in Nigeria ist systematische Entwicklung von Selbständigkeit dokumentiert.

Bei den Bosso vergleicht er die Einbindung der Jungen und der Mädchen in die Arbeitswelt: „Sehen wir nun, wie die Bossokinder in die Arbeit des Stammes und der Familie hineinwachsen. Bis zum dritten Lebensjahre etwa reicht die Mutter dem Kinde die Brust. Dann wendet sich aber der Knabe auch schon der Tätigkeit des Vaters zu. Vom dritten bis zum sechsten Jahre begleitet er ihn bei seinem Gange aufs Feld, wobei er ein wenig Gerät trägt, oder aber beim Fischfang. Wenn sie im Boot ausfahren und an die Stellung oder Aushebung der Netze und Wehre gehen, folgt er immer mit Aufmerksamkeit allen Vornahmen, ohne selbst zugreifen zu dürfen. Sehend lernt er. Zuweilen schenkt ihm der Vater einen Fisch – dann ißt er davon und bringt den Rest seiner Mutter. Mit dem sechsten Lebensjahr wird er im Boote Aufseher für Geräte und Kleidung aller Abwesenden, und mit dem achten Jahre beginnt für den jungen Bosso wie für den jungen Malinke die ernste Arbeit des Ackerbaus und die Periode fester Ansprüche.

Die Mädchen dagegen spinnen vom fünften Jahre an Baumwolle. Tagsüber haben sie für die Mutter zu arbeiten, aber die Zeit von sechs bis neun gehört ihnen, und was sie in diesen Stunden fertigen, gehört ihnen. Außerdem dürfen sie aber während dreier Tage im Jahr die ganze Tageszeit über für sich spinnen. Das ist ein Festtag, der Para genannt wird. Am Para vereinigen sich alle Mädchen zum gemeinsamen Spinnen. Es ist immer ein Tag, dessen folgende Nacht durch vollen Mond ausgezeichnet ist, und man sagt, daß der an diesem Tage gewonnene Faden nicht reißt. Gleiche Einrichtung und gleichen Glauben fand ich bei Malinke.“ Das Beispiel der Mädchen ist wiederum ein Beleg für ihre Anerkennung als vollwertige Mitglieder ihrer Gruppe.

Und ganz selbstverständlich verbinden diese afrikanischen Völker Arbeit und Spiel. Eine ähnliche Einstellung gegenüber den Kindern gab es auch im europäischen Kulturkreis, solange eine bäuerliche Tradition dominierte. Eine enge Verbindung zwischen Arbeit und Spiel habe es bis ins späte 18. Jahrhundert sowohl bei den Bauern als auch bei den Bürgern und Handwerkern und bei einem Teil der Aristokratie gegeben, belegt Ingeborg Weber-Kellermann anhand von kulturgeschichtlichen Dokumenten.

Über den hohen Wert früher Selbständigkeit gibt eine kleine Episode aus dem Land der Nupe Auskunft: „Eine ältere Nupefrau in Mokwa plauderte einmal mit uns. Ich fragte sie danach, was wohl in ihrem Leben das Schönste gewesen sei. Nachdem wir uns mühsam über den Begriff, daß einmal im Leben etwas viel schöner sein könne, als alles andere, geeinigt hatten, sagte sie prompt und klar: ‚Als meine Mutter mir das erstemal erlaubte, mein eigenes Issa zu kochen und selbst auf dem Markte zu verkaufen.‘“ Bei der Kommentierung dieser Antwort kann auch der Afrikaforscher Frobenius nicht aus seiner eurozentristischen Haut heraus: „Drollige Menschen in unserem Sinne! Von den meisten europäischen Frauen hätte man aber als Antwort auf die Frage gehört von der ersten Liebe, dem ersten Kinde, bei einigen vom ersten Ball, bei anderen vom Tanz mit einem verehrten Künstler, bei Schwärmerinnen von Musik und Lyrik – aber bei keiner vom ersten selbstgekochten und selbstverkauften Mehlbrei. Die Unterschiede der Kulturen sind zu groß!“

Die Erinnerungen des Hopi Don Talayesva aus Arizona idealisieren den Zusammenhang von Arbeit und Spiel: „Arbeiten zu lernen, war wie ein Spiel. Wir Kinder waren immer um unsere Eltern und machten nach, was sie taten. Wir folgten unseren Vätern aufs Feld hinaus und halfen pflanzen und jäten. Die alten Männer gingen mit uns spazieren und lehrten uns den Nutzen der Wildpflanzen und die Art, sie zu sammeln. Wir schlossen uns den Frauen an, wenn sie Kaninchenkraut zu Flechtarbeiten suchten, und gingen mit, wenn sie Ton für Töpfe gruben. Auch wir kosteten den Ton – wie die Frauen, wenn sie ihn prüften. Wir bewachten die Felder, um Vögel und Nagetiere zu verscheuchen, halfen Pfirsiche pflücken, die in der Sonne getrocknet, und Melonen ernten, die zur Mesa hinaufgeschleppt werden sollten. Wir ritten die Esel zur Maisernte, zum Einbringen der Brennstoffe und zum Hüten der Schafe. Beim Hausbau halfen wir wenigstens soweit, daß wir den Lehm hinaufbrachten, der zum Decken der Dächer diente. So wuchsen wir auf, indem wir etwas leisteten." Daß Arbeitsamkeit in der Hopi-Gesellschaft aber ein hoher Wert gewesen ist, bei dessen Durchsetzung man auch nicht vor Strafe zurückschreckte, macht Don mit einem weiteren Kommentar deutlich: „Alle alten Leute sagten, daß es eine Schande wäre, müßig zu gehen, und daß ein fauler Knabe Prügel verdiene."

Ganz anders der Rückblick des Gitanos Tio Carlos, für den frühes Mithelfen immer ernsthaftes Arbeiten gewesen ist: „Ich habe so gut wie nie gespielt, weil ich immer nur mit Vater gehen wollte. Wenn er für die Tiere Futter suchte oder Gras schneiden wollte, war ich dabei. Noch immer habe ich Narben, wo ich mich damals geschnitten habe. Mit der Sichel habe ich mich geschnitten, als ich acht war, mit elf wußte ich bereits, wie ein Gespann Pferde sein mußte, und ich konnte mit den Tieren handeln. Ich kannte den Wert des Viehs, und mein Vater betraute mich mit kleinen Geschäften: ‚Sieh mal zu, was du aus diesem Maultier machen kannst ...' oder Esel, was immer es sein mochte. Ich kannte mich bereits mit den Tieren aus."

In den Kindheitserfahrungen von Rigoberta Menchù aus Guatemala ist die Lohnarbeit von Kindern Teil des Systems, das die indigenen Völker ausbeutet: „Mit acht Jahren verdiente ich mein erstes Geld auf der Finca. Ich hatte täglich fünfunddreißig Pfund Kaffee zu pflücken und bekam dafür zwanzig Centavos. Wenn ich die Menge nicht schaffte, mußte ich am nächsten Tag für dieselben zwanzig Centavos weiterarbeiten. Wenn man einmal sein Tagessoll nicht schaffte, blieb man unweigerlich mit seiner Arbeit zurück, immer mehr zurück, bis man zum Schluß vielleicht zwei ganze Tage unentgeltlich nacharbeiten mußte, um das Gesamtsoll zu erfüllen.

Meine Brüder hatten ihre Arbeit so gegen sieben oder acht Uhr abends beendet und boten sich an, mir zu helfen. Ich sagte, daß ich selbst damit fertig werden müsse, denn wie sollte ich es sonst jemals lernen. An manchen Tagen schaffte ich kaum achtundzwanzig Pfund. Besonders wenn es so heiß war. Da bekam ich Kopfschmerzen und war oft so erschöpft, daß ich mich unter einen Kaffeestrauch legte und schlief, und da fanden mich dann meine Brüder. (...)

Zwei Jahre lang arbeitete ich für zwanzig Centavos, obwohl ich oft mehr als fünfunddreißig Pfund pflückte. Ich schaffte immer mehr und steigerte mich um ein, zwei, drei Pfund. Als ich siebzig Pfund pro Tag schaffte, zahlten sie mir dafür fünfunddreißig Centavos. Ich war stolz, daß ich jetzt merklich zum Lebensunterhalt der Familie beisteuern konnte, und fühlte mich wie ein erwachsener Mensch. Ich plagte mich jeden Tag aufs neue, um meinen Eltern das Leben ein wenig zu erleichtern.

Aber die Arbeit auf den Fincas war nicht nur hart, die Arbeiter wurden auch betrogen. Es gibt ein Büro auf der Finca, in dem die Menge, die jeder Arbeiter tagsüber geerntet hat, gewogen und notiert wird. Meine Brüder – gescheit wie sie waren – hatten einmal herausgefunden, daß alle Gewichte gefälscht waren. Sie zeigten viel weniger an, als tatsächlich gepflückt worden war. Das passiert überall. Die Señores, die unsere Arbeit kontrollieren, bereichern sich an uns. Vom ersten Tag an, wenn die Agenten in die Dörfer kommen und die Leute anheuern, werden wir wie Vieh behandelt. Auf den Lastwagen oder auf der Finca – jede Kleinigkeit, jede Handreichung muß bezahlt werden. Bis zum letzten Tag, wenn die Rechnung in der Cantina beglichen wird, bestehlen sie die Arbeiter."

Für Muli, Sohn einer indischen Familie aus der Kaste der Unberührbaren, gehören Kinder in der Rangfolge Männer, Frauen, Kinder selbstverständlich zu den Arbeitskräften: „Mit acht Jahren half ich beim Bau eines Hauses für Pilger in der Tempelstadt nahe unseres Dorfes. Ich verdiente die Hälfte von zwei Annas. Weil wir hungerten, arbeiteten wir von früh morgens bis abends, mit einstündiger Unterbrechung zu Mittag. Wir aßen den gewässerten Reis, den wir von zu Hause mitgebracht hatten. Hatten wir keinen, kauften wir einen kleinen Bissen gepreßten Reis im Bazar. (...) Als ich elf Jahre alt war, begann die Regierung in der Nähe der Tempelstadt einen Flugplatz zu bauen. Für dieses Großprojekt brauchte man Arbeiter aus vielen Dörfern. Fünf Monate lang mußten wir einen großen Wald abholzen, auf dessen Fläche der Flugplatz geplant war. Alle Leute aus meinem Dorfviertel arbeiteten dort: Männer für 16 Annas (eine Rupie) pro Tag, Frauen für 14 Annas, Kinder für 12 Annas. Kinder im Alter von fünf bis sechs Jahren schleppten die kleinen Zweige als Brennmaterial nach Hause, während die Regierung die Baumstämme behielt. Nachdem der Wald beseitigt war, bauten wir die Startbahnen." Dieses indische Beispiel zeigt die Ausbeutung der unteren Kaste als Teil einer religiös gerechtfertigten Gesellschaftsstruktur, bei der die Menschenwürde der Kinder und Erwachsenen auf der Strecke bleibt.

Die Kritik an der teilweisen Unterdrückung und arbeitsmäßigen Ausbeutung der Kinder (und Erwachsenen) in vielen Ländern der Erde ist berechtigt. Für Kinder und Jugendliche der technisierten Industriegesellschaften bleibt jedoch häufig ein Defizit an ernsthaften Aufgaben und frühzeitiger Einübung in Verantwortung für sich und andere. Daß Kinder und Jugendliche bei uns in die Schule gehen, wird zumeist nicht als Arbeit angesehen. Für die Betroffenen selbst liegt ein Hauptproblem in den Lernaufgaben, deren Alltagsrelevanz fehlt, weil sie auf zukünftige Möglichkeiten ausgerichtet sind. Das dadurch verursachte lebenspraktische Defizit kann nur in den Familien ausgefüllt werden, wenn dort die Kinder ernsthaft am Alltag beteiligt werden. Aufgaben und Verantwortung bereits für Kinder sind als ein Beitrag zu verstehen, der ihre Selbstverantwortung entwickeln hilft. Sie stehen nicht im Gegensatz zu der Vorstellung von unbeschwerter Kindheit.

Elisabeth Burgos: Rigoberta Menchú. Leben in Guatemala. Göttingen: Lamuv 1984 – James M. Freeman: Untouchable. An Indian Life History. London: Allen & Unwin 1979 – Leo Frobenius: Atlantis. Volksmärchen und Volksdichtungen Afrikas. 12 Bände. Jena: Eugen Diederichs 1921–1928 – Bernd Marin: Kinder, Kinderrechte und Kinderpolitik. Enquête. Wien: Europäisches Zentrum für Wohlfahrtspolitik und Sozialforschung 1994 – Ingeborg Weber-Kellermann: Die Kindheit. Kleidung und Wohnen, Arbeit und Spiel. Eine Kulturgeschichte. Frankfurt/Main 1979

Aufklärung

→ sexuelle A. → Sexualerziehung → Spiele → sexuelle Selbstaufklärung

Abendländische Erziehung hat sich mit diesem Thema schon immer schwer getan. Ja, man glaubte, daß die vorgestellte Reinheit eines Kindes nur ohne Sexualität gelten könne. Obwohl alle Abendländer es eigentlich hätten besser wissen müssen, denn alle haben es an sich selbst erfahren. Nur zugeben durfte man es nicht. Aber nicht nur der Glaube, Sexualität ohne Fortpflanzung sei Erbsünde, war daran schuld. Auch die Aufklärer seit dem 18. Jahrhundert waren nicht so aufgeklärt, daß sie Sexualität und Fortpflanzung auseinander gehalten hätten. Deshalb hat sich Rousseaus Emile erst im reifen Alter für Sophie interessieren dürfen. Und auch so mancher Epigone, der sich zum Beispiel ganz praktisch mit der Erziehung „wilder Kinder" herumgeschlagen hat, ließ entsprechende Signale bei seinem Zögling unbeachtet. Jean-Marc Itard, ein Pionier der Sonderpädagogik, hat die Lautierungsversuche seines scheinbar stummen „wilden" Findelkindes Victor aus Aveyron ignoriert, weil sie den Namen eines gleichaltrigen Mädchens nachbildeten. Und für solche Scherze war Victor laut Aufklärungstheorie noch zu jung. Auf die Absurdität, infantile Sexualität und Sexualbetätigungen zu ignorieren und zu verbieten, hat zu Anfang des 20. Jahrhunderts dann endlich Sigmund Freud in seinen Vorlesungen hingewiesen: „Daß die Kinder kein Sexualleben, sexuelle Erregungen – Bedürfnisse und eine Art der Befriedigung – haben, sondern es plötzlich zwischen 12 und 14 Jahren bekommen sollten, wäre – von allen Beobachtungen abgesehen – biologisch ebenso unwahrscheinlich, ja unsinnig, wie daß sie keine Genitalien mit auf die Welt brächten und die ihnen erst um die Zeit der Pubertät wüchsen."

Im Wissen und in der Einstellung der Menschheit außerhalb des Abendlandes zum Thema Sexualität und sexueller Aufklärung vermißt man in der Tat weitgehend solchen Unsinn. Man findet zumeist größere Unbefangenheit sowohl der Erwachsenen gegenüber den Kindern und umgekehrt, als auch unter den Kindern selbst. Die kleine Okani aus Neuguinea beobachtet Schweine bei der Paarung. Sie will von der Großmutter wissen, was die gemacht haben. Großmutter muß in Einzelheiten erklären, daß so die Ferkel gezeugt werden. Okani wird nachdenklich und fragt dann, woher die Menschen kommen. Großmutter erläutert es im detaillierten Vergleich.

Don Talayesva, Hopi aus Arizona, erinnert sich: „Als ich älter wurde, erfuhr ich mehr und mehr über geschlechtliche Dinge. Meine Muhmen, also Vaters Schwestern und Klanschwestern, schenkten mir nach wie vor viel Beachtung und nannten mich ihren Liebhaber. Die grobschlächtigen Großväter neckten mich weiterhin mit meinem Glied und drohten, es mir abzunehmen. Sie machten mich glauben, daß es mein wichtigster Körperteil wäre. Einmal, an einem Tanztage, lief ein komischer Katschina splitternackt über die Plaza. Ein Hanswurst griff ihn und fragte ihn, was er täte. Er erwiderte: ‚Ich spiel Fangen mit meinem Gliede und kann es nicht einholen; es ist mir immer ein Stück voraus. Ich glaube, wenn einmal einer sein Glied einholt, muß er sterben.' Die Leute lachten. Oft fingen die Narren Frauen ein und taten auf offenem Dorfplatz so, als ob sie mit ihnen Umgang hätten, um den Zuschauern Vergnügen zu bereiten. Bei manchen Gelegenheiten hatten sie auch vorne lange Kürbishälse befestigt und liefen so hinter den Frauen drein. Auch jagten wohl Muhmen hinter ihren Neffen her und taten im Scherz, als buhlten sie mit ihnen. Ich wurde auch so gejagt und angefaßt.

Wir kleinen Knaben paßten scharf bei dergleichen Sachen auf. Wir beobachten auch die Tiere im Dorf. Wenn ein Hahn eine Henne jagte, sahen wir genau hin und lachten. Wir machten einander auf Hunde, Katzen, Ziegen und Esel aufmerksam, wenn sie sich begatteten. Wir fanden auch, daß es Spaß machte, mit den Mädchen Mutter und Kind zu spielen und so zu tun, als ob wir ihre Männer wären, wobei wir sie manchmal anfaßten. (...) Ich war ungefähr acht Jahre alt, als der alte Tuvawny tewa vom Wasserklan uns die Geschichte von den Mädchen mit den Zähnen in der Scheide erzählte." Diese Geschichte handelt von einem Jungen, der durch die Hilfe der Spinnenfrau vor der Kastration bewahrt wird. Daß diese mythische Erzählung vom Angehörigen eines bestimmten Clans, mit Warnungen versehen, bereits den Kindern erzählt wird, verweist auf die Selbstverständlichkeit der Sexualität beim Volk der Hopi sowie auf Versuche, sexuelle Bedürfnisse durch Opferhandlungen zu kanalisieren. Die anderen Erinnerungen Dons zeigen, wie Sexualität in der traditionellen Hopi-Gesellschaft sowohl öffentlich als auch privat allgemeinem Klamauk und Gelächter ausgesetzt ist.

Denn man läßt auch in Zeiten der religiösen Tänze die humoristische Seite nicht außer acht. Im Verwandtschaftsbereich trägt die sexuelle Scherzbeziehung zwischen Klanschwestern eines Vaters und dessen männlichen Nachkommen zu einer entspannten Sexualerziehung bei.

Bronislaw Malinowski hat dem Geschlechtsleben der „wilden" Trobriander in Melanesien eine dicke Abhandlung gewidmet. Er berichtet über die völlige Freiheit von früher Kindheit an, sich gegenseitig in die Geheimnisse des Geschlechtslebens in „durchaus praktischer Art und Weise" einzuweihen. Das Verhalten der Erwachsenen dazu spielt zwischen völliger Gleichgültigkeit und wohlwollender Duldung oder auch „belustigendem Interesse", jedenfalls sieht man darin ein „unschuldiges Vergnügen", ja sie „erörtern die Liebesaffären ihrer Kinder in leichtem Scherzton". Eine ähnlich tolerante Haltung wird von den Gusii in Kenia, den Buschleuten in Botswana, den Muntschi in Nigeria berichtet. Die Yoruba in Nigeria dagegen bestraften diejenigen hart, die man bei allzu frühen Beischlafversuchen erwischte.

Der Mexikaner Pedro Martinez berichtet, wie ihn ein älteres Mädchen auf heimliche Weise verführte. Die Lebensgeschichte von Pedro, aus dem Volk der Guajiro in Kolumbien, ist gespickt mit seinen sexuellen Erfahrungen als Kind und Jugendlicher. Mit einer gewissen Schlitzohrigkeit scheint er den Anthropologen im Interview mit dem Bekenntnis in Verlegenheit bringen zu wollen, „ein kleiner Junge habe mehr Gelegenheit zum Verkehr mit Mädchen, weil die Leute ihm vertrauen und denken, er sei zu unschuldig dafür". Als die Mutter ihn einmal mit einem Mädchen erwischt, verfolgt sie ihn, will ihn verprügeln und beschwert sich bei ihrem Ehemann. Und der antwortet lakonisch, „mein Sohn ist ein Mann, und es gehört zu seiner Natur, Frauen zu haben". Beiden lateinamerikanischen Beispielen fehlt ein ursprünglicher weltanschaulich-religiöser Hintergrund, unausgesprochen wirkt der spanisch-katholische Einfluß mit Anklängen an regional-typische Macho-Allüren. Dennoch gehen die frühen Initiativen in beiden Fällen von älteren Mädchen aus.

Imitationsspiele des Erwachsenenlebens haben in allen Breiten, unabhängig von den klimatischen Bedingungen, die sexuelle Seite des Alltäglichen einbezogen. Sie sind wichtiges Element der Selbstaufklärung. Heirat und Familie gehören zu den beliebtesten Themen dieser Kinderspiele. Der Comanche Post Oak Jim erzählt davon, die Buschfrau Nisa schildert die

Sexspiele in ihrem nachgebauten kleinen Erwachsenendorf. Der Kwakiutl Charles Nowell von Vancouver Island erinnert sich an viele Einzelheiten: „Als ich dann aber sechs war und sah, was die anderen machten, fragte ich auch Mädchen, ob sie mit mir in den Wald gingen, daß ich an ihnen probieren könne. Ich glaube, ich wollte damals erstmals eine Frau. Wir bauten Häuser aus Zweigen und taten, als wären wir verheiratet. Es waren immer kleinere Kinder dabei, die dann unsere Kinder sein mußten. Wir machten uns Betten aus Moos, in denen wir schliefen und manchmal unsere Kinder zwischen uns hatten. Wir nannten das ‚Frauen besitzen'. Als Kind spielte ich das immerzu, und ich erinnere mich daran, es zuletzt mit zwölf gespielt zu haben. Das Mädchen, mit dem ich spielte, als ich zwölf war, mochte ich sehr, und wenn wir uns später begegneten, erinnerten wir uns daran, wie wir miteinander in den Büschen lagen. Einige waren auch älter als wir. Aber wenn wir wirklich Mann und Frau spielten, erzählten wir nichts unseren Eltern. Aber sie wußten längst alles. Verliebten wir uns ineinander, wollten wir auch wirklich heiraten, aber natürlich konnten wir nicht, weil wir noch zu klein waren. Selbst wenn wir älter wurden, mußten wir jemand anderes heiraten, so wie ich auch."

Im ostasiatischen Kulturraum folgt man den verbreiteten Lehren des großen Konfuzius, „fliehe die Vergnügungen, überlaß dich nicht den Reizungen der Sinne", doch „Eros, der die Welt beherrscht, herrscht auch in China", sagt Lin Yutang. Denn man denke „freier von der Rolle des Geschlechtlichen im Menschenleben". Und Jia Minghui erinnert sich: „Jungen und Mädchen schliefen in einem Raum, aber waschen durften wir uns nur getrennt. Am Badetag mußten wir uns in einem großen Raum ausziehen, dann gingen wir zusammen in die Dusche und die Ayi wusch uns. Die Toilette haben wir gemeinsam benutzt, es gab nur die eine. Ich weiß noch, wie die Jungen uns ihre „kleinen Küken" zeigten, und wie weit sie's im Stehen konnten. Da hab ich's auch versucht, und natürlich hab ich die Hose naßgemacht. Die Ayi fragte, was ich da um Gottes Willen treiben würde, und ich sagte: Schau mal, der kann so weit, ich will das auch! Sie versuchte, mir dann zu erklären: Das geht nicht, du bist ein Mädchen, du mußt dich hinhocken, du kannst dich doch nicht hinstellen!"

Das Wissen um Geschlechtlichkeit und kindliche Sexualität gehört weltweit zu den Selbstverständlichkeiten. Sexuelle Empfindsamkeit, Erkundungen des Körpers und spielerisch-imitative Vorwegnahme sexuellen Verhaltens zeigen, wie genau Kinder Sexualität an sich selbst und in ihrer Lebenswelt wahrnehmen, unabhängig davon, wie Erwachsene ihnen gegenüber damit umgehen. Offensichtlich braucht die kindliche Entwicklung in diesem Bereich auch ein gutes Stück an Selbstaufklärung.

Clellan Ford: Smoke from their Fires. Autobiography of Chief Charles Nowel, Kwakiutl. New Haven 1941 – Sigmund Freud: Vorlesungen zur Einführung in die Psychoanalyse. Berlin: Gustav Kiepenheuer 1922 – Margaret Mead: Mann und Weib. Das Verhältnis der Geschlechter in einer sich wandelnden Welt. Konstanz: Diana Verlag 1955 – Bronislaw Malinowski: Das Geschlechtsleben der Wilden in Nordwest-Melanesien. Leipzig, Zürich: Grethlein & Co. 1929 – Traudel Schlenker, Zhao Yuanhong: Im Traum war ich ein Schmetterling. Chinesen erzählen ihre Kindheit. Leipzig: Kiepenheuer 1993 – Don C. Talayesva: Sonnenhäuptling Sitzende Rispe. Ein Indianer erzählt sein Leben. Kassel: Röth 1964 – Lawrence C. Watson: Self and Ideal of a Guajiro Life History. Wien: Acta Ethnologica et Linguista 1970

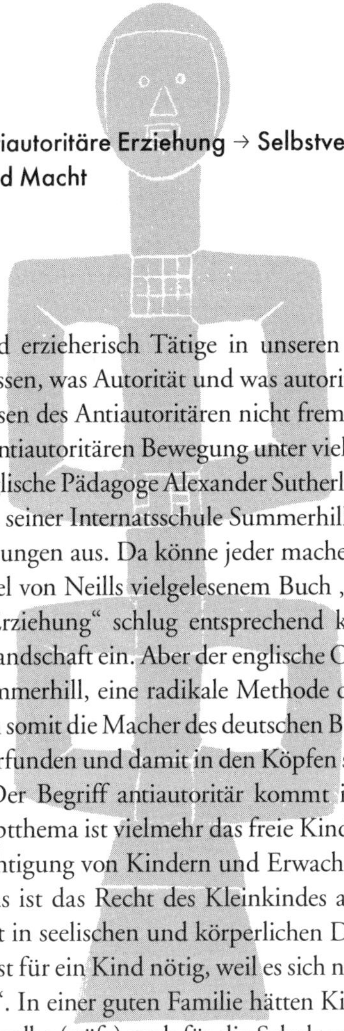

Autorität

→ autoritäre und antiautoritäre Erziehung → Selbstverantwortung
→ Disziplinierung und Macht

Viele Pädagogen und erzieherisch Tätige in unseren kulturellen Breiten glaubten sicher zu wissen, was Autorität und was autoritär konkret sei. Also konnte ihnen das Wesen des Antiautoritären nicht fremd sein. Deshalb existierte zu Zeiten der antiautoritären Bewegung unter vielen Nachahmern der naive Glaube, der englische Pädagoge Alexander Sutherland Neill, der als ihr Erfinder gilt, käme in seiner Internatsschule Summerhill wirklich ohne feste Regeln und Bestimmungen aus. Da könne jeder machen, was er wolle. Bereits der deutsche Titel von Neills vielgelesenem Buch „Theorie und Praxis der antiautoritären Erziehung“ schlug entsprechend klare Pflöcke in die deutsche Erziehungslandschaft ein. Aber der englische Originaltitel, genauer übersetzt, lautet „Summerhill, eine radikale Methode der Kinderziehung“. Logischerweise haben somit die Macher des deutschen Buchtitels das Schlagwort „antiautoritär“ erfunden und damit in den Köpfen so vieler falsche Vorstellungen erzeugt. Der Begriff antiautoritär kommt im Werk selbst fast nicht vor. Neills Hauptthema ist vielmehr das freie Kind und die dafür notwendige Gleichberechtigung von Kindern und Erwachsenen: „Leben nach eigenen Gesetzen, das ist das Recht des Kleinkindes auf freie Entfaltung, ohne äußere Autorität in seelischen und körperlichen Dingen“, und an anderer Stelle „Freiheit ist für ein Kind nötig, weil es sich nur in Freiheit natürlich entwickeln kann“. In einer guten Familie hätten Kinder und Eltern die gleichen Rechte. „Dasselbe (träfe) auch für die Schule zu.“ Tatsächlich ist in Summerhill jedoch „nur“ die Teilnahme am Unterricht freiwillig, während man für das Leben im Internat ohne Schulvorschriften nicht auskommt.

Was Neill in seiner 1921 gegründeten Schule praktizierte und allgemein forderte, hatte der englische Ethnologe Bronislaw Malinowski zwischen 1914–1918 auf den Trobriand-Inseln der Südsee bereits vorgefunden. Indem er „teilnehmend“ das Leben der Eingeborenen „beobachtete“, versucht er gewissermaßen hinter deren eigenen Standpunkt zu kommen. Dennoch, seine Verwunderung kann er nicht ganz verbergen, als er schreibt: „Kinder genießen auf den Trobriand-Inseln beträchtliche Freiheit und Unabhängigkeit. Früh lösen sie sich los von der Bevormundung der Eltern, die übrigens nie sehr streng gehandhabt wird. Manche Kinder gehorchen ihren Eltern bereitwillig, doch das hängt nur vom persönlichen Charakter beider Parteien ab: eine regelrechte Disziplin, ein System häuslichen Zwanges ist ganz ausgeschlossen. (...) Entweder schmeichelten oder schalten die Eltern, oder sie stellten ihr Verlangen an das Kind wie an einen Gleichgestellten. Nie geben Trobriand-Eltern ihrem Kind einen einfachen Befehl in der Erwartung natürlichen Gehorsams.

Die Leute werden manchmal böse auf ihre Kinder und schlagen sie in einem Anfall von Wut; doch ebenso häufig habe ich ein Kind zornig auf Vater oder Mutter losschlagen sehen. Ein solcher Angriff wird entweder mit gutmütigem Lächeln hingenommen, oder der Schlag wird ärgerlich zurückgegeben; jedoch der Gedanke an klare Vergeltung oder zwangsläufige Bestrafung ist dem Eingeborenen nicht nur fremd, sondern direkt zuwider." Besserwisser, wie viele Europäer nun einmal sind, vermag auch Malinowski nicht der Versuchung zu widerstehen, Einwände gegen das Erziehungsverhalten der Eltern vorzubringen: „Ein paarmal habe ich nach einer offenkundlichen Missetat zu verstehen gegeben, daß es für künftige Fälle besser sei, das Kind zu schlagen oder sonstwie kalten Blutes zu bestrafen; doch dieser Gedanke schien meinen Freunden unnatürlich und unsittlich und wurde mit einer gewissen Empfindlichkeit zurückgewiesen." Aber der Beobachter registriert ebenso, wie kleine Kinder ganz selbstvertändlich Stammesüberlieferungen, Sitten, Bräuche, Schicklichkeitsvorschriften und Einschränkungen (Tabus) verstehen und achten.

Eine ähnlich alles erlaubende Haltung gegenüber ihren Sprößlingen praktizieren auch andere Völker. „Kinder werden niemals geschlagen und selten ermahnt, selbst wenn sie bei heiligen Handlungen zu stören scheinen", berichtet Mandelbaum von den Cree in Kanada.

Bei den Tallensi im nördlichen Ghana „wurde Kindern im Verhältnis zu ihren Fähigkeiten und ihrer Reife (...) ein Höchstmaß an Freiheit und Verantwortung eingeräumt. Sie unterstanden keiner übereifrigen Aufsicht durch Erwachsene. Einerseits durften sie tun, was sie wollten, und hingehen, wohin sie wollten; andererseits hielt man sie für voll verantwortlich für Aufgaben, die ihnen übertragen wurden.

Erhielten die Jungen z. B. nicht ausreichend Nahrung oder Kleidung, stellten sie ihre Mitarbeit ein und konnten so die Eltern zum Nachgeben zwingen. Ein Elfjähriger zwingt so seinen Vater, ihm einen neuen Lendenschurz zu beschaffen, ein noch jüngerer, die Milch der Kuh auf der Weide trinken zu dürfen, ein zwölfjähriger, die Ernte seines Erdnußfeldes selbst veräußern zu dürfen." Dennoch existierte ein religiös begründetes Autoritätsverhältnis der Eltern und der Clan-Eltern gegenüber Kindern und Jugendlichen, dem man bei Schwierigkeiten Beachtung schuldet und deshalb unter Umständen um Verzeihung bitten muß. In solchen Fällen hatten dann die Eltern ihrerseits die Verzeihung in eine rituelle Form zu kleiden.

Diesen Beispielen an Freiheit, Unabhängigkeit, Selbständigkeit und gleichberechtigten Verhältnissen zwischen Kindern und Erwachsenen stehen andere gegenüber, in denen die Erwachsenen keinen Zweifel an ihrer Autorität lassen: „Yurok-Eltern testen ihre Kinder im frühen Alter, ob sie in der Lage sind, etwas zu wiederholen, was man ihnen am Vortage gesagt hat. Gelingt das mit einiger Sicherheit, dann beginnt die verbal-intentionale Erziehung, z. B.: Iß langsam; greif nicht gierig nach Essen; nimm niemals Essen, ohne zu fragen; iß nicht zwischen den Mahlzeiten; iß nie zweimal (usw.). Während des Essens wird eine strenge Sitzordnung eingehalten. Zwischen den Eltern bleibt ein Platz frei für einen möglichen Gast. Die Mädchen sitzen bei der Mutter, die Jungen beim Vater. Die Eltern bringen den Kindern jeweils bei, wie sie essen müssen. Man sagt ihnen, sie sollten nur wenig Essen auf den Löffel nehmen, es langsam zum Munde führen, den Löffel in die Eßschüssel zurücklegen, langsam und gründlich zu kauen und immer daran denken, reich zu werden. (...) Es ist niemand erlaubt, beim Essen zu reden, damit sich jeder auf die Gedanken aufs Reichwerden konzentrieren kann. Anhand von Fabeln werden den Kindern die Konsequenzen für Fehlverhalten vor Augen geführt: Die Kahlheit des Bussards stammt daher, daß er seinen ganzen Kopf gierig in einen Topf heißer Suppe steckte. Der gierige Aal hat seine Knochen verspielt." Dieses erzieherische Verhalten der Fischerei-völker im nördlichen Kalifornien deutet der Beobachter, der deutschamerikanische Psychoanalytiker Erik H. Erikson, aber nicht einfach als Ausspielen der Erwachsenenautorität, sondern als Disziplinierung mit System, bei dem sich die Kinder kulturspezifische Lebensplanungen einverleiben sollen. [→ Ernährung]

Die nachfolgend szenisch arrangierten Aussagen eines Vaters und dreier seiner Kinder aus einer mexikanischen Slumfamilie zeigen für die Kinder Formen einer scheinbar unbegründeten Autorität und Gewalt. Doch der Vater leitet seine Maßstäbe aus der selbst erlittenen Erziehung durch seinen eigenen Vater ab.

Jesús Sánchez, Vater: „Mein Vater war kein liebevoller oder gar zärtlicher Mann. Wie die meisten Familienväter war er natürlich sehr sparsam. Er merkte nicht einmal genau, wenn ich etwas nötig brauchte, aber wofür sollte man in der Provinz auch Geld ausgeben. Es gab keine Theater, Kinos, Fußballspiele, es gab überhaupt nichts. Jetzt ist das Leben dort viel abwechslungsreicher, aber damals war das noch anders. Wir bekamen sonntags nur ein paar Centavos, die wir ausgeben durften. Die Leute sind eben überall verschieden, und nicht alle Väter verwöhnen ihre Kinder. Mein Vater dachte, es bekommt einem Kind schlecht, wenn man sich zuviel mit ihm abgibt. Das glaube ich auch. Verwöhnte Kinder können sich nicht entwikkeln und stark und unabhängig werden. Sie haben immer Angst."

Manuel Sánchez, ältester Sohn: „Warum mein Vater mit uns so streng war und die Mädchen verhätschelte, weiß ich nicht. Seine Stimme klang ganz anders, wenn er mit ihnen redete. Vielleicht lag es daran, daß er noch altmodisch erzogen worden war. Nur zwei- oder dreimal erzählte er uns aus seinem Leben, und dann sagte er jedesmal, wie streng mein Großvater zu ihm gewesen war und wie oft er ihn geschlagen hatte. Deshalb dachte er wohl, er müßte uns erst mal beweisen, daß er ein Mann war, damit wir ihn als Vater respektierten. Wir widersprachen ihm auch nie, sondern hatten immer Achtung vor ihm, ja, wir verehrten ihn sogar. Warum behandelte er uns dann trotzdem so?"

Roberto Sánchez, zweiter Sohn: „(Vater) schlug uns nur, wenn Grund dazu war. Dann nahm er einen breiten Gürtel, den er heute noch trägt. Damit versohlte er uns derartig, daß wir mit der Zeit eine Elefantenhaut bekamen und überhaupt nichts mehr spürten. Leider hatte ich die verrücktesten Angewohnheiten. Wenn man mich prügelte, stieß ich hinterher meinen Kopf gegen die Wand oder an den Schrank, ohne zu wissen warum. Als ich ungefähr zehn Jahre alt war, nahm mein Vater eine elektrische Schnur, eine ganz dicke, zwei Meter lange. Er legte sie viermal zusammen und machte einen Knoten hinein. Mensch, die Schläge fühlte man erst! Es gab jedesmal einen Striemen. Und mein Vater war nicht einer, der sich den Schuldigen vornahm. Er ging immer auf uns beide los. Auf diese Weise war er gerecht."

Consuelo Sánchez, älteste Tochter: „Mein Vater hatte uns dazu erzogen, immer den Mund zu halten und nie zu widersprechen, wenn sich jemand über unser Benehmen beschwerte. Was die Erwachsenen taten, war immer richtig. Vor ihm hatte ich großen Respekt, ich fürchtete ihn, und zugleich liebte ich ihn sehr. Als ich klein war, brauchten die anderen Kinder nur zu mir sagen: ‚Da kommt dein Vater', dann fing mein Herz schon heftig an zu klopfen. In der Casa Grande durften wir fast nie auf den Hof gehen. Wenn er uns da erwischte, gab er uns einen Schubs und sagte: ‚Wo wart ihr, als ich wegging? Na? Ins Haus mit euch! Was wollt ihr denn draußen, ihr habt doch zu Hause alles.' Aber uns Mädchen hat er niemals geschlagen wie meine Brüder. Die prügelte er so, daß ich es mit der Angst zu tun bekam. Er nahm dazu ein elektrisches Kabel oder einen Lederriemen. Am nächsten Tag sah ich, wie ihr Fleisch ganz geschwollen war und sich schwarz und blau färbte."

Liest man die spannenden und auch ergreifenden Lebensgeschichten der Sánchez-Familienmitglieder, die kaum eine denkbare Lebensfacette auslassen, in voller Länge, dann erwartet man, daß Kinder, die sich über die autoritäre Härte ihres Vaters wirklich zurecht beklagen, selbst aus ihren Erfahrungen lernen. Doch weit gefehlt, als auch die Kinder selbst die Elternrolle übernehmen müssen, führen sie die negative Familientradition weiter.

Erziehung kommt nicht ohne Autorität, ohne Grenzen, ohne Festlegung von Ordnungen aus. Grenzen oder Ordnungen können auf bewußten oder auch unbewußten Traditionen beruhen oder sie werden spontan und völlig unreflektiert gesetzt. Spontane und unreflektierte Ordnungen und Grenzen sind auf Dauer kaum aufrechtzuerhalten. In jedem Fall bedarf es aber eines Mindestmaßes an Gleichberechtigung zwischen Erwachsenen und Kindern. Aus ihrem Alters- und Erfahrungsvorsprung allein sollten Erwachsene keinen Herrschaftsanspruch gegenüber Kindern ableiten.

Erik H. Erikson: Kindheit und Gesellschaft. Stuttgart: Klett 1971 – A. S. Neill: Summerhill, a radical approach to child rearing. (Theorie und Praxis der antiautoritären Erziehung, das Beispiel Summerhill) Reinbek: Rowohlt 1969 – Oscar Lewis: Die Kinder von Sánchez. Selbstporträt einer mexikanischen Familie. Düsseldorf: Econ 1965 sowie verschiedene Taschenbuchausgaben – Johannes W. Raum: Die Stellung des Kindes und Jugendlichen in einer repräsentativen Auswahl von Stammesgesellschaften. Bielefeld: Gieseking 1978

Denken

→ Respekt zwischen Erwachsenen und Kindern
→ wie Kinder denken → Denken und Lernen
→ Nachdenken und philosophische Gespräche mit Kindern

Wenn Kinder überraschende Gedanken äußern, glauben viele Erwachsene an zufällige Erscheinungen, bestenfalls registrieren sie diese als vorübergehende Entwicklungsphase, bei der Erwachsene sich durch Fragen und Gedanken leicht gelöchert fühlen. Oft vermutet man auch, solche Kinder seien zuviel mit „Alten" zusammen gewesen. Also handele es sich um nichts anderes als um altkluge Redereien. Mit einer solchen Einschätzung erübrigt sich eine Beschäftigung mit den geäußerten Gedanken. Und das Bild vom Kind als etwas Kleinem, das noch nicht groß sein kann, behält seinen geringschätzigen Hintergrund: kleine Kinder, kleine Probleme! Die Einsichten des in der professionellen Erziehung weitgehend ungehörten polnischen Arztpädagogen Janusz Korczak, obwohl sie schon bald ein Jahrhundert alt sind, vermitteln allerdings ein anderes Bild. Aufgrund langjähriger Beobachtungen und Erfahrungen als Leiter von Kinderheimen behauptet er doch tatsächlich, „an intellektuellen Kräften komme uns (das Kind) gleich, es fehle ihm nur noch an Erfahrung", und an anderer Stelle, „die schwerwiegendsten Fehlurteile über das Kind (kämen) deshalb zustande, weil seine wirklichen Gefühle und Gedanken durch die üblichen Begriffe nicht ausgedrückt werden können". Damit betont Korczak, was eingangs schon vermutet wurde: Weil die Erwachsenen sich zu sehr auf sich selbst eingerichtet haben, fehlt ihnen der Zugang zur Wahrnehmungs- und Gedankenwelt der Kinder. Auch Gutwillige verstehen deshalb die kindliche Lebens- und Denkwelt nur selten.

Beispiel: Der vierjährige Florian fährt mit Mutter und Vater in Urlaub nach Spanien, mit dem Reisebus. Es geht quer durch Frankreich, und die Fahrt dauert einen Tag und eine halbe Nacht. Die Familie hat ganz vorne einen guten Sitzplatz, so daß Florian alles sehen kann. Und es gibt viel zu sehen während der Busfahrt.

Der Busfahrer muß seine Pausen während der langen Reise einhalten, also macht er alle zwei bis zweieinhalb Stunden einen Stopp an einer

Raststätte unterwegs. Florian ist der jüngste Busreisende, und alle sind sehr nett zu ihm, besonders der Busfahrer. Nach einer der Pausen irgendwo in Frankreich, als alle bereits im Bus sitzen, greift der Fahrer Florian unter die Arme und setzt ihn auf den Fahrerplatz. ‚Jetzt darfst du den Bus fahren', sagt er zu ihm. Zu aller Überraschung fängt der Junge an zu weinen und kann sich nicht beruhigen. Also nimmt ihn der Vater zu sich in die Sitzreihe. Florian weint immer noch. Obwohl niemand etwas sagt, spüren die Eltern, wie man sie bedauert wegen ihres pingeligen Knaben, der nicht einmal diese freundliche Geste des Busfahrers begreift. Zurück an seinem Platz, versuchen die Eltern Florian zu beruhigen, was auch bald gelingt. Schließlich beugt sich der Vater zu ihm hin und fragt: ‚Warum hast du denn geweint, der Fahrer wollte doch lieb zu dir sein?' Florian antwortet darauf: ‚Aber Papa, ich kann das doch nicht, ich kann doch den Bus nicht fahren!'

In dieser Episode stehen sich erwachsene und kindliche Wahrnehmungen, Denkweisen und Handlungen diametral, ja eigentlich hilflos gegenüber. Die Erwachsenen nehmen an, eine solche Aufforderung könne nur spielerisch verstanden werden und müsse deshalb eine Als-ob-Handlung auslösen. Für das Kind ist die Aufforderung, den Bus zu fahren, ein ernsthaftes Ansinnen, weil es darin keine Als-ob-Handlung angezeigt sieht. Man redet zwar miteinander, aber offensichtlich nicht auf der gleichen Ebene. Erfahrungen des Kindes mit Aussagen, die anders gemeint als gesagt sind, fehlen ganz offensichtlich. Vor allem aber rechnen Erwachsene nicht mit kindlichen Selbstbildern als den Organisatoren kindlichen Denkens und Handelns. Doch man sieht, der Vierjährige hat ein klares Bild seiner eigenen Fähigkeiten, von dem, was er kann und was nicht. Indem er das ausdrückt, was er denkt und fühlt, zeigt er, wie sehr er sich von dem Ansinnen des Busfahrers überfordert fühlt. Deshalb resultiert seine Hilflosigkeit in Weinen. Unerwarteterweise für die Erwachsenen bringt sich der Junge als Subjekt in diese Situation ein und verweigert damit die ihm zugedachte Rolle als spielendes Kind.

Wie gerade illustriert, lassen wir Abendländer uns nur selten Zeit, über das Verhältnis von Erwachsenen und Kindern nachzudenken. Aber es bleibt eine spannende Frage, wie es in dieser Hinsicht außerhalb des europäischen Kulturkreises zugeht.

Bruder François vom Orden der Kleinen Brüder hat in einem Tagebuch, das er während seiner sechsjährigen Missionsarbeit am Orinoco verfaßte, auch das Verhalten der erwachsenen Yequana gegenüber ihren Kindern genau beobachtet: „Ich bewundere Pedro-Antonio; man muß erlebt haben, wie er der (achtjährigen) Teresita angekündigt hat, sie werde ins Krankenhaus gehen, wo man ihr das Bein aufschneide und den Knochen reinige – (Bruder) Henri hatte ihm am Vorabend zur Erklärung eine Menge Zeichnungen gemacht. Teresita blieb sehr ernst und sichtlich bemüht, nicht zu weinen. Er behandelt seine Tochter mit dem gleichen Respekt, den man einer erwachsenen Person schuldet. Obgleich noch ein Kind, ist sie fähig, das zu verstehen, was ihrem Alter entspricht, und ihr Vater nimmt sie ernst. Unter einem unerschütterlichen Äußeren verbirgt er große Empfindsamkeit.“ Der Zusammenhang zwischen dem Respektieren der kindlichen Persönlichkeit und dem Akzeptieren der Fähigkeit, über sich und die Dinge nachzudenken, wird hier ganz deutlich.

Der Südafrikaner Mark Mathabane, in einem Johannesburger Ghetto aufgewachsen, erinnert sich, wie bedeutungsvoll die Tsonga-Traditionen seiner Mutter für ihn und die Geschwister gewesen sind, trotz widrigster Lebensumstände. Die Mutter vermittelt ihr traditionelles Wissen und verknüpft vor allem mit der Weitergabe von Rätseln ein Stück systematischer Denkerziehung: „(Mutter) kochte, putzte, wusch und flickte unsere Lumpen. Oft mußte sie auch George und Flora pflegen, die sich niemals völlig von der Unterernährung erholt hatten, an der sie fast gestorben wären, als mein Vater im Gefängnis gewesen war. Mutter kümmerte sich um jedes Wehwehchen der Kleinen. Und dann fand sie neben alledem noch Zeit, uns Geschichten zu erzählen, uns Stammeslieder beizubringen und Rätsel aufzugeben, an denen wir uns die Zähne ausbeißen konnten. Wir saßen meist um die ausglühende Kohlenpfanne versammelt. Als ich noch jünger gewesen war, hatten mich viele dieser Geschichten unterhalten. Doch jetzt, da ich sechs war, begann ich, über sie nachzudenken und sie von verschiedenen Seiten zu betrachten. Mutter sagte, daß diese Geschichten von Generation zu Generation von unsern Vorfahren überliefert worden seien. Und daß sie sie uns nicht allein deshalb erzähle, damit wir Kinder Spaß daran hätten oder die Sitten und Gebräuche des Stammes lernen würden, sondern vor allem deshalb, damit wir sie später an unsere Kinder weitergeben könnten. (...)

In wieder anderen Nächten erzählte uns Mutter Geschichten über Tiere. Besondere Tiere natürlich. Sie waren stark, sie waren feige, sie liebten, haßten, sie waren ehrlich, weise, großmütig oder hinterlistig, sie betrogen oder hatten Angst – sie benahmen sich wie Menschen. Aber sie waren klüger als Menschen. Denn sie konnten selbst die schwierigsten Entscheidungen zur Zufriedenheit aller treffen.

Es vergingen Nächte, in denen brachte Mutter uns Stammeslieder und Sprichwörter bei oder gab uns Rätsel auf und ermunterte uns dazu, sie auswendig zu lernen. Denn, so sagte sie: ‚Für uns schwarze Menschen ist das Gedächtnis wie für andere Leute ein Buch. Wir können es wieder und wieder lesen – unser ganzes Leben lang.‘ Da gab es Tanzlieder und andere, von denen Mutter sagte, daß schwarze Leute sie seit ewigen Zeiten singen. Lieder für die Erntezeit, für Initiations- und Begräbnis-Zeremonien, für Hexenjagden und Weissagungen. Es gab auch Lieder, die zur Heimkehr siegreicher Krieger gesungen wurden und Lieder für jede andere Festlichkeit und Feier im Leben der Schwarzen. Die Sprichwörter weckten unser Interesse und die kniffeligen Rätsel verblüfften uns, weil sie trotz vieler Fingerzeige unlösbar schienen. Wenn wir – was fast immer der Fall war – nicht von selbst auf die Lösung eines Rätsels kamen, entschleierte Mutter sie für uns – Stück für Stück. Dadurch, daß sie das Geheimnis eines Rätsels nach und nach lüftete, lernten wir im Laufe der Zeit, Probleme von verschiedenen Seiten zu betrachten, wenn wir beim ersten Anlauf, sie zu lösen, nicht weiterkamen. Ich bewunderte Mutters Geduld und Klugheit. (...) Ich lernte, daß Scharfsinn und schnelle Auffassungsgabe nötig sind, um gefährliche Situationen zu erkennen und damit umzugehen.“

Das erinnerte Verhalten der Mutter in diesem Stück Lebensgeschichte ist in zweifacher Hinsicht bemerkenswert. Dem Sohn ist noch ganz deutlich, daß sie die traditionellen Geschichten nicht einfach nur als Unterhaltung ihrer Kinder und als Ablenkung vom alltäglichen Elend verstanden wissen will, sondern auch als Auftrag an sie, das darin vermittelte Wissen selbst einmal weiterzugeben. Außerdem, ihre geschickte schrittweise Hilfestellung bei der Lösung der vorgebrachten Rätsel weist sie als pädagogische Naturbegabung aus. Ein solches Vorgehen kann nur aus vertieftem Verstehen der Erzählerin selbst hervorgehen.

Ein anderes Beispiel gezielter Denkerziehung vermitteln uns die Erinnerungen eines zeitgenössischen Lakota aus Nordamerika: „Von Grandpa John lernte ich, daß traditonellerweise jede Person vier Namen erhält. Der erste kommt bei Geburt, der zweite während der Kindheit, den dritten erhält man beim Erwachsenwerden, den vierten als Älterer. Die Namengebung erfolgt jeweils zu Beginn der entsprechenden Periode, so daß den Betroffenen Gelegenheit gegeben ist, die Bedeutung ihrer Namen zu erfüllen. Mit fünf oder sechs Jahren begreift ein Kind dieses Konzept, und jedermann, von den Älteren bis zu den kleinen Kindern, versucht, seinen Namen zu erfüllen. Auf die gleiche Weise ist unser ganzes Volk bemüht, seinem Namen gerecht zu werden. [→ Geburt]

Obgleich mein weißer Name Russell ist, hat mir meine Mutter auch den Namen Wanbli Ohitika gegeben oder Brave Eagle (Tapferer Adler). Das war ein guter Name, dem man nacheifern kann. Grandpa John erzählte ‚endlose' Geschichten von jungen Männern, die die Gelegenheit hatten, ihren Namen zu erfüllen. ‚Eines Tages', sagte er, ‚gab es da einen jungen Mann mit Namen Looks Twice (Der zweimal hinsieht) – tatsächlich war er eigentlich noch ein Junge – der sein Dorf verließ, um allein zu jagen. Er hoffte einiges an Fleisch nach Hause zu bringen. Er wollte beweisen, daß er ein Mann sei. Und es war Frühling. Er ging ohne Bogen oder Lanze und hoffte, Rotwild mit seinem Messer zu töten.'

„Wie hat er das Wild getötet, Grandpa?" unterbrach ich ihn. ‚Das solltest du selbst herausfinden', sagte er. ‚Dadurch wirst du zum Mann.'

Er fuhr fort mit der Geschichte. ‚Während Looks Twice von zu Hause weg war, regnete es stark. Als er dann sein Reh getötet und geschlachtet hatte, kehrte er zum Dorf zurück – mußte aber entdecken, daß der Fluß Hochwasser hatte. Das sanfte Bächlein, das er durchwatet hatte, war so hoch wie der Missouri angestiegen. Das furchtbar reißende Wasser führte Baumstämme mit sich. Es gab keine Möglichkeit, ans andere Ufer zu kommen.'

Damit endete die Geschichte. Aber ich fragte, ‚was meinst du damit, Grandpa? Wie kam er denn wieder nach Hause? Schaffte er es, das Fleisch nach Hause zu bringen? Ist er danach ein Mann geworden?' ‚Du mußt es herausfinden', antwortete Grandpa. Und das war sein letztes Wort zu der Geschichte, denn er erwähnte sie nie mehr.

Grandpa erzählte viele Geschichten dieser Art. Eine andere ging so, ‚vor langer Zeit saßen die Menschen um ein Lagerfeuer. Dabei wurde ihnen das Geheimnis des Lebens offenbar, denn sie nahmen wahr, daß bei einer Frau ein Kind im Leibe heranwuchs. Als die Frau dann gebar, beobachteten sie auch, wie sie ihr Neugeborenes an ihrem Busen stillte. Und die Menschen schauten einander an.' Ende der Geschichte!

Viel später in meinem Leben wurde mir klar, daß mir Grandpa die indianische Art zu denken beibrachte. Er lehrte mich, meine Vorstellungskraft zu gebrauchen, die Dinge selbst herauszufinden, nachzudenken und dann auszuwerten. Er regte meinen ungebildeten Verstand an, Fragen zu formulieren – und dann den Antworten nachzuspüren. Außerdem brachte er mir Geduld bei. Es dauerte Jahre, bis ich die richtigen Fragen gefunden hatte, aber noch mehr Jahre, die Antworten zu finden.

Grandpas Geschichte über die gebärende Frau verfolgte mich, bis ich erwachsen war. Heute weiß ich, daß er mir die Macht der Frauen zeigen wollte, daß er mich dazu brachte, respektvoll zu Frauen zu sein und Respekt für die notwendige Balance zwischen männlich und weiblich zu haben, ohne die Leben nicht denkbar ist.

Aber welchen Sinn hatte die Geschichte mit Looks Twice, der allein zum Jagen ging, um seine Männlichkeit zu beweisen? Da es im Frühling immer regnete, hätte er sich mit Älteren vorher beraten sollen. Dadurch hätte er erfahren können, was es bedeutet, einen Fluß zu überqueren, wenn man damit rechnen muß, daß er bei der Rückkehr Hochwasser führt. Doch in seiner Ungeduld, sich als Mann zu beweisen, handelte er wie ein Junge – eben ungestüm. Obwohl er Rehwild aufgespürt und getötet hatte, versagte er dabei, seinem Namen gerecht zu werden. Für mich liegt die eigentliche Lehre dieser Geschichte in dem Hinweis auf die Bedeutungslosigkeit des Menschen. Obwohl wir in der Lage sind, Tiere zu töten, gegen die Macht der Natur sind wir ein Nichts. Durch Grandpas Gabe habe ich diese Weisheiten so schätzen gelernt, wie ich sie allein nie hätte erfahren können.

Grandpa John brachte mir auch bei, mich in die Dinge einzufühlen, nach Weisheit statt nach bloßem Wissen zu suchen. Auf diese Weise wuchs während meiner Kindheit in mir die Liebe des Indianers zu unserer Großmutter, der Erde."

Unter professionellen Pädagogen wäre ein Mann wie Grandpa John ohne weiteres als radikaler Vertreter des entdeckenden Lernens akzeptiert. Radikal deshalb, weil er mögliche Ergebnisse der von ihm initiierten Lernprozesse nicht zur Sprache bringt, indem er sie sich selbst überläßt. Man kann aber nicht glauben, daß sie ihm egal sind. Er vertraut auf die inhaltliche Attraktivität seiner Geschichten und ihre Wirkung in Wahrnehmung und Bewußtsein seines Enkels, sicher nicht ahnungslos darüber, wie leicht erzieherische Initiativen auch scheitern können. Vielleicht hat er auf andere Weise versucht, dem Zufall entgegen zu steuern. Wir wissen nämlich nicht, ob er sich mit allen seinen Enkeln auf diese Weise befaßt hat oder ob er sich nur dem besonders zuwandte, von dem er sich am meisten erhoffte. Der autobiographische Erzähler (und Enkel) seinerseits unterscheidet ganz deutlich zwischen den erinnerten Geschichten und ihrer unerwarteten Form damals sowie ihrer Langzeitwirkung aus seiner Sicht zum Zeitpunkt des Niederschreibens. Gleichzeitig berichtet er über Prozesse der Verarbeitung während dieses Zeitraums und definiert ihre außergewöhnliche subjektive Bedeutung für sich selbst. Das heißt, der Erzähler formuliert damit ein Stück seines eigenen Selbstbildes. Man kann daran sehen, wie Kindheitsereignisse Bedeutung für aktuelles Leben haben oder haben können.

Eine zufällige Fundstelle aus einem Roman der Modoc-Chippewa-Autoren Dorris/Erdrich gibt einen Hinweis, entdecken lassende Denkschulung scheint im Nordamerika der Ureinwohner kein Einzelfall zu sein. Darin erzählt der Enkel über seine traditionelle Großmutter, die mit ihm in modernen Verhältnissen lebt: „Grandma hat mir das Kochen beigebracht. So verbrachten wir ziemlich viel Zeit zusammen in der Küche, und die haben wir genutzt. Wir hatten unseren Spaß, und sie redete mit mir wie mit einem Erwachsenen, erzählte mir Sachen, für die ich vielleicht noch zu jung war. Aber Fragen hat sie mir nie beantwortet. Sie hatte da so eine Theorie: Wenn man was nicht auf Anhieb verstand, dann war man noch nicht so weit, es zu wissen. ‚Du wirst dich schon noch daran erinnern', sagte sie mir immer, ‚und eines Tages wirst du es dann allein rausbekommen. Ich kann dir nicht sagen, wie du denken sollst'. So hatte ich lange Listen mit unfertigen Gedanken im Kopf, aber sie hat wirklich recht gehabt. Wie oft fiel mir, als ich älter wurde und Neues sah und hörte, das mich weiterbrachte, eine von Grandmas Geschichten ein, die perfekt zu der jeweiligen Situation paßte."

Gemeinsam haben die beiden detailreichen Beispiele aus Südafrika und Nordamerika die Art und Weise, wie sich die Bezugspersonen – hier Mutter und Großvater – ernsthaft auf die Bedürfnisse der ihnen anvertrauten Kinder einlassen, obwohl sich beide erzieherischen Situationen vor dem Hintergrund eines starken Anpassungsdrucks abspielen. Doch die Möglichkeit, Einfluß auf Wahrnehmung und Denken der Kinder nehmen zu können, gründet auf persönlichen Beziehungen und voraussetzungsloser Anerkennung der Denkfähigkeit der Kinder. In dieser Hinsicht kommen die beiden Erinnerungsausschnitte optimalen dialogischen Verhältnissen sehr nahe.

Das Ethnologen-Ehepaar Ulrike und Hans Himmelheber hat bei den Dan in Liberia eine gut entwickelte Debattierkultur registriert: „Die Dan lieben es zu argumentieren. Das kommt in ihren häufigen Rechts-Palavern zum Ausdruck, in denen sie stundenlang um ein entlaufenes Huhn debattieren können, unter Anhörung möglichst vieler Zeugen. Darüber hinaus haben sie das Argumentieren zu einer selbständigen Kunst gemacht. Sie ersinnen kleine Geschichten, die ein im Grunde unlösbares Problem enthalten, von der Art: ‚Was war zuerst, das Huhn oder das Ei?' Man versammelt sich eigens zu solchem Denksport; mitunter läßt der Erzähler den Zuhörern auch ein, zwei Tage Zeit zum Überlegen. Man trifft sich wieder, bildet Parteien und verteidigt seinen Standpunkt." Ohne daß Kinder hier ausdrücklich erwähnt werden, kann man davon ausgehen, daß sie, wie überall sonst in Afrika, Teilnehmer an allen öffentlichen Ereignissen sind.

Über die frühe Beeinflussung des kindlichen Denkens durch anspruchsvolles Lernen liegen recht viele Berichte aus nicht-europäischen Kulturen vor. Besonders im ostasiatischen Kulturraum zwischen Tibet und Japan sah und sieht man darin einen wichtigen Weg zur Bildung. „Bei der Erziehung des Kindes hänge alles vom Anfang ab", sagt Konfuzius, dessen Lehre dort auch heute noch zu den dominierenden geistesgeschichtlichen Einflüssen gehört. Aber auch im pazifischen Einflußgebiet war eine frühe traditionelle Ausbildung üblich. Ein prägnantes Beispiel repräsentiert die Autobiographie des Maori Eruera Stirling.

„Sobald ich älter und selbständiger geworden war, etwa mit zwei oder drei Jahren, nach meiner Stillzeit, kam die alte Dame Hiria Te Rangihaeata und sagte zu meiner Mutter: ‚Mihi, wir wollen ihn als unseren Enkel (mokopuna) annehmen und ihn mit uns nehmen. Die Male, die er hat, zeigen, daß er dazu ausersehen ist, die spirituelle Kraft und Traditionen seiner Vorfahren zu bewahren, durch das Kirieke Haus des Lernens'. (...)

Das Whare Wananga der alten Zeiten war ein Haus des Lernens, ein besonderer Ort, der den Priestern vorbehalten war, wo sie über das heilige Wissen von Hawaiki sprechen konnten, über die Reisen der Kanus zu unserer Insel, über die Niederlassung der Vorfahren, über die Gebete für jedes Areal sowie über alle Genealogien der Stämme. Nur bestimmten Personen war es gestattet, das Whare Wananga mitzumachen, wodurch sie zu lebenslangen Bewahrern dieses Wissens ausgebildet wurden, und der Segen der Vorfahren ruhte auf ihnen.

Das Whare Wananga unserer Gegend stand im befestigten Kirieke, und mein Großvater Pera Te Kaongahau, Hirias Ehemann, war der letzte der alten Männer, die dort ausgebildet worden waren, er war der einzige Überlebende des Whare Wananga von Kirieke.

Als dann Hiria Te Rangihaeata bei meiner Mutter nach mir fragte, konnte diese nur zustimmen, und die alte Frau nahm mich mit in ihr Palmhaus (whare nikau) im Busch. Dort lebte ich mit Hiria und Pera, bis ich etwa sieben Jahre alt war. Pera war der erste Vetter (...) meines Großvaters, und er war einer, der alle Varianten des Tapu erfahren hatte, verbunden mit den Traditionen von Te Whanau-a-Apanui und Ngati Porou. (...) Ich lebte gern bei den alten Leuten, denn es gab viel zu essen und ich erhielt immer das beste.

So war mein Leben mit den alten Leuten draußen im Busch, es gab keine anderen Kinder in der Nähe und die Vögel waren meine Freunde. Die Tauben, Papageien, Pfauentauben (und andere) sangen und redeten in den Bäumen rund um unsere Hütte, sie waren nicht scheu und flohen nicht, wenn man sie rief. Ich stand unten, sprach zu ihnen und lauschte, wie Großvater ihre Rufe wiederholte. (...)

Als ich etwas älter wurde, begann der alte Mann, mir die Geschichte beizubringen; immer und immer wieder, Stück für Stück unterrichtete er mich, bis er über Genealogie zu sprechen begann. Er war einer der Priesterexperten (tohunga) im Kirieke „Haus des Lernens" gewesen und nun der einzige, der noch da war. Er erzählte mir von der sprituellen Kraft (mana) des Landes, wie jeder Vorfahr zu eigenem Land gekommen war und wie es im Laufe der Geschichte bis heute weitergegeben worden war. Er belehrte mich über die großen Besitztümer um Raukokore herum – Twaroa, Matangareka, Pohueroro, Whangapraoa, Maraehako, Kapongaroa – über die Begrenzungen drumherum; dann zeigte er mir die Orte, wo die Vorfahren

Nahrung gesammelt, den Boden kultiviert und ihre Befestigungen gebaut hatten. Die Hauptareale hatten die Vorfahren wegen der verschiedenen Untergruppen unterteilt, aber sie stammten alle von einem Vorfahren ab, von Hine Mahura, und Pera brachte mir all dies bei. Er lehrte mich die Monatstage, die richtigen und falschen Tage fürs Pflanzen, die guten Tage fürs Fischen und fürs Aalfischen, denn die alten Leute hatten für jede Tätigkeit einen besonderen Tag in ihrem Kalender, der auf den Sternen und dem Mond basierte.

Ich glaube, ich war etwa vier Jahre alt, als ich zu begreifen begann und als ich immer besser wurde, etwa mit sechs Jahren, und ich mit alten Leuten zusammensaß, fragten sie mich nach den Vorfahren des Pohaturoa-Areals, über Kapongaroa und Tawaroa und über die Begrenzungen des Otaimina-Areals und so weiter. Und ich konnte ihnen antworten, denn schließlich beherrschte ich alles automatisch. Wenn ich etwas falsch machte, merkte ich, wie man mich an den Haaren zog, so daß ich mich wieder konzentrieren konnte.

Schritt für Schritt führte mich der alte Mann in die Genealogien ein, er drängte nicht, aber wir befaßten uns unmittelbar mit den Kanus – Horouta, Tainui, Te Arawa, Matatua, Takitimu und allen anderen. (…)

Pera unterrichtete mich immer in einem besonderen Teil unserer Hütte, in einem kleinen Raum für sich, in den man kein Essen mitnehmen durfte. Alles darin war heilig (tapu), die Familienerbstücke, das Gespräch über die Genealogie, und wir gingen nur zu bestimmten Zeiten hinein. Immer nachts brachte mich der alte Mann dorthin, und er begann dann zu singen. Auf spirituelle Weise wußte er die rechte Zeit für uns, die richtigen Folgen von Gebeten (karakia) durchzugehen, und wir begannen immer mit Gebeten an die Götter. Ich saß dann im Dunkeln und hörte zu, wenn er sprach, während die spirituelle Kraft (mana) und das Heilige (tapu) mit uns waren.

Eines Tages riefen mich die beiden Alten zu sich, beiden saßen zusammen, und Pera sagte: ‚Setz dich dorthin.' Und er begann nochmals alles durchzugehen, und die alte Frau stellte mir ebenfalls Fragen – ich konnte sie alle beantworten. Als ich damit fertig war, sagte Hiria zu dem alten Mann, ‚ich glaube es ist an der Zeit, ihn zum heiligen Wasser (wai tapu) zu bringen'. (…) Wir verließen das Wasser und kehrten, ohne uns angezogen zu haben, nach Hause zurück, aber ich fror überhaupt nicht mehr. Der alte Mann kleidete mich an, machte ein Feuer und sagte zu mir: ‚Mein Kind (e tama), nun sind sprituelle Kraft und Lebenskraft mit dir, ich habe dir die Kraft unserer Ahnen übergeben, die dich für dein ganzes Leben leiten werden. Niemand wird dir schaden können. Du hast nun den Glauben in dir und bist erleuchtet durch das Wissen, das ich dir vermittelt habe; eines Tages wirst du ein Helfer deines Volkes sein.‘

Nach dieser Zeremonie lebte ich noch eine ganze Weile glücklich bei meinen Großeltern, bekam immer das Beste zu essen, hatte einen guten Schlaf und genoß das Leben mit ihnen. Aber als ich dann sieben Jahre alt war, schickte meine Mutter Nachricht, daß ich die Schule für Eingeborene besuchen müsse, das war im Jahr 1907.“

Obwohl hier ein sorgfältig ausgewähltes Kind eine Spezialerziehung erhält, ist es außerordentlich erstaunlich, welche Lernleistungen man diesem kleinen Jungen abverlangt. Wir kennen auch das Ergebnis, im Alter zwischen sechs und sieben Jahren beherrscht er das gesamte traditionelle Wissen der östlichen Maoristämme auf der Nordinsel. Das bedeutet, der kleine Eruera hat in diesem Alter das umfangreiche Wissen verinnerlicht, das für seine traditionelle Bestimmung im Erwachsenenalter grundlegend sein soll und dann auch tatsächlich ist.

Mit dem Begriff Spezialerziehung ist angedeutet, daß die verantwortlichen Erwachsenen, die Eltern und die traditionellen Erzieher sehr wohl wissen, was sie tun. Speziell ist außerdem die abgeschiedene Umgebung, die Einsamkeit des Lebens- und Lernortes sowie der spirituelle Rahmen, unter dem die systematische Beeinflussung des Denkens dieses kleinen Jungen via imitativer Lernleistung stattfindet. Interessant, wie der Erzähler selbst Phasen des Aufnehmens und Verstehens unterscheidet: „ich glaube, ich war vier, als ich zu begreifen begann“. Obwohl der Lehrer seinem Unterricht einen spirituellen Charakter verleiht, erinnert sich der Junge auch an energische physische Sanktionen bei fehlender Konzentration, was er aber nicht als etwas Negatives darstellt. Im Rückblick wiederholt Eruera eine abschließende Bewertung dieses Unterrichts durch seinen Lehrer. Darin bestimmt dieser seinen Zögling schon jetzt zum traditionellen Helfer des Maori-Volkes und qualifiziert die Wirkung seines Unterrichts als eine Erleuchtung durch das vermittelte Wissen. Damit ist ein hoher Anspruch verknüpft, nämlich, frühes Lernen umfangreicher Wissensbestände sei mehr als nur Masse, es beeinflusse das Denken und bewirke auch Qualität. Erueras Erfahrungen in der Eingeborenenschule enthalten Hinweise auf die Bedeutung, die frühe Lernleistungen für die Denkentwicklung haben können. Nach anfänglichen Anpassungsschwierigkeiten und Diskriminierungen, wegen der sein Vater beim Lehrer interveniert, wird der Junge zum Musterschüler. Nach seiner eigenen rückblickenden Bewertung glaubt er, das „Lernen bei den alten Leuten habe ihn gut auf die Schule vorbereitet“ und „die Ursache (für erfolgreiches Lernen in der Schule) lag in der Konzeption der alten Leute, die mich nach Art der Maori-Universität hatten lernen lassen“.

Daß aber nicht alle Menschen abendländischer Herkunft so verstockt sind zu glauben, kindliches Denken sei minderwertiges Denken, beweist die Bewegung „Philosophieren mit Kindern“, die sich immerhin seit etwa zehn Jahren, zumindest in Fachkreisen einen gewissen Ruf erworben hat. Will man diesen Sachverhalt nicht den Fachkreisen überlassen und deshalb nicht ganz so hoch ansetzen, dann käme die Formulierung „Nachdenken von und mit Kindern“ diesem Anliegen sehr nahe. Zwei Alltagsbeispiele sollen das Anliegen illustrieren. Die drei Jahre und neun Monate alte Enkelin einer guten Freundin überraschte mit der Frage: „Omi, sag mal, wie alt bist du eigentlich?“– Antwort der Omi: „Ja, so über sechzig!“ – Frage der Enkelin: „Omi, ist das sehr alt?“ – Omi antwortet mit einem Vergleich: „Die Oma Liesel ist 61 und ich bin 64. Ich bin älter als die andere Oma.“ Reaktion der Enkelin: „Aber gell Omi, uralt bist du noch nicht, sonst wärst du ja gestorben.“ Omi war durch die abschließende Aussage ihrer Enkelin nur ganz leicht geschockt, denn sie konnte die damit verbundene Denkleistung durchaus würdigen. Denn die Formulierung enthält eine logische Schlußfolgerung und einen Trost für die liebe Omi, mit dem die Welt gleichsam wieder in Ordnung ist. Wer das nicht so sehen kann, es auch nicht erspüren kann, ist wenig geeignet für ernsthafte Gespräche mit Kindern. Daß Kinder schon sehr früh nach Orientierungen und Ordnungen im Leben suchen und dabei den Tod einbeziehen, zeigt auch das zweite Beispiel. Der dreijährige Florian betrachtet ein Sachbuch „Das Wildschwein“. Er sieht eine Muttersau mit Frischlingen. Eines davon liegt tot im Busch. Er fragt den Vater: „Was ist denn mit dem Schweinchen?“ – Der antwortet: „Das ist tot!“ – Florian darauf: „Kann das nicht mehr krabbeln?“ – Antwort des Vaters: „Nein!“ – Florian erneut: „Kann das nicht mehr gucken?“ – Der Vater wiederum: „Nein!“ – Danach äußert der Junge große Verwunderung und sagt schließlich: „Wenn das Schweinchen tot ist, dann ist die Mutter traurig!“

Das Gespräch macht deutlich, der Junge im Alter von drei Jahren verfügt über klare Kriterien für den Zustand des Totseins, die er an dem wahrgenommenen Sachverhalt erprobt. Schließlich läßt er sich wieder auf die Bildsituation ein, indem er Verständnis und Mitleid für das Muttertier äußert. Auch darin zeigt sich der kindliche Antrieb, Erfahrungen und vorgefundene Situationen zu einem für sich selbst akzeptablen Abschluß zu bringen.

Kinder sind schon sehr früh in der Lage, über sich und die Welt nachzudenken. Alle unsere Beispiele belehren uns, wie leistungsfähig sie in dieser Hinsicht eigentlich sind, vorausgesetzt, man gewährt ihnen respektvolle Partnerschaft, respektvolle dialogische Partnerschaft.

Bruder François: Die Kleinen Brüder am Orinoco. Sechs Jahre unter den Yequana. Freiburg: Herder 1973 – Hans und Ulrike Himmelheber: Die Dan. Ein Bauernvolk im westafrikanischen Urwald. Stuttgart: Kohlhammer 1958 – Janusz Korczak: Wie man ein Kind lieben soll. Göttingen: Vandenhoeck & Ruprecht 1969 – Gareth B. Matthews: Philosophische Gespräche mit Kindern. Berlin: Freese 1989 – Erich Renner, Fritz Seidenfaden: Kindsein in fremden Kulturen. Band 1: Afrikanische Welt, asiatische Welt. 1997; Band 2: Nordamerikanische Welt, lateinamerikanische Welt, pazifische Welt, Welt europäischer Minderheiten. 1998; Weinheim: Deutscher Studien Verlag

Einweihung

→ Übergangsrituale → Reifefeiern → Initiation → Beschneidung → Disziplinierung

Umstände und Verlauf der Einschulung haben für viele Menschen bleibende Bedeutung, obwohl es ihnen oft nicht bewußt ist. Wie Schuppen fällt es dann manchen von den Augen, wenn man sie auffordert oder wenn sie spontan versuchen, sich zu erinnern. Die Ereignisse damals werden dann häufig wie eine Art Einweihungsritual empfunden, was sie ja auch wirklich sind. In den Erinnerungen daran verbergen sich nicht selten wichtige persönliche Erfahrungen, die eng mit der eigenen Entwicklung verknüpft sind. „Herausgerissen worden aus dem Elternhaus in eine zunächst kalte, fremde Welt", beschreibt eine 19jährige Studentin ihre Empfindungen, als sie gebeten wird, eine beliebig ausgewählte Erinnerung an die Schulzeit festzuhalten. Sie habe die Schule als Gleichmacherei wahrgenommen und als Verlust, selber jemand sein zu können. „Im Kindergarten sprachen wir oft über Schule und Lernen, und wir fühlten uns richtig ‚groß' dabei", formuliert eine andere. Diese zweite Einschulungserfahrung dagegen wirkt durch die vorbereitende Arbeit des Kindergartens vergleichsweise wie ein „weicher" Übergang in die nächste Lebensphase. Beide Beispiele, extrem unterschiedlich wie sie sind, lassen gewissermaßen jede andere Möglichkeit offen. Entsprechend offen ist die Einschulungspraxis dann auch, denn fest stehen ja nur der altersabhängige Einschulungstermin und die prestigebedingte Notwendigkeit einer wohlgefüllten und möglichst großen Schultüte, während die Gruppierung der künftigen Mitschüler soweit zufällig ist, als sie durch die Wohnung der Eltern und das Einzugsgebiet einer Schule bestimmt werden. Aber alle anderen Faktoren, die die individuelle Bedeutung dieses Übergangs beeinflussen, liegen sozusagen in den Händen der verantwortlichen Bezugspersonen und in der Art und Weise, wie sie das Umfeld gestalten und leben, ohne daß sie sich zumeist der Wirkungen, die davon ausgehen können, bewußt sind. Diese spiegeln sich dann in Wahrnehmung und Verarbeitung der Betroffenen, wie die zitierten Beispiele belegen.

Weitere Übergangsrituale wie Kommunion, Konfirmation, Jugendweihe, die das Heranwachsen der Kinder und Jugendlichen bei uns begleiten, scheinen noch weniger verbindlich zu sein, bleiben sozusagen in Richtung Zukunft ziemlich offen. Sie dürften kaum etwas zur Identitätsbildung beitragen. Die Nachwachsenden wissen schließlich nur, sie sind entweder noch Familienkinder, schon Schulkinder oder endlich jugendliche Schüler. Klar erkennbare Verknüpfungen zwischen früher und jetzt, klar ableitbare Lebensperspektiven enthalten die durchlaufenen Übergangszeremonien nur selten. Das heißt aber nicht, es gäbe keine professionellen Mahner, die auf Krisensituationen aufmerksam machen, welche durch die Übergänge verursacht sind. Franz Wellendorf, ein Sozialpsychologe, meint schon in den 70er Jahren, Schule solle, zur Vermeidung von Krisen der Schüler, ihren Lern- und Erfahrungsraum szenisch und rituell so bestimmen und organisieren, daß unterschiedliche Vorerfahrungen nicht diskriminiert, sondern aufgegriffen und weiterentwickelt werden können.

Sind uns nicht in dieser Hinsicht viele Völker außerhalb Europas weit voraus? Sie haben das Wissen um die Schwierigkeiten der verschiedenen Alters- und Reifestufen bewahrt und vielfältig in Zeremonien eingebettet. Für Kinder und Jugendliche ist ein allgemein anerkannter Verlauf ihres sozialen und gesellschaftlichen Status sehr vorteilhaft, denn sie wissen zu jeder Zeit, wer sie sind und wer sie sein sollen. Krisen ihrer Entwicklung werden in den Reifefeiern vorweggenommen, aufgefangen und in eine gesellschaftlich bedeutsame Richtung gesteuert.

„Als ich sieben Jahre alt war, rief mein Vater mich eines Abends nach dem Essen zu sich. Er sagte zu mir: ‚In dieser Nacht wird deine frühe Kindheit sterben. Bisher hat deine frühe Kindheit dir völlige Freiheit geschenkt. Sie hat dir Rechte zugestanden, ohne dir irgendwelche Pflichten aufzuerlegen, nicht einmal die, Gott zu dienen und anzubeten. Von dieser Nacht an trittst du in deine Kindheit ein. Du bist angehalten zu bestimmten Pflichten, zunächst der, die Koranschule zu besuchen. Du lernst lesen und die Texte des Heiligen Buches auswendig, des Koran, den man auch die Mutter der Bücher nennt.‘ In dieser Nacht konnte ich nicht schlafen. Ich war erfüllt von den geheimnisvollen Worten: ‚Tod meiner frühen Kindheit‘. Was bedeutete das? Wenn Menschen sterben, hebt man ein Loch im Boden aus und gräbt sie wie Getreidekörner unter der Erde ein. Würde mein Vater meine frühe Kindheit eingraben? Ich wußte, daß Hirse, Mais und Erdnüsse, die man in die Erde legt, anschließend in der Form neuer Halme wiedererscheinen, aber ich hatte weder gesehen noch gehört, daß ein Mensch wie Getreide gekeimt hätte und aus dem Grab herausgewachsen wäre. Wie würde das mit meiner Kindheit sein? Entstünde daraus ein neuer Keim? Ich schlief schließlich ein, den Kopf voll unlösbarer Gedanken. Ich hatte einen Traum, den ersten, an den ich mich lebhaft erinnere: Ich sah mich auf einem Friedhof, und aus allen Gräbern kamen Büsten von Menschen hervor."

Amadou Hampâté Bâ, als Kind Amkoullel gerufen, weiß noch ganz deutlich, welche Wirkung die damalige Ankündigung seines Vaters bei ihm auslöste. Und in dieser Hinsicht ist er ein typisches Kind seines Alters, das die Aussagen der Erwachsenen ernst, d. h. wörtlich nimmt und daran seine Vorstellungskraft erprobt. Aber die bild- und symbolträchtige Bemerkung seines Vaters bleibt ihm dennoch rätselhaft. Ihre mögliche Bedeutung für Amkoullel eröffnet sich erst in den Aktivitäten der Eltern. Am nächsten Morgen achtet die Mutter auf körperliche Sauberkeit und frische Kleidung ihres Sprößlings, nimmt Hirsekugeln und Ziegenmilch mit, bevor sie und der Vater ihn dem zukünftigen Lehrer vorführen. Und dort wird ihm praktisch und symbolisch ein erstes Stück islamischer Gelehrsamkeit einverleibt. Erster zeremonieller Schritt: Der Lehrer vermischt Ziegenmilch mit Tinte und schreibt damit einen langen Korantext auf eine Tafel. Zweiter zeremonieller Schritt: Diese Milch-Tinte-Mischung dient als Sauce für drei Hirsekugeln und als Getränk, die der Junge zu sich nehmen muß. Nach dem Aufsagen des islamischen Glaubensbekenntnisses bringt der Lehrer Amkoullel die notwendige traditionelle Körperhaltung beim Lernen mit der Tafel bei, außerdem eine erste Lektion, die der Lehrer siebenmal vor- und der Schüler nachspricht. Als die Eltern dann gegangen sind, muß der Junge diese Lektion vierhundertachtmal wiederholen und auf der Tafel mit dem Finger verfolgen. Nach mehr als zwei Stunden des Lernens und Übens ist Amkoullel dann endlich eingeweiht und zunächst entlassen, und kommt sich „in seinen eigenen Augen übertrieben wichtig vor". Die Einzelheiten dieser afrikanisch-islamischen Einweihung im Vergleich zur Schultüten-Einweihung in unseren Breiten öffnet uns die Augen über die bei uns praktizierte irgendwie „sinnentleerte" Süßigkeits-Überwältigungsstrategie. Amkoullel dagegen spürt, die neue Lebensphase ist etwas, was ihn mit Leib, Seele und Verstand in Anspruch nimmt, worüber sich die Erwachsenen selbstverständlich völlig einig sind.

Während diese erste Einweihungsphase für Amkoullel ganz in den traditionellen Bahnen verläuft, verzögert sich sein Übergang vom Unbeschnittenen (Kindstatus) zum Beschnittenen (Erwachsenenstatus) durch die von der französischen Kolonialmacht verordnete Schulpflicht und den Ortswechsel seiner Familie. Obwohl inzwischen gut 15 Jahre alt, wollen seine Eltern wegen der hohen Kosten, die damit verbunden sind, noch warten, wohl wissend, daß der Status des Unbeschnittenen in einem bestimmten Alter unter Jugendlichen nur noch schwer zu ertragen ist. „Ich quälte meine Eltern unablässig damit, mich beschneiden zu lassen, aber mein Vater wich aus. Gegen Ende des Jahres 1915, als die kalte Jahreszeit kam, erfuhr ich, daß alle meine Kameraden sich auf die Beschneidung vorbereiteten. Ich wäre also unter ihnen der letzte große bilakoro gewesen. Da ich dann verpflichtet gewesen wäre, ihnen in allem den Vortritt zu lassen, hätte ich nicht nur nicht länger ihr Vorsitzender sein können, sondern auch nicht einmal mehr zu ihrer Vereinigung gehört. Ich flehte meine Elten an, mich gleichzeitig mit Bamissa, Youba Sidibé und anderen Kameraden beschneiden zu lassen. Mein Vater antwortete, die Familie sei nicht bereit, sich auf ein solches Ereignis einzulassen. Die Beschneidung eines Jungen meiner Familie hätte nämlich, das begriff ich erst später, alle Tukulor- und Fulbesiedlungen zusammengetrommelt, auch die Dogon aus Kati, Bamako und Bandiagara, gar nicht zu sprechen von allen möglichen Griots und Höflingen. Und all diese Leute, die kämen, um dem großen Abend der Beschneidung beizuwohnen, wären zweifellos während der ganzen Dauer meiner Zurückgezogenheit im Haus geblieben, um auch am ‚Ausgangsfest' teilzunehmen. Das hätte ein Vermögen gekostet.

Mein Vater drängte mich, bis zum nächsten Jahr zu warten. Verbittert und völlig entmutigt, bat ich meine Mutter um die Erlaubnis, in Bamako meine Kusine Fanta Hamma zu besuchen. Meine Mutter gab mir das Geld für einen Eisenbahnfahrschein hin und zurück von Kati nach Bamako, der sechzig Centimes kostete. Für fünfunddreißig Centimes kaufte ich eine einfache Fahrt. Bei meiner Kusine angekommen, offenbarte ich ihr meine Lage unf fragte sie, ob sie mich in der Krankenstation in Bamako beschneiden lassen könne. Anschließend wollten wir jemanden zu meinen Eltern schikken, der ihnen mitteilen sollte, daß ich mich hätte beschneiden lassen und auf alle üblichen Zeremonien verzichtete.

Meine Kusine, die mich sehr gern hatte, war von der Vorstellung, daß ich, sofern ich noch ein Jahr lang ‚bilakoro' bliebe, meinen Kameraden gegenüber jegliches Ansehen verlöre und sogar auf Gnade oder Ungnade Spötteleien, ihren Sarkasmen, beziehungsweise ihren Grobheiten ausgesetzt wäre, unangenehm berührt. Sie ging zu einer ihrer Freundinnen, der ehemaligen Konkubine eines Arztes, die Krankenschwester war und Fatouma Dogotoro – Fatouma Doktor genannt wurde. Sie legte ihr meinen Fall dar und versicherte ihr, daß es seitens meiner Eltern zu keiner verärgerten Reaktion kommen werde. Fatouma Dogotoro sprach mit dem Doktor. Er gab dem Obersanitäter den Auftrag, mich am nächsten Tag um elf Uhr zu beschneiden.

Am nächsten Tag war ich pünktlich zur Stelle. Meine Kusine hatte mir einen besonderen Bubu und eine wie der Rachen des Kaiman geformte Kappe nähen lassen, die traditionelle Kleidung der Beschnittenen. Die Operation verlief glatt, zumindest fürs erste. Ein Freund unserer Familie, Abdallah – folglich der Tradition nach mein ‚Vater' – legte Wert darauf, sich selbst nach Kati zu begeben und meine Eltern davon zu unterrichten, daß ich mich, ohne ihnen vorher Bescheid zu sagen, hatte beschneiden lassen. Als er Tidjani die Neuigkeit mitteilte, soll der ihn starr angesehen und den Kopf geschüttelt haben. ‚Amadou ist wahrhaftig dein Sohn', sagte er, ‚er ist ebenso stur wie du!' Dann lachte er laut. Meine Mutter hingegen bekam Zustände, da sie sich um die Aussicht auf ein großes Fest gebracht fühlte. Ich hatte wirklich nicht begriffen, daß meine Eltern das Ereignis um ein Jahr verschieben wollten, damit sie Zeit genug hatten, die Mittel für sehr große Feierlichkeiten zusammenzubringen, die der Bâ, der Diallo – dem Clan meiner Mutter – und der Thiam gleichermaßen würdig gewesen wären.

Nach einer Operation auf der Krankenstation hätte meine Heilung nur vier oder fünf Tage in Anspruch nehmen dürfen. Unglücklicherweise hatte der Sanitäter, als er den Verband anlegte, keine Öffnung gelassen, um den Urin abfließen zu lassen, so daß die Wunde sich entzündete. Man ließ mir die nötige Pflege angedeihen, aber ich mußte etwa vierzehn Tage lang in Bamako bleiben. Das machte mir nichts aus. Wesentlich war für mich, daß ich vor meinen Kameraden beschnitten worden war, die der Bambarasitte entsprechend noch drei Monate lang in der Abgeschiedenheit leben mußten. Bei meiner Rückkehr nach Kati trüge ich also als erster die traditionelle Mütze und wäre als kamalenkoro – Erwachsener im traditionellen Sinn – in Amt und Würden. Ich wahrte also den Vorsprung vor meinen Kameraden und könnte ihr Vorsitzender bleiben.

Als ich wieder nach Hause kam, warfen meine Eltern mir nichts vor. Sie hatten schließlich begriffen, warum ich mich ihnen nicht gefügt hatte und verziehen mir. Zur Feier meiner Beschneidung überhäuften sie mich mit Geschenken."

Ganz anders die Erinnerungen des Kongolesen Ibrahimo. Ein englischer Missionar, der das nkumbi, die traditionelle Beschneidung, als Heidentum ablehnt, veranlaßt seine gewaltsame Operation mit Betäubung im Krankenhaus. Dadurch wird der Junge in der traditionellen Kultur zur Unperson gemacht und gerät in eine für ihn unauflösbare Identitätskrise. „Nachdem die Neuigkeit Ndola erreicht hatte, daß ich im Hospital beschnitten worden war und noch nicht einmal wie ein Mann gelitten, sondern geschlafen hatte, belegte jemand meinen Vater mit einem schrecklichen Fluch und sorgte dafür, daß mein Vater behext wurde, so daß er jetzt nicht nur unsere Ahnen verletzt hatte, er hatte auch die Ahnen des weißen Mannes verletzt. Und er wußte jetzt, daß es verschiedene Ahnen waren (...)." Matungi, der Dorfchef, sagte ihm, „es sei das beste für mich, zur Missionsschule zurückzukehren und mit dem Lernen fortzufahren. Sie seien gezwungen, mich wieder aufzunehmen, nach dem, was sie mir zugefügt hatten. (...) Ich weiß nicht, was geschehen wird. Man erzählt mir, daß der weiße Mann bald gehen und mein Wissen dann nützlich sein werde. Aber wofür?"

Der Vergleich beider Beispiele zeigt, wie die Beschneidung im Krankenhaus im Falle Amkoullels für seine dem islamischen Glauben angehörenden Eltern als tolerierbare Variante erscheint, während sie bei Ibrahimo vor dem Hintergrund des traditionellen Ahnenkults einer Katastrophe gleichkommt.

Die ethnographischen Quellen enthalten weltweit eine Fülle von sehr variantenreichen Beispielen über Einweihungszeremonien (Initiationen), die den Übergang von der Kindheit ins Jugend- oder Erwachsenenalter begleiten. Das gilt für Jungen und Mädchen. In Afrika ist mit diesen Zeremonien für die Jungen häufig die Beschneidung verknüpft. Aber auch die Beschneidung der Mädchen ist verbreitet, wie es die Beispiele der Dan im westafrikanischen Liberia und der Gusii im ostafrikanischen Kenia belegen. Allen Einweihungsriten gemeinsam ist das Interesse der Erwachsenen an einer sinnorientierten Einführung in die neue Lebensphase, in einen neuen Status. Das geschieht sehr oft in langwierigen und komplizierten rituellen Abläufen. Für die Initianden beginnt es nicht selten mit einer räumlichen und auch zeitlichen Trennung von der Familie und der bisherigen Lebenswelt. Sie verlassen mit der vertrauten Umwelt auch ihren Status als Kind und werden mit anderen Kandidaten zusammen in einem speziellen Areal und eigens errichteten Hütten, in Afrika vielfach Buschschule oder Bergschule genannt, auf ihre Zukunft vorbereitet. Was in der Abgeschiedenheit dieser Schulen von besonderen Lehrern und Betreuern von ihnen verlangt wird, variiert sehr. Viele Völker testen die Widerstandsfähigkeit ihres Nachwuchses durch Mut- und Härteproben, von denen die Beschneidung die wichtigste sein kann. Es kann auch darum gehen, Widerspenstige gefügig zu machen, verbunden mit dem Versuch, auf diese Weise generationelle Konflikte ein für allemal zu bereinigen, wie der Issansu Simbo Janira, aus dem nördlichen Tansania stammend, zu berichten weiß: „Die Beschneidung hat bei uns den Sinn, einen, der früher immer einen dicken Kopf hatte, klein zu machen. Wenn du früher ein widerspenstiger Junge warst und du kommst zu dem Beschneidungsfest, dann wird dein Widerstand gebrochen, denn du wirst jetzt viel geschlagen. Alle Alten helfen dabei mit. War einer zu Hause immer widerspenstig, dann wird er jetzt ganz besonders hergenommen, vor allem dann, wenn er früher gegen alte Leute unbotmäßig und ungehorsam war." Der Südafrikaner Mark Mathabane wehrt sich mit allen Mitteln dagegen, daß sein Vater ihn in die Venda-Beschneidungsschule zwingen will, um ihm seine Frechheiten austreiben zu lassen. Und er setzt sich sogar damit durch. Die Eltern des Hopi-Jungen Don stehen vor der Wahl, ihren Sprößling in einen von zwei verschiedenen Bünden einweihen zu lassen. Schließlich entscheidet der Vater, Don solle in den Katchinabund aufgenommen werden, denn dort werde ihm und anderen Burschen durch intensive Prügel der Unfug ausgetrieben. Das professionelle Geschäft des Austreibens übernehmen sogenannte Geißlerkatchinas.

Bedeutsamer Mittelpunkt bei den Einweihungsriten ist die Vermittlung traditionellen und oft auch geheimen Wissens. Außerdem werden den Initianden bei bestimmten Völker unmißverständliche Lebenslehren eingeschärft. Der Papua Albert Maori Kiki zitiert die Gesetze der Gemeinschaft der Elema, die ihm am Ende der kovave-Zeremonie beigebracht wurden: „Du sollst keines anderen Mannes Schwein töten mit dem Bogen, den du von uns erhalten hast. – Du sollst keines anderen Mannes Weib berühren. – Du sollst nicht lügen. – Du sollst nicht stehlen im Garten eines anderen. – Du sollst deinen eigenen Garten bestellen. – Du sollst eine Ehe eingehen. – Du sollst eine Familie gründen. – Du sollst deinen Nächsten achten. – Du sollst deinen Platz in der Gemeinschaft kennen. – Du sollst ältere Verwandte lieben." Diese Gebote orientieren sich ganz offensichtlich an den damaligen Lebensgewohnheiten der Elema-Papua.

Die abschließende Phase der Einweihungsriten beinhaltet den Eintritt der Initianden in den neuen Status. Nachdem sie das Kindsein endgültig hinter sich gelassen haben, kehren sie als andere Persönlichkeiten zurück. Bei den Völkern im östlichen Angola müssen sie danach strikte Verbote einhalten. Dazu gehört beispielsweise, das Haus der Mutter nicht mehr zu betreten. Waipuldanya vom australischen Stamme der Alawa kennt noch andere interessante Tabus, die von den Eingeweihten zu beachten sind: „Mit bestimmten Stammesangehörigen durfte ich nach der Initiation nun zwei Jahre nicht sprechen. Gewisse Lebensmittel waren für mich auf Lebenszeit verboten, andere zeitweilig. Außerdem durfte ich meine Schwestern, Schwägerinnen und Tanten nicht beachten. (...) Ich bin stolz darauf, daß ich meine Proben in Selbstverleugnung und Selbstkontrolle durchgemacht habe. Ich glaube, daß ich dadurch ein besserer Mann geworden bin."

Und noch etwas: In Kulturen, in denen Beschneidungfeiern eine Schlüsselfunktion im gesellschaftlichen Leben zukommt, verbindet die gemeinsam Beschnittenen häufig eine lebenslange unverbrüchliche Brüderschaft. Sie ist sogar der Blutsverwandtschaft übergeordnet, und das mit wechselseitigen Verpflichtungen. Für die Kikuyu in Ostafrika ergeben die Beschneidungsjahrgänge, die ja verschiedene Geburtsjahrgänge zusammenfassen, außerdem eine Stammes-Genealogie.

Eine wirklich unkonventionelle Initiationsgeschichte ist das „Suchen einer Schutzseele", wie sie uns der Achuara-Kopfjäger Moquimbio aus dem südlichen Ecuador erzählt: „Ich war so voller Trauer und Zorn über meines Vaters Tod, daß ich ihn auch an der Familie des Zauberers rächen wollte. Mein

Onkel Sando aber sagte: ‚Du bist noch ohne Schutzseele. Ich will dich zu einer Stelle führen, wo sich die Arutams treffen. Sie liegt so nahe bei den Quellen, die die Flüsse speisen, daß man mit dem Boot nicht hinfahren kann. Wenn du dort badest, wirst du ihre Nähe am Lufthauch spüren, der über dem Wasser liegt. Dort werden wir eine Hütte bauen – und ich werde deine Reise in die wahre Welt bewachen.‘

Mein Onkel Sando war ein sehr ernster Mensch. Ich glaube, er mochte mich – und auch mich zog es in seine Nähe. Mit nüchternem Magen brach ich dann eines Morgens mit ihm zusammen auf zum Treffpunkt der Arutam-Seelen. Als wir an den wilden Wassern ankamen, bauten wir ein Regendach. Ich legte den Itip ab und stieg hinab zum Fluß. Dort wanderte ich zwischen den Felsen und sang. Wenn ich badete, zerrte das Wasser an meinen Beinen und sein Rauschen schwoll an. Als ich spät zu Onkel Sando zurückkehrte, gab er mir grünen Tabak zu trinken. Wir saßen lange zusammen. In der Nacht sah ich viele Leute, die mir noch nie begegnet waren, dann Soldaten der Apatschi, dann Kinder und Tiere.

‚Du wirst einmal mächtig sein‘, deutete mein Onkel den Traum. Ich fastete und badete zwei Tage. Arutam aber wollte sich nicht zeigen. So gab mein Onkel mir Maikua zu trinken. ‚Harawasta‘, sagte er immer wieder, ‚sei stark!‘

Ich wartete auf Arutam bei einem Glimmfeuer am Fluß. Ich weiß nicht, wie lange ich dort saß. Um mich war die Nacht so klar, daß ich die feinen Zweige und die Rippen der Balsa-Blätter sehen konnte. Die Stämme leuchteten silbern wie das Licht von Kashinandu. Es war so still, daß mich mein Atem störte. Ich vernahm, wie er lauter und lauter wurde und mächtiger und ich sah, wie er die Blätter auf der anderen Seite vom Fluß bewegte. Als die Wipfel rauschten und die Stämme sich immer mehr neigten, wußte ich, daß es nicht mehr mein Atem war, der dies vollbrachte. Ich spürte einen starken Lufthauch im Rücken. Er fuhr heiß über mich hin und ließ die Glut aufglimmen, bis sie mich blendete. In diesem Augenblick stürzte krachend ein Baum neben mir zu Boden. Die Erde erbebte vom Aufprall. Ich kämpfte mich zu dem Baum hin, weil ich in seinen Wurzeln Halt gegen den Sturm finden wollte. Doch als ich sie berührte, verwandelten sie sich in die Zunge einer Anakonda. Nur kurz erblickte ich den züngelnden Kopf und den riesigen Leib halb im Wasser, halb am Ufer. Blitze zuckten aus den Augen der Wasserboa. Dann war sie fort.

Mein Onkel fragte nichts, als ich zurückkehrte. Mich hatte die Begegnung mit Arutam stumm gemacht – und er wußte, daß ich ihm nichts sagen durfte. Er kehrte nach Hause zurück, während ich eine weitere Nacht am Fluß blieb. In dieser Nacht besuchte mich ein Ahne, der einst als mächtiger Krieger gelebt hatte. Er erzählte mir von seinem früheren Leben und seinen vielen Kämpfen. Er ließ mich wissen, daß mir ein ähnliches Leben beschieden sei. Bald darauf spürte ich, wie gewaltige Kräfte mir fast die Brust sprengten."

Dieser Moquimbio stammt aus einer für uns doch schockierend fremden Kultur. Natürliche Ursachen für Leid und Unglück werden dort nicht in Betracht gezogen, sondern ausschließlich gezielte oder zufällige Handlungen feindlich eingestellter Personen. Als Junge kennt Moquimbio deshalb den Verursacher des Todes seines Vaters, nämlich einen bösen Zauberer. Und er ist zur Vergeltung verpflichtet. Um diese Aufgabe bewältigen zu können, muß er unter Begleitung seines Onkels ein Einweihungsritual durchlaufen. Dabei erzeugt die Einnahme bestimmter Narkotika an einem bestimmten Ort Träume und Visionen, bei denen mächtige Ahnen ihre Kräfte weitergeben. Wir sehen an Moquimbios Erzählung, wie er aus einer solchen Initiationserfahrung sein eigenes Selbstverständnis als mächtiger Krieger, ja eigentlich den Sinn seines Lebens ableitet.

Trotz all dieser Beispiele bleibt für uns das Rätsel, ob wir in unserer technisierten und offenen Industriegesellschaft überhaupt zu allgemein anerkannten Orientierungshilfen für die Entwicklung der nachwachsenden Generationen kommen können. Müssen wir dies nicht den familienindividuellen Sinnorientierungen und den daraus sich ergebenden Ritualen überlassen? Offensichtlich führt kein Weg daran vorbei: Familien müssen ihre eigenen Traditionen und Rituale schaffen. Darin sollten Äußerlichkeiten mit Innerlichkeiten verknüpft sein.

Amadou Hampâté Bâ: Jäger des Wortes. Eine Kindheit in Westafrika. Wuppertal: Hammer 1993 – Volker Popp: Initiation. Eine Anthologie. Frankfurt/M.: Suhrkamp 1969 – Erich Renner/Fritz Seidenfaden: Kindsein in fremden Kulturen. Band 1: Afrikanische Welt, asiatische Welt. Weinheim: Deutscher Studien Verlag 1997 – Ilona K. Schneider: Einschulungserlebnisse im 20. Jahrhundert. Weinheim: Deutscher Studien Verlag 1996

Erbanlage oder Milieu

→ Entwicklung → Intelligenz → Begabung → Umwelt/Lebenswelt

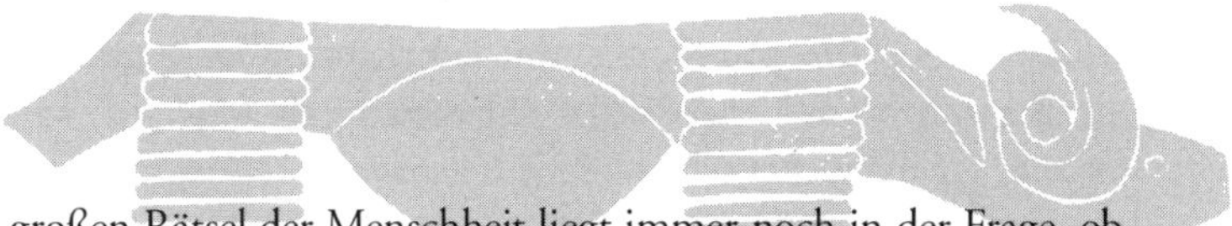

Eines der großen Rätsel der Menschheit liegt immer noch in der Frage, ob das, was der Einzelne werden kann oder schon ist, genetisch bedingt ist oder ob es sich vor allem auf Auswirkungen des lebensweltlichen Milieus zurückführen läßt. Diskutiert wurde aber zunächst die Frage nach der Überlegenheit unserer Rasse. Ende des 19./Anfang des 20. Jahrhunderts stritten Eugeniker, die Rassenforscher, für die Reinhaltung angenommener Erbanlagen der weißen Rasse. Dagegen argumentierten Kulturforscher wie der Deutschamerikaner Franz Boas: „Völkerkundliche Beobachtungen sprechen gegen die Ansicht, daß die Merkmale, die unter der ärmsten Negerbevölkerung der Vereinigten Staaten festgestellt werden, rassisch bestimmt wären. Ein Überblick über afrikanische Stämme zeigt uns hohe kulturelle Leistungen." Vor diesem Hintergrund konzentriert sich das Lieblingsthema von Psychologen und Pädagogen seit langem in dem Problem, ob erbliche oder milieubedingte Faktoren die Entwicklung der Intelligenz maßgebend beeinflussen. Im Rahmen der Verhaltensforschung suchen Konrad Lorenz und sein Schüler Irenäus Eibl-Eibesfeldt nach der Ursache für menschliche Aggressivität. Sie wollen herausfinden, inwieweit die evolutionäre Entwicklung den Menschen mit bestimmten Vorgaben ausgestattet hat – etwa mit Grundmustern an Aggressivität und Altruismus oder einfacher gesagt, mit Grundmustern für Liebe und Haß. Wie Wellenschläge hat das Für und Wider der genetischen Ausstattung des Menschen seitdem immer wieder die Öffentlichkeit bewegt, wobei Argumente oder das, was man dafür hielt, einmal für diese, ein andermal für jene Seite zu sprechen schienen. So machte Ende der 60er, Anfang der 70er Jahre bei uns ein Modell der Intelligenzentwicklung Furore, das ein Produkt amerikanischer Forschung gewesen ist. Ein Psychologe namens Benjamin Bloom glaubte herausgefunden zu haben, daß sich etwa 50% der menschlichen Intelligenzentwicklung bis zum 4. Lebensjahr vollzieht, weitere 30% bis zum achten und die restlichen 20% bis zum Alter von 17 Jahren. Experten und Laien waren fasziniert. Endlich, so glaubte man, gab es eine klare Linie! Man konnte nämlich daraus schließen, daß eine positive Beeinflussung der Intelligenz besonders in den frühen Jahren möglich und notwendig ist, und zwar im Vorschul- und im Grundschulalter. Das Ausmaß der gesamten Intelligenz von Siebzehnjährigen, die hundertprozentige also, konnte durch Lernen in der Frühphase entscheidend positiv beeinflußt werden. Nach diesem „stichhaltigen" Modell war es möglich, jemanden zu begaben. Die sogenannte Frühlesebewegung war eine Folge dieser Vorstellung. Fachleute, Nicht-Fachleute und Verlage klinkten sich ein und produzierten dafür das notwendige Lernmaterial. Mit großem Erfolg und hohen Auflagen! Und es zeigte sich tatsächlich, man konnte Dreijährigen ohne weiteres das Lesen beibringen. Wie sich dann später herausstellte, war der dadurch erzielte Entwicklungsvorsprung im weiteren Verlauf und besonders in der Schule nicht zu halten. Ein Glück auch, die Wissenschaft zieht ihre Ergebnisse doch immer mal wieder in Zweifel! Eine Überprüfung des Bloomschen Modells legte offen: Aus methodischen Gründen unvergleichbare Intelligenzuntersuchungen sind darin hochrechnerisch miteinander verknüpft. Damit verschwand die Bloomsche Periodisierung im wissenschaftlichen Papierkorb, obwohl das Problem intensiver Lernförderung im Vor- und Grundschulalter damit längst nicht erledigt war. Momentan ruhen große Hoffnungen auf der Genforschung, mit der man die Einflüsse der Gene auf Intelligenz, Weltanschauung und Persönlichkeit erklären will. Einige große Reinfälle haben die Verhaltensgenetiker jedoch bereits produziert. Bei den seit zwei Jahrhunderten isoliert lebenden Amischen in Pennsylvanien glaubte man ein allein verantwortliches Gen für die häufig auftretende „manische Depression" gefunden zu haben. Letztlich stellte sich heraus, die Symptome entwickelten sich auch bei Personen, die der Theorie nach hätten gesund sein müssen. Außerdem unterschieden sich die Vererbungsmuster innerhalb verschiedener Verzweigungen der Population erheblich.

Jedenfalls, seitdem scheint man bei der Suche nach einfachen Antworten im Sinne von entweder/oder mehrheitlich eher vorsichtiger geworden zu sein.

Gerade die Thematik „Erbanlage oder Milieu" hat Völkerkundler (Ethnographen/Ethnologen/ Anthropologen) von Anfang an animiert, sich mit den Lebensverhältnissen nicht-europäischer Völker zu befassen. Ein besonders prominentes Beispiel ist die an anderer Stelle schon erwähnte Margaret

Mead. Sie wurde 1925 von ihrem Doktorvater Franz Boas nach Samoa geschickt, um Material zu erarbeiten, mit dem man die kulturelle Bedingtheit der menschlichen Entwicklung belegen konnte. Das Produkt dieser Forschungsarbeit erschien unter dem Titel „Heranwachsen in Samoa“ (Coming of Age in Samoa) und galt seitdem als Grundpfeiler der Milieutheorie oder auch der kulturellen Bestimmtheit des Menschen. Mead zeigt darin am Beispiel samoanischer Mädchen, wie der Übergang vom Jugend- ins Erwachsenenalter weitgehend krisenfrei verläuft, vergleicht man ihn mit der Situation in den westlichen Kulturen. Ein wichtiger Faktor dabei ist die größere Unbefangenheit und Freiheit im sexuellen Bereich. Obwohl gerade diese Seite der Untersuchung im Westen die größte Aufmerksamkeit gefunden hat, die Argumentation der Forscherin ist breiter angelegt: „Nachdem (samoanische Kinder) vier oder fünf Jahre alt sind, haben sie verpflichtende Aufgaben, die ihren Kräften und ihrer geistigen Entwicklung angemessen sind, Aufgaben jedoch, die für die Gesellschaft bedeutungsvoll sind. Aber eine Periode, in der sie von jeglicher Verantwortung freigestellt sind, ist ihnen nie zugestanden worden, ganz im Gegensatz zu unserer Gesellschaft.“ Mit dieser zusammenfassenden Bemerkung erhält die bei uns wahrgenommene konfliktfreie Entwicklung bei samoanischen Kindern und Jugendlichen ein anderes Profil. Es deutet sich an, daß die verantwortliche Einbindung der Heranwachsenden in familiäre und gesellschaftliche Lebenszusammenhänge krisenträchtige Entwicklungsphasen entschärft. Fünfzig Jahre nach dem Erscheinen des Samoabuches von Mead hat der aus Neuseeland stammende Australier Derek Freeman mit einem publizistischen Paukenschlag versucht, Margaret Meads Arbeit über Samoa als „Täuschung großen Stils in der Geschichte der Verhaltenswissenschaft“ und sie selbst damit als Betrügerin zu entlarven. Die Weltpresse hat sich auf diese Sensation gestürzt, so auch die Feuilletons großer deutscher Zeitungen. „Das Ende einer wissenschaftlichen Legende: Margaret Meads Samoa ist doch kein Paradies“ oder „Die falschen Perlen der Südsee“ titeln Redakteure der ZEIT und der FAZ im Jahr 1983. Die Freude am vermeintlichen Sturz eines Denkmals können jene journalistischen Kommentare kaum verbergen. Schaut man in die damaligen Zeitungstexte, fragt man sich, ob ihre Verfasser die Originalveröffentlichung jemals selbst eingesehen haben können, zu sehr wiederholen sie den Freemanschen Verriß. Margaret Meads Buch ist weit davon entfernt, „das leichte Leben und die leichte Liebe auf Samoa in glühenden Farben zu beschreiben", wie es in einem Zwischentitel in der ZEIT heißt. Das Gegenteil ist der Fall. Eher sachlich und nüchtern beschreibt sie das Verhalten ihrer Gesprächspartnerinnen. Ihre Schlußfolgerungen erscheinen dagegen nicht immer stichhaltig oder logisch. Beispiel: „Samoanische Mädchen ernten nie die Früchte romantischer Liebe, wie wir sie kennen, aber nie leiden sie als alte Jungfer daran, keinen Liebhaber gehabt zu haben oder als frustrierte Ehefrau an hohen, doch unerfüllten Erwartungen." Wie sollte romantische Liebe als typisch europäisches Gefühlsprodukt samoanische Mädchen befallen können? Darf aber schwärmerische Fixierung auf einen bestimmten männlichen Partner deshalb ausgeschlossen werden? Hier geht die Verfasserin schlicht ein Stück zu weit. Die Feuilletonisten im übrigen scheinen auch nicht unter Kompetenzproblemen zu leiden. Die Diskussion unter den Samoaspezialisten, die Meads Samoastudie seit Jahrzehnten rezipiert, kritisiert und diskutiert haben, wird von ihnen ignoriert, und vor allem deren Kritik an Freeman. Lowell D. Holmes, einer der Samoaspezialisten, der über viele Jahre Margaret Meads Arbeiten durch eigene Feldforschung überprüft hat, kritisiert Freemans Vorwürfe im Detail und faßt zusammen: „Jedoch komme ich – und das möchte ich besonders hervorheben – zum gleichen Schluß wie Margaret Mead, daß nämlich der Übergang ins Erwachsenenalter 1925 in Samoa zweifellos leichter war als in den Vereinigten Staaten und daß das Fehlen emotionaler Spannungen bei den Samoanern auf kulturelle Eigentümlichkeiten zurückführbar ist." Und an anderer Stelle, er habe „an der Qualität von Margaret Meads Feldforschung im großen und ganzen nichts auszusetzen". Freemans Samoabild lehne er mit „sämtlichen Fachkollegen, die in den letzten 50 Jahren in Samoa gearbeitet haben", ab. Es handele sich vielmehr um eine gezielte Demontage Margaret Meads zum Zwecke des eigenen Ruhms.

Dies ist jedoch nicht das einzige Beispiel, in dem Menschen fremder Kultur eher „zufällig" zum Thema der Theorie- oder Methodendiskussion bestimmter Wissenschaften werden oder zum Gegenstand und Streitpunkt unserer eigenen Problemsicht. In einem Buch mit einer deutschen Auflage von fast einer halben Million Exemplaren hält uns die Amerikanerin Jean Liedloff das Beispiel der Yequana (auch Marquiritare) am oberen Orinoko vor Augen. Fasziniert von der dort beobachteten Gelassenheit, Ausgeglichenheit, Entspanntheit, einem guten Stück vom Glück, findet sie zu der

Behauptung, der evolutionäre Aufstieg habe den Menschen auch mit der Fähigkeit ausgestattet, ausgeglichen, entspannt oder schlicht glücklich zu sein. Allein durch das regelmäßige Tragen ihrer Kinder gelänge es den Yequana ganz selbstverständlich, diese evolutionär vorhandene Fähigkeit zu aktivieren, während wir „Zivilisierte" diese Erfahrung vergessen und auch die Chance vergeben hätten, glücklich zu sein. Wir seien gewissermaßen aus dem evolutionären Kontinuum ausgetreten und bräuchten statt dessen Lehrbücher, die uns beibringen, wie wir uns „richtig" fühlen können. Seit der Verbreitung dieses Buches konnten aufmerksame Beobachter bei uns vermehrt Mütter oder Väter wahrnehmen, die ihre Kinder in einem Trageband auf Rücken oder Bauch mit sich herumschleppen. Dem Verfasser dieses Stichwortes begegnete schon vor Jahren in einem Supermarkt eine junge Frau, die ihr Kleines in einer Tragevorrichtung an Busen und Bauch verstaut hatte. Angesprochen wegen dieses Verfahrens, bekannte die aus dem Elsaß stammende Mutter zuerst zögernd, dann ganz frei, sie habe das Buch einer Amerikanerin gelesen, das ihr von einer deutschen Freundin jenseits des Rheins empfohlen worden sei. Inzwischen hätten alle ihre Freundinnen das Buch gelesen und würden deshalb ihre Kinder tragen. Wirklich erstaunlich daran ist zunächst, wie problembewußt, selbstkritisch und auch lernfähig offensichtlich viele junge Eltern in Mitteleuropa sind. Erstaunlich auch, wie sie sich von enthusiastisch überhöhten und entsprechend vorgetragenen Beispielen aus extrem fremden Kulturen beeindrucken und beeinflussen lassen. Doch konnte es wirklich so einfach sein? Konnte allein das Tragen der Kinder während ihrer frühen Entwicklung für das Glück der Erwachsenen verantwortlich sein? Nachforschungen wurden unabdingbar! Welche Erfahrungen hatten andere Reisende, Forscher und Missionare, die sich mit den Völkern des oberen Orinoko befaßt haben? Die Berichte der Forschungsreisenden Theodor Koch-Grünberg, Alain Gheerbrant, Alfonso Vinci, Meinhard Schuster bestätigen ohne Ausnahme die Beobachtungen von Jean Liedloff: Die Yequana hätten „eine natürliche Scheu, Gefühle zu zeigen, sie zankten niemals untereinander, seien gastfrei, gutmütig, zeigten Selbstbeherrschung und Gleichmut auch in schwierigen Situationen, lachten häufig und ungezwungen"; Takt, Maßhalten, Zurückhalten sei für sie charakteristisch; sie seien einfach, offen, hätten unverrückbare Ruhe und unendliche Geduld; man finde sie freundlich, beherrscht, höre nie lautes Gezänk, ursprüngliche Aggressivität und Kriegslust seien verdrängt oder abgebaut. Koch-Grünbergs Bewertung, das beobachtete Verhalten sei eine „natürliche Scheu“, käme Liedloffs Vermutung, es handele sich um evolutionär erworbenes und bei uns verschüttetes Verhalten, noch am nächsten. Und der Missionar, Bruder François, rätselt, „woher diese Weisheit, diese Selbstbeherrschung, diese Sitten wohl kämen“, auf alle Fälle aber müßten sie erhalten werden. Obwohl gerade seine Äußerungen als Innenansichten betrachtet werden können, weil er sechs Jahre mit den Yequana gelebt und ihre Sprache erlernt hat, eröffnet ihm selbst diese bevorzugte Situation keinen wirklichen Zugang zum Weltbild seiner Zielgruppe, läßt ihn keine Antwort finden. Erst eine Forschungsarbeit der Venezolanerin Nelly Arvello-Jimenez, die, mit einem Yequana verheiratet, zahlreiche Informanten über ihre materielle und geistige Lebenswelt befragt hat, bringt Licht in das Dunkel: „Kulturelle Werte und Glaube fördern die Selbstkontrolle und raten zur Vermeidung von unkontrolliertem Temperament. Die Yequana verbinden unkontrolliertes Temperament mit offenen Auseinandersetzungen und offene Auseinandersetzungen mit übernatürlichen Sanktionen. Diese Befürchtungen haben ihre Ursache in der Annahme, daß gekränkte Personen Zugang haben zu übernatürlicher Selbsthilfe gegen die Übeltäter. Unkontrolliertes Verhalten zeitigt irreparable Schäden. Böse Gefühle gegen Dorfgenossen zu offenbaren, riskiert unter Umständen Krankheit und Tod für einen selbst. Die Älteren raten stetig von Auseinandersetzungen ab mit der Begründung, offene Konfrontation bedeute Tod.“ Vor diesem Hintergrund haben die Yequana sieben moralische Regeln, einen Verhaltenscode entwickelt, der verhindern soll, daß jemand zur Unperson (soto jönö) wird: Man darf kein ungezügeltes Temperament und unkontrollierte Eifersucht zeigen; man darf niemanden töten; man muß hilfsbereit sein; man darf nicht geizig sein; man darf niemanden unbegründet verleumden oder über ihn klatschen; man darf keine Probleme oder Auseinandersetzungen provozieren; man darf niemandem unangemessene Forderungen stellen.

Mit diesem Insiderwissen fällt die Liedloff-These wie ein Kartenhaus zusammen. Das Verhalten der Yequana zeigt sich unwiderlegbar als ein Ergebnis ihres kulturellen Weltbildes, von dem aus sie ihren alltäglichen Lebensstil und ihr Verhalten modelliert haben. Sie haben ihre kulturellen Maximen verinnerlicht und eine entsprechende Mentalität entwickelt, die sich in ihrem alltäglichen Habitus spiegelt. Als Beweis evolutionärer Vorgaben, wie ihn Jean Liedloff konstruiert hat, eignet sich der Fall Yequana nicht. Bei genauem Hinsehen offenbart er sich als besonders stichhaltiger Argumentationszusammenhang für das Gegenteil, nämlich für die Bedeutung des kulturellen Milieus. Damit entfällt auch das Tragen der Kinder als Allheilmittel gegen zivilisatorisch erzeugtes Unglück. Unbestritten bleibt, die durch permanenten Körperkontakt erzeugte verläßliche Nähe von Mutter oder Vater kann positive Auswirkungen auf die kindliche Entwicklung haben.

Der Verhaltensforscher Irenäus Eibl-Eibesfeldt hat sich auf kulturvergleichende Untersuchungen spezialisiert, mit denen er belegen will, daß das menschliche Sozialverhalten auf stammesgeschichtlicher, d. h. evolutionär entstandener biologischer Grundausstattung beruht. Das bedeutet nach seiner Auffassung aber nicht, daß damit kulturelle Entwicklungen vorhersagbar wären. Den Charakter des Menschen als Kulturwesen sieht Eibl-Eibesfeldt nicht in Frage gestellt. Bei seinen Forschungen unter den Buschleuten der Kalahari, den Tasaday auf Mindanao, den Yanomami in Venezuela, den Eipo auf West-Irian, den Himba in Namibia und bei den Balinesen benutzt er eine Kamera mit seitlichem Spiegelobjektiv. Bei diesem technischen Trick richtet er das Objektiv scheinbar nicht auf Personen und Gruppen und kann deshalb deren unbefangenes Verhalten dokumentieren. Wegen dieser Täuschung seiner Untersuchungsgruppen ist Eibl-Eibesfeldt heftig angegriffen worden. Jedenfalls, unbekannt in der bisherigen Feldforschung und typisch für seine Forschungsergebnisse sind Filmserien, in denen Verhaltensabläufe von Kindern und Erwachsenen in allen Einzelheiten festgehalten sind. Verbunden mit seinen schriftlich fixierten Beobachtungen, kommt Eibl-Eibesfeldts zu interessanten Vergleichen zwischen bestimmten untersuchten Gruppen: „In ihrem Verhalten weichen die Yanomami sehr auffällig von den Buschleuten ab. Ihr Ideal ist es, ‚waiteri' = mutig zu sein und sie leben danach. Über 25% der männlichen Bevölkerung sterben den gewaltsamen Tod im Kriege. Die Dörfer sind in blutige Kriege verwickelt. (…) Die verschiedenen Einstellungen sind ein Ergebnis unterschiedlicher frühkindlicher Sozialisation. Die Veranlagung ist dabei im Grunde gleich. Verschieden ist der kulturelle Überbau, den die Erziehung schafft. Wie erinnerlich pflegen die Buschleute eher friedliche Ideale. Sie ermuntern ihre Kinder nicht zur Aggression. In Wetteifer- und Kampfspielen, die nach genauen Regeln ablaufen, und die von allen Jungen und

Männern gespielt werden, finden die Aggressionen der Buschleute einen harmlosen Auslaß. Ganz anders bei den Yanomami. Kooperative Spiele, die nach genauen Regeln ablaufen, fehlen, oder vorsichtiger ausgedrückt, ich habe bei den vielen Besuchen nichts dergleichen beobachten können. (...) Im Gegensatz zu den Buschleuten ermuntern die Yanomami ferner zur Aggression. Mütter fordern vor allem ihre kleinen Jungen scherzhaft heraus, indem sie sie derb an den Haaren schütteln, kräftiger werdend, boxen, bis der Kleine ärgerlich wird und es grob zurückgibt. Manchmal heult er sogar. Die Mütter lachen. ‚Waiteri' soll er werden! Wurde ein Kind von einem anderen geschlagen und kommt heulend zur Mutter zurück, dann drückt ihm diese ein Holzstück in die Hand und schickt es wieder weg, damit es es dem Angreifer zurückzahle. Selbst kleine Mädchen werden zur Selbsthilfe und Vergeltung ermuntert." Dieses Verhalten hat Eibl-Eibesfeldt auch fotographisch dokumentiert. Das Thema „Erbanlagen oder Milieu" wird mit diesen Beispielen zu einem wechselseitigen Beziehungsgefüge, bei dem erzieherische Einflüsse vorhandene Erbanlagen für Aggression überformen, einmal als Verstärkung eines kriegerischen Ideals, ein andermal als Ab- und Umbau für ein friedlicheres Miteinander. [→ Aggression]

Die bis jetzt vorgestellten Versuche, kulturfremde Beispiele als Argumente bei der Kontroverse um Erbanlage oder Milieu ins Feld zu führen, haben die Sichtweisen fremder Völker gar nicht erst in Betracht gezogen. Vorrang hatte unsere eigene, naturwissenschaftlich beeinflußte Problemsicht. Die Trennung zwischen biologischem Erbe, also der genetischen Ausstattung, und dem Einfluß des kulturellen Milieus im Hinblick auf die Entwicklung des Individuums ist ein Produkt des abendländischen Denkens. Eine solche Einteilung fehlt bei nicht-europäischen Kulturen, dennoch sind bei ihnen auch Vorstellungen über den Werdegang vom Kindsein zum Erwachsensein vorhanden. Im Gegensatz zu den westlichen Kulturen zeigen viele Völker ein sicheres Gespür für die Bedeutung des selbstverantwortlichen Willens ihrer Kinder im Prozeß des Heranwachsens, d.h. für die Notwendigkeit von Autonomie und des eigenen Zugriffs bei der Entwicklung ihrer Fähigkeiten.

Die nordamerikanischen Comanche unterscheiden beim männlichen Nachwuchs fünf Entwicklungsphasen im Lebenszyklus: Baby (ona) ~ Kind bis zur Adoleszenz (tuinep') ~ junger unverheirateter Krieger (tuißitsi) ~ erwachsener Mann (tenap') - alter Mann (tsukup'). Bei den Mädchen werden ebenfalls fünf Phasen unterschieden: Baby (ona) - Kind bis zur Adoleszenz (tuepet) - Mädchen in der Adoleszenz (naißi) - erwachsene Frau (heßi) - alte Frau (pu'ste). Dennoch wurden diese Stadien nicht eindeutig nach Alter definiert, sondern eher nach sozialer Reife. Ein bestimmtes Alter braucht bestimmte Persönlichkeitsmerkmale. Dabei erwartet und respektiert man auch Eigeninitiative, etwa wenn ein junger Bursche glaubte, reif für die Teilnahme an einem Kriegszug zu sein, konnte er dies seinem Vater oder dem älteren Bruder mitteilen.

Die ozeanischen Trobriander unterscheiden sowohl bei Jungen als auch bei Mädchen insgesamt sieben Lebensalter oder Entwicklungsstufen: waywaya - fötus, Kleinkind bis zum Kriechalter; pwapwawa - Kleinkind bis zum Laufalter; gwadi - Kind bis zur Pubertät; to'ulatile (männlich) und Nakapugula (weiblich) - von der Pubertät bis zur Ehe; tobubowa'u (männlich) und nabubowa'u (weiblich) - reifer Mann bzw. Frau; tovavaygile (männlich) und navavaygile (weiblich) Verheiratete; tomwaya - alter Mann, numwaya - alte Frau. Trotz dieser Beschreibung bestimmter Entwicklungsalter haben die „gwadi" eine beträchtliche Autonomie: „Diese Freiheit gibt den Kindern Spielraum zur Bildung einer eigenen kleinen Gemeinschaft, einer unabhängigen Gruppe, in die sie ganz von selbst mit vier oder fünf Jahren hineinwachsen und wo sie bis zur Pubertät verbleiben. Wie es ihnen gerade in den Sinn kommt, verbringen sie den ganzen Tag bei ihren Eltern oder gesellen sich zu ihren Spielgefährten in ihrer kleinen Republik. Diese Gemeinschaft innerhalb der Gemeinschaft handelt meistens nach dem Willen ihrer Mitglieder und steht den Älteren oft in einer Art Kollektiv-Opposition gegenüber. Wenn die Kinder sich in den Kopf setzen, etwas Bestimmtes auszuführen, etwa einen Tagesausflug zu machen, so sind die Erwachsenen, ja auch der Häuptling nicht imstande, sie daran zu hindern, wie ich oft beobachtet habe. Bei meinen ethnographischen Arbeiten konnte, ja mußte ich mir meine Informationen über Kinder und ihre Angelegenheiten direkt von ihnen selbst holen. Ihr geistiges Eigentumsrecht an Spielen und kindlichen Tätigkeiten wurde durchaus anerkannt; sie konnten mich auch sehr gut belehren und mir die Schwierigkeiten ihrer Spiele und Unternehmungen erklären."

Die Lebensabschnitte bei den nordmexikanischen Raramuri (Tarahumara) heißen mùchuri für die, die noch nicht laufen können; kuchi für die,

die laufen können, deren Verstand aber noch nicht voll ausgebildet ist; kuuchi für Mädchen oder kúrui für Jungen, deren Verstand und Charakter als weitgehend ausgebildet gelten, was etwa vom sechsten Lebensjahr an der Fall ist; iwé für Mädchen, témari für Jungen im heiratsfähigen Alter; omugí bzw. retewí für erwachsene Frauen und Männer; weráame bzw. chérame für alte Frauen und Männer. Bemerkenswert ist, daß die Kinder in der Phase kuuchi oder kúrui als voll verantwortlich gelten und deshalb auch entsprechend selbständig handeln können. Dazu gehören, wie Ingrid Kummels beobachtet hat, auch Entscheidungen für oder gegen den Schulbesuch.

Klassische Feldforschungsberichte über die Bambuti in Zaire, die !Kung San der Kalahari, die Inuit der Arktis, die Iatmul in Neuguinea, die Alor der Sunda-Inseln, der Tallensi in Ghana, der Hausa in Nigeria wurden von der Ethnologin Elisabeth Grohs erneut analysiert. Sie war an der Frage interessiert, in welcher Weise die dort beobachteten Kinder am Hineinwachsen in ihre kulturspezifischen Lebenswelten (Sozialisation) selbst beteiligt sind: „Alle hier beschriebenen Sozialisationsformen lassen erkennen, daß Erziehung multidimensional ist, das heißt, daß während der einzelnen Phasen und in ihrer Aufeinanderfolge eine Vielzahl von Einflüssen auf das Kind einwirken und von ihm unterschiedlich aufgegriffen werden. Dabei scheinen nirgendwo so starre Muster vorzuherrschen, daß der Handlungsspielraum der Kinder eingeengt ist. Es existiert vielmehr eine große Freiheit, durch die den Kindern Wahlmöglichkeiten eröffnet werden. Es zeigt sich ferner, daß nicht die Eltern, sondern die Spielgruppen einen maßgebenden Einfluß auf die Herausbildung von Werten und Normen der Kinder ausübten. In Anpassung und Widerstand werden hier Verhaltensweisen der Gesellschaft eingeübt.“

Auch der hartnäckigste Zweig der Intelligenzforschung, der sich nur mit eineiigen Zwillingen befaßt, akzeptiert inzwischen, daß ein entscheidender Teil des lebensweltlichen Einflusses bei der Entwicklung des Individuums auf dessen eigenständige Zugriffe, die häufig rein zufällig und nicht steuerbar sind, zurückzuführen ist.

Das Jahrzehnte alte und noch immer andauernde Hin und Her zwischen den Verfechtern der Erbgut-Theorie einerseits und denen des lebensweltlichkulturellen Milieus andererseits hat immerhin dazu geführt, daß man neuerdings auch autogene, d. h. unbewußt selbstgesteuerte Faktoren bei der menschlichen Entwicklung gelten lassen muß. Die Grundannahme, Erbanlagen brauchen Umwelten und umgekehrt, um sich zu entwickeln, wird davon nicht ohne weiteres ad absurdum geführt. Das einleuchtendste Beispiel dafür dürfte in der Tatsache zu sehen sein, daß die genetische Ausstattung für das Lernen einer Sprache so fundamental ist, daß jedes gesunde Kind jede Sprache dieser Welt lernen kann und sei sie auch noch so schwierig. Als Voraussetzung dafür bedarf es „nur" einer gesprochenen Fülle dieser sprachlichen Umwelt. Für kindliche Entwicklung im allgemeinen bedeutet dies immerhin, sie kann dann am besten gedeihen, wenn anregungsreiche Lebenswelten mit verläßlichen Bezugspersonen auch eigenständige Zugriffe auf das Erfahrungsspektrum ermöglichen.

Franz Boas: Das Geschöpf des sechsten Tages. Berlin: Colloquium Verlag 1955 – Irenäus Eibl-Eibesfeldt: Menschenforschung auf neuen Wegen. Die naturwissenschaftliche Betrachtung kultureller Verhaltensweisen. Wien, München: Molden 1976 – Elisabeth Grohs: Frühkindliche Sozialisation in traditionellen Gesellschaften. In: K.E. Müller/ A.K. Treml: Ethnopädagogik. Berlin: Reimer 1992, S. 31–60 – Lowell D. Holmes: Über Sinn und Unsinn von restudies. In: H.P. Duerr: Authentizität und Betrug in der Ethnologie. Frankfurt/M: Suhrkamp 1987 – Jean Liedloff: Auf der Suche nach dem verlorenen Glück. Gegen die Zerstörung unserer Glücksfähigkeit in der Kindheit. München: Beck 1980 – Margaret Mead: Jugend und Sexualität in primitiven Gesellschaften. Band 1: Kindheit und Jugend in Samoa. Band 2: Kindheit und Jugend in Neuguinea. Band 3: Geschlecht und Temperament in drei primitiven Gesellschaften. München: dtv 1970 – Erich Renner: Yequana oder das verlorene Glück. Untersuchungen zu einem pädagogisch-anthropologischen Bestseller und seiner aktuellen Diskussion. In: Zeitschrift für Ethnologie 114, 1989, S. 205–222

Ernährung

→ Eßgewohnheiten → Tischsitten/Eßkultur → Tagesabläufe
→ Speisetabus

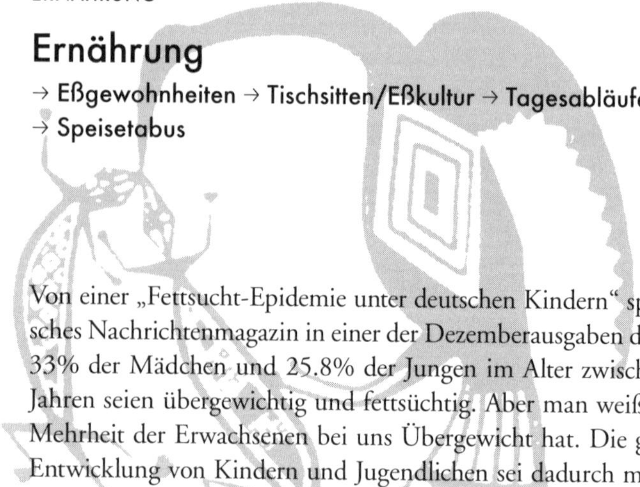

Von einer „Fettsucht-Epidemie unter deutschen Kindern“ spricht ein deutsches Nachrichtenmagazin in einer der Dezemberausgaben des Jahres 2000. 33% der Mädchen und 25.8% der Jungen im Alter zwischen 10 und 13 Jahren seien übergewichtig und fettsüchtig. Aber man weiß auch, daß die Mehrheit der Erwachsenen bei uns Übergewicht hat. Die gesundheitliche Entwicklung von Kindern und Jugendlichen sei dadurch mit großen Risiken behaftet. Die heutige Großelterngeneration dagegen kann sich noch an Zeiten des Darbens während des Krieges und der Nachkriegszeit erinnern. In Erinnerung geblieben ist ihnen auch die von ihren eigenen Eltern und Großeltern aus leidvoller Erfahrung ausgegebene Devise, bei jeder Mahlzeit den Teller leer zu essen. Wenn nicht, sei es Verschwendung von Lebensmitteln. Vergessen sind auch nicht die Lehrstücke von Struwwelpeter und Suppenkasper.

Das Kernproblem, das sich hinter der heutigen Überfütterung verbirgt, läßt sich auf eine einprägsame Kurzformel bringen: zuviel Fett und zuwenig Bewegung oder in einer aktivierenderen Formulierung „weniger Fett und mehr Bewegung“. Das Überangebot an Produkten, hoher Lebensstandard und die Förderung der Bequemlichkeit als körperliche „Entlastung“ des täglichen Lebens durch Technik aller Art gehören sicher zu den wichtigen Ursachen. Aber sie können nach Meinung von Fachleuten nicht alles erklären. Wissenschaftler suchen deshalb auch nach biologisch-genetischen Ursachen für die Entstehung von Übergewicht. Einig sind sich jedoch alle darin, daß mit falscher Ernährung sich auch Eßgewohnheiten geändert hätten, ja sie scheinen vielfach aus den Fugen geraten zu sein. Massenkulturelle Einflüsse wie Fastfood-Ernährung drohten die lebensweltlichen Sitten im Bereich von Feiern, Essen und Trinken auf Dauer zu verdrängen, befürchtet ein Kindheitsforscher. Vor allem Kinder und Jugendliche mit ungeregelten Tagesabläufen, ohne Antrieb, sich zu bewegen und ohne familiäres Miteinander bei den Mahlzeiten seien gesundheitlich gefährdet.

Die Zivilisierung der abendländischen Menschheit zeige sich vor allem als allmähliche Formung ihrer Affekte und ihres Verhaltens, wozu auch die Tischsitten gehörten, behauptet der Soziologe Norbert Elias in seinem bekannten Werk „Über den Prozeß der Zivilisation". Weichen wir bei Ernährung und Eßgewohnheiten wieder hinter die erreichte Marge zurück?

Fragt man sich vor diesem aktuellen Hintergrund, wie es wohl Menschen in anderen Ländern ergehen mag, dann darf man die vielerorts extrem schwierigen Ernährungsverhältnisse nicht übersehen. Und nicht nur die Kargheit der Natur in bestimmten Regionen, sondern auch urbane Verhältnisse, wie sie uns in städtischen Elendsvierteln so mancher Staaten Afrikas, Asiens, Lateinamerikas begegnen, sind Schauplatz des alltäglichen Kampfes gegen den Hunger.

Kxoé-Buschleute aus dem südlichen Angola: „Ein Jahr ohne Regen ist ein Dürrejahr. In einem Dürrejahr haben wir großen Hunger. Die Kxoé leben vom Honig der dìnî-Bienen. Sie leben auch vom Honig der ts'ipá-Bienen. Sie leben auch von Fleisch. So leben die Kxoé von dem, was der Busch bietet. Ist Milch in der Brust, leben die Säuglinge von der Brust. Ist keine Milch in der Brust, und geht es dem Vater schlecht, hat er also kein Jagdglück und tötet er kein Wild und schlägt er keinen Ast mit Honig ab, stirbt das Kind. Ist der Vater ein junger Mann, der Jagderfolg hat, zieht man das Kleinkind groß, indem man ihm Fleischbrühe zu trinken gibt. Gibt es keine Buschkost (Vegetabilien), zieht man Kleinkinder groß, indem man sie mit Fleisch füttert. Wenn im Zeitalter der Weißen Väter Kxoé arbeiten und Geld empfangen, kaufen sie Mehl für sie. Ist keine Arbeit da, erhalten Jäger sie mit Fleisch am Leben. Wie es unsere Vorfahren einst machten, geben die Kxoé-Frauen unserer Zeit, wenn sie keine Brustmilch haben, ihr Kind ihrer älteren Schwester oder einer Großmutter oder einer Verwandten, damit sie es an ihrer Stelle stillen." Sind die Jäger aber erfolgreich, dann folgt ein komplexes Ritual, bei dem das Wild am „Schildkrötenfeuerplatz" unter Anleitung des „Herrn des Wohnplatzes" nach traditionellen Regeln zerlegt und verteilt wird. Mit dem Nierenfleisch ruft der Alte die Ahnen herbei und bittet um Jagdsegen. „Dann beschmeckt er es und ißt es. Nachdem er das übrige Nierenfleisch und das Fleisch zum Beschmecken in einer Schüssel zerteilt hat, nimmt er es und tut es in den Topf, in dem sich das Mark befindet. Darauf rührt und vermengt er es, und die Alten essen es. Die jungen Männer kochen die Rippen und essen sie ohne Fett. Die Frauen kochen die Leber und essen sie auch ohne Fett. Die Alten essen das Mark der Läufe, das die Vorfahren einst zum Tabu machten. Die jungen Männer und Frauen essen das Mark der Läufe nicht. Ist so gegessen worden, dann verteilt man das Fleisch des Wildes untereinander. Dann kochen und essen es alle. Der Jäger selbst nimmt kein Fleisch. Seine Frau nimmt dafür viel Fleisch. Hat der Jäger keine Frau, nehmen seine Eltern dafür viel Fleisch. In der heutigen Zeit machen wir es noch so. Die Alten kochen den Labmagen für sich und essen ihn. Den Labmagen essen wir jungen Männer nicht. Er ist für uns tabu."

Der Sohn einer Ghettofamilie in Johannesburg: „Anfang des Jahres 1968 wurde unsere Miete erhöht, die Buspreise wurden erhöht, die Ladenpreise wurden erhöht, und der Lohn meines Vaters wurde – nicht erhöht. Wir mußten uns noch mehr einschränken als zuvor, und es kam kaum noch etwas zu essen auf den Tisch. Dadurch wurden wir gezwungen, neue und günstigere Nahrungsquellen zu suchen – und wir fanden sie.

Zuerst waren da die Heuschrecken. Meine Mutter nahm uns Kinder an die Hand und wanderte mit uns zum Buschland am Rande des Ghettos. Dort fingen wir – von Sonnenaufgang bis Sonnenuntergang – Heuschrekken. Die gelblichen Hüpfer waren zwischen den gelblichen Grasstoppeln schwer auszumachen. Meist kamen wir abends kaputt und sonnenverbrannt an und trugen dennoch nur halbgefüllte Gläser.

Dann kochte meine Mutter pap, während ich damit beschäftigt war, den Grashüpfern die Flügel auszurupfen. Sobald ich damit fertig war, röstete meine Mutter die Heuschrecken, bis sie dunkelbraun waren, salzte sie dann kräftig und servierte sie zum pap. Anfangs weigerte ich mich standhaft, das ‚Ungeziefer' zu essen und wurde auch weder von Mutter noch von Vater dazu gezwungen. Sie wußten, daß es nur eine Frage der Zeit war, bis ‚der Hunger es reinzwingen würde'. Und tatsächlich dauerte es nur wenige Tage, bis ich nachts, als die anderen schliefen, über die Schüssel herfiel, in der meine Mutter pap und Heuschrecken übriggelassen hatte.

Nach den Heuschrecken kamen die schwarzen, stacheligen Würmer, die Blutegeln ähneln und sonjas heißen. Meine Mutter erstand sie für Sixpence die Tasse von einer fetten, schwarzen Frau, die jeden Nachmittag ihren Stand an der Ecke aufbaute und noch anderes, seltsames Getier feilbot. Die Kunden der Straßenhändlerin waren größtenteils die Wanderarbeiter, die abends busladungsweise aus der Weißen Welt ins Township zurückkehrten. Sonja, so erfuhr ich von meiner Mutter, gediehen in den Sümpfen des Stammesgebietes im Überfluß.

Manchmal lebten die Würmer noch, deren Haut an winzige Stachelschweine erinnerte. Dann mußte ich ihr grünliches Eingeweide herausdrükken und die Körper in warmem Wasser gründlich spülen. Meine Mutter hatte mir gezeigt, wie man das macht. Nach dieser Behandlung verloren die Würmer ihren säuerlichen Geschmack. Etwas zumindest. Jedesmal, wenn ich sonjas aß, drehte sich mir der Magen um. Ich bekam regelrechte Krämpfe und hatte tagelang keinen Stuhlgang. Als Alternative zu den Würmern gab es noch ein Unkraut namens murogo. Eine Wildpflanze, die überwiegend und besonders üppig in der Nähe von Aborten zu finden ist.

‚Mama', sagte ich jedesmal wieder, wenn sie murogo mitbrachte, ‚warum essen wir das Zeug? Es wächst neben Aborten'.

‚Was stört dich daran?' ‚Die Dinger ernähren sich von Urin und makaka (Scheiße).'

‚Du ißt doch auch Kartoffeln oder etwa nicht?' ‚Ja.'

‚Nun, die Kartoffeläcker werden extra mit Urin und makaka gedüngt, damit die Kartoffeln besser wachsen. Hast du das nicht gewußt?'

Ich glaubte die Geschichte mit den Kartoffeln nicht und bestand weiterhin darauf, daß murogo Unrat sei. Doch wieder mal: der Hunger belehrte mich eines besseren und gewöhnte meinen Magen daran, auch diesen Unrat zu verarbeiten.

Schließlich und endlich gab es dann noch das Blut von ‚Mr. Green', dem Schlachthaus an der First Avenue. Wenn wir da hingingen, weckte Mutter uns besonders früh, denn es war wichtig, unter den ersten zu sein, wenn der Schlachthof um halb zehn öffnete und Mr. Green war ungefähr eine Meile von uns entfernt. Das war ein langer Fußmarsch. Wir nahmen immer alle möglichen Behälter mit. Meine Mutter trug einen riesigen, trommelförmigen Kübel und wir Kinder kleinere aus Plastik.

Bei Mr. Green töteten sie das Vieh schnell und primitiv. Viele der Armen in Alexandra standen Schlange, um die billigen Stücke zu kaufen – Köpfe, Eingeweide, Hufe und schwere Knochen, an denen noch ein paar Fleischfetzen hingen. Das ‚gute' Fleisch ging zu den Metzgern der Weißen.

Einige der Schwarzen, die sich die schäbigen Reste leisten konnten, verkauften sie später weiter und machten dabei einen erklecklichen Profit. Wir gehörten allerdings zu denen, die nicht mal einen Pfennig hatten. So standen wir um Blut an. Das war kostenlos.

Wir gaben den Schlachtern – muskulösen Männern aus den Stämmen, die schwere Stiefel und Plastikschürzen trugen – unsere Behälter und sie füllten sie. Hatten wir das Glück, daß an einem Tag alle unsere Behälter randvoll waren, kamen wir eine Woche lang damit aus. Dann trugen Mutter, Florah, George und ich die tropfenden Gefäße vorsichtig nach Hause. Mutter ließ das Blut in einer großen Pfanne brutzeln, bis es zu einem dicklichen, bräunlichen Matsch geworden war. Den tranken wir dann als Suppe. Seit ich einen Dracula-Film gesehen hatte, haßte ich es, das Zeug zu essen: ich fürchtete, eines Tages als Vampir aufzuwachen. Aber es blieb mir nichts anderes übrig. Jedenfalls nicht, wenn ich nicht verhungern wollte. Irgendwann erlöste mich Mr. Green dann davon, das Blut trinken zu müssen. Die Schlachter verlangten nämlich plötzlich auch dafür Geld." An anderer Stelle erinnert sich der Erzähler auch an rabiate Reaktionen seines Vaters, der ihn heftig verprügelt, weil er beim Essen redet, als er mit einem Geschwister auf dem Boden sitzend eine Mahlzeit verzehrt. Auch im absoluten Elend will er „eine" Form gewahrt wissen.

Der Sohn einer indischen Bauri-Familie, die zur Kaste der Unberührbaren gehört: „Vater arbeitete als Farmarbeiter (kothiaa) für Bhikari Mallia, einen Tempelpriester. Sein Tageseinkommen betrug etwa vier Kilo Reis (one gounii) oder vier annas (1/4 Rupie). Ich war das erste Kind. Kurz nach mir gebar meine Mutter drei weitere Kinder – meinen Bruder und zwei Schwestern, und viel später brachte sie einen dritten Sohn und zwei weitere Schwestern zur Welt. Solange ich und meine Brüder und meine Schwestern noch nicht sechs Monate alt waren, fütterte uns Mutter mit reinem Wasser, Taro-Wasser, Reis-Wasser und mit ihrer Milch. Als wir einige Monate alt waren, aßen wir Reis und Puffreis. Immerzu hatten wir Appetit und meistens mußten wir hungern. Vaters Einkommen reichte nicht aus, uns zu ernähren. Da Mutter meistens schwanger war und ihre Kinder betreuen mußte, konnte sie nicht in den Feldern arbeiten. Wir aßen alles, was uns in die Finger kam: Schnecken vom Fluß, Blätter, Reis von den Feldern. Einmal am Tag aßen die Erwachsenen gekochtes Essen, meistens gewässerten Reis (pakhaala), aber das meiste gaben sie uns. Ich erinnere mich, als ich fünf Jahre alt war, daß wir nur sehr selten gekochten Reis bekamen, einmal alle zwei Wochen, was ein großes Fest für uns war. Den frisch gekochten Reis aß man meistens viel zu schnell weg. Damit mehr Menschen davon satt wurden, ließen man ihn abkühlen und setzte dann Wasser hinzu. Derart gewässerter Reis war unsere Hauptnahrung.

Am meisten litten wir während der Regenzeit, wenn wir den Reis aus dem letzten Erntejahr verzehrt hatten, aber der neue noch nicht geerntet war und die Preise in den Geschäften so gestiegen waren, daß wir sie nicht mehr bezahlen konnten. Manchmal regnete es drei oder vier Tage hintereinander, manchmal aber auch bis zu 15 Tagen. Während der Regenzeit hatte Vater keine Arbeit und konnte nichts ernten. Nur diejenigen, die Essen und Brennmaterial im Hause hatten, konnten diese Zeit überstehen, ohne etwas zu leihen. Wir besaßen nichts, deshalb verpfändeten wir unser Geschirr, um Essen zu kaufen. War das gegessen, mußten wir hungern. Manchmal hatten wir drei oder vier Tage nichts zu essen. Wir Kinder konnten das nicht ertragen und schrien vor Hunger. Dann stahl mein Vater Taro von den Feldern, und meine Mutter kochte alles für die Kinder. Meine Mutter und mein Vater hungerten endlos lange Tage.“

Trotz des Kampfes um das tägliche Brot, trotz Hungers und permanenten Elends treten in den Erinnerungen der Erzähler die kulturellen oder auch familiär-kulturellen Eßgewohnheiten nicht völlig in den Hintergrund. Dies belegt ihre Bedeutung für das alltägliche Zusammenleben, für Feste und Feiern. Die beiden folgenden Beispiele illustrieren außerdem die prägende Bindung religiöser Hintergründe und strenger tabuähnlicher Verhaltensweisen bei den Mahlzeiten. [→ Familie]

Luther Standing Bear, ein Lakota, erinnert sich an die alltägliche Eßkultur seiner Herkunftsfamilie: „Das Austeilen einer Familienmahlzeit ging ruhig und wohlgeordnet vor sich. Mutter stellte die Speisen vor sich hin, während wir Kinder alle still dasaßen und weder Bemerkungen über das Essen machten noch sonst irgendwelche Sonderwünsche äußerten. Vater saß, falls er zu Hause war, auf seinem gewohnten Platz an der Seite des Zeltes. Auch er verhielt sich vollkommen still und ehrfurchtsvoll und nahm die Speisen, die Mutter ihm darbot, ohne Bemerkungen entgegen. Das Essen wurde auf hölzernen Tellern verteilt und die Suppe in Hornlöffeln verschiedener Größe herumgereicht, von denen manche so viel faßten wie eine große Schüssel. Die Portionen wurden jedem von uns so zugeteilt, wie Mutter es für gut befand, und ihr Urteil blieb unangetastet, denn wir verlangten nie nach mehr. Ehe sie uns das Essen austeilte, tat Mutter zur Segnung der Mahlzeit ein wenig davon ins Feuer."

In der noblen Fulbe-Familie des Amadou H. Bâ gehört das kultivierte Einnehmen der Mahlzeit zu den Selbstverständlichkeiten: „Wir speisten in zwei getrennten Gruppen: die Gruppe der Männer und die der Frauen. Hohe Gäste wurden gesondert bedient, außer wenn sie den Wunsch äußerten, mit den anderen zu essen. Es wurden regelmäßig Speisen aufgehoben und zu Verwandten, Freunden oder Personen, die geehrt werden sollten, geschickt. In der Tat war es üblich, daß eine wohlhabende Familie stets eine Schüssel für einen Armen aufhob, eine verheiratete Frau ihrer Familie eine Schüssel schickte und der Sohn seinen Eltern.

Bei Tidjani war die mit den Mahlzeiten betraute Dienerin immer die sanfte Yabara. Sie legte die Matten in den großen Salon und verbrannte Weihrauch, um die Luft zu reinigen. Wenn die Schüsseln gefüllt bereitstanden, stellte sie sie auf die Matten und holte Tidjani: ‚Naaba, das Essen ist fertig!' – ‚Rufe die Gäste', antwortete mein Vater. Also rief Yabara alle Männer und Knaben des Hauses. Nur Tidjani nahm einen ihm vorbehaltenen, durch ein Schaffell, das auf eine mit Ornamenten geschmückte und mit Fransen verzierte Haut aufgenäht war, gekennzeichneten Platz ein. Sobald er saß, brachte Yabara eine Kalebasse mit Wasser, Seife und ein Handtuch. Er wusch sich sorgfältig die Hände, dann ging die Kalebasse bei den Gästen herum.

Tidjani bediente sich stets als erster. Er nahm eine Handvoll Nahrung aus der Schüssel, danach lud er die anderen ein, es ihm gleichzutun und sagte: ‚Bissimilláhi! – Im Namen Gottes!' Dann fing jedermann zu essen an. Das Familienoberhaupt wusch sich stets als erster die Hände und begann mit dem Essen, um ein Beispiel zu geben; am Ende der Mahlzeit hatte er sich als letzter die Hände zu reinigen und sich zu erheben, damit jeder Zeit genug hatte, sich satt zu essen.

Während des Essens waren die Kinder einer strengen Diszplin unterworfen. Wer dagegen verstieß, wurde, je nach der Schwere seiner Verfehlung, mit einem strengen Blick, einem Schlag des Fächers auf den Kopf, einer Ohrfeige oder aber ganz einfach mit Wegschicken und Nahrungsentzug bis zur nächsten Mahlzeit bestraft. Wir hatten sieben strenge Vorschriften zu beachten:

– nicht sprechen;

– den Blick während des Essens zu senken;

– vor sich hin essen – und nicht nach rechts oder links in die große gemeinsame Schüssel greifen;

– nicht eine neue Handvoll Nahrung nehmen, solange die vorhergehende nicht aufgegessen war;

– den Rand der Schüssel mit der linken Hand zu halten;

– jede Hast zu vermeiden, die Nahrung mit der rechten Hand nehmen;

– und schließlich sich nicht selbst von den Fleischstücken nehmen, die in der Mitte der Schüssel lagen. Die Kinder mußten sich damit begnügen, eine Handvoll Getreide – Hirse, Reis oder etwas anderes – mit Soße zu nehmen; erst am Ende der Mahlzeit bekamen sie eine gute Handvoll mit Fleischstücken, was als Geschenk oder Belohnung angesehen wurde.

Diese Maßnahmen beabsichtigten keineswegs, das Kind sinnlos zu quälen, sondern es Lebenskunst zu lehren. Die Augen in Gegenwart von Erwachsenen, vor allem der Väter – das heißt auch der Onkel und der Freunde des Vaters – gesenkt zu halten, das bedeutete zu lernen, sich zu beherrschen und der Neugier zu widerstehen. Vor sich hin zu essen, das bedeutete, sich mit dem zufriedenzugeben, was man hat. Nicht zu sprechen, das heißt die Zunge zu hüten und sich im Schweigen zu üben: man muß wissen, wo und wann man spricht. Keine neuerliche Handvoll Essen zu nehmen, wenn die vorige nicht aufgegessen ist, das heißt Mäßigung zu beweisen. Den Schüsselrand mit der linken Hand zu halten war eine Höflichkeitsgeste und lehrte Demut. Sich nicht aufs Essen zu stürzen, das hieß Geduld lernen. Und endlich zu warten, bis man das Fleisch am Ende der Mahlzeit erhielt und sich nicht selbst zu bedienen, das führte dazu, den Appetit und die Eßlust zu bezähmen."

„Über die guten Sitten beim Essen und Trinken" heißt eines der Schlüsselwerke des persischen Gelehrten Al- Ghazzali, verfaßt um die Wende vom 11. zum 12. Jahrhundert. Al-Ghazzali, der als wichtigster islamischer Theologe gilt, hat auch mit diesem speziellen Teil seines Werkes die islamische Tradition entscheidend beeinflußt. Eine daran anknüpfende Untersuchung

„Die guten Sitten beim Essen und Trinken" bei türkischen Familien in Deutschland von Ulla Johansen hat den engen Zusammenhang zwischen dem sozial-ökonomischen Hintergrund und ihrem konkreten Verhalten beim Gastmahl herausgearbeitet.

Ernährung, Eßgewohnheiten, Eßkultur sind, das lehren uns die fremdkulturellen Beispiele, wichtiger Teil des Zusammenlebens. Kinder und Jugendliche erfahren deshalb gerade im familiären Zusammenleben eine bestimmte Einstellung zur Ernährung und zu angemessenem Umgang mit Nahrungsmitteln. Die dabei praktizierten oder nicht praktizierten Tischsitten geben diesen Erfahrungen einen unverwechselbaren Rahmen. Wie wäre es, den Familienrat mit Ernährung und Eßgewohnheiten zu befassen? Seine Entscheidungen wären dann für alle verbindlich.

Amadou Hampâté Bâ: Jäger des Wortes. Eine Kindheit in Westafrika. Wuppertal: Hammer 1993 – Der Spiegel: Süsse Sucht. Deutschlands überfütterte Kinder. Ausgabe Nr. 51, 18.12.2000 – Norbert Elias: Über den Prozeß der Zivilisation. 2 Bände. Frankfurt/M.: Suhrkamp 1977 – Al-Gazzali: Über die guten Sitten beim Essen und Trinken. Leiden: Brill 1964 – Ulla Johansen: Die guten Sitten beim Essen und Trinken. In Sociologus, 1973, S. 41–70 – Oswin Köhler: Die Kxoé-Buschleute. Band II: Grundlagen des Lebens. Berlin: Reimer 1991 – Mark Mathabane: Kaffern Boy. Ein Leben in der Apartheid. München: Ehrenwirth 1986 – Luther Standing Bear: Land of the Spotted Eagle. Lincoln: University of Nebraska Press 1978

Erzählen

→ Geschichten und Märchen erzählen → Erzählen und Nachdenken → Erzählen und Lesen → Geschichten als Lebenslehren

Der Fernsehapparat sei heutzutage die elektronische Großmutter oder das elektronische Kindermädchen, behaupten manche Zeitgenossen. Wie grundfalsch dieses Bild ist, weiß jeder, der die Qualitäten von Großmüttern und vielfach auch Kindermädchen schätzen gelernt hat. Denn es sind ja gerade die erzählerisch-körperlich-gefühlsmäßigen Eigenschaften, die Zweierbeziehungen, die der Apparat nicht bringen kann. Wenn man dann noch weiß, daß ein Großteil der Kinder schon früh ein eigenes Gerät im eigenen Zimmer hat, können sie einem nur leid tun, weil sie in den Zwang geraten sind, die Geschichten, die der Fenseher liefert, selbständig konsumieren zu müssen. Aber die Neugier auf die Welt, die ja eine Welt der Erwachsenen ist, hat die Kinder da im Griff, ohne daß sie wissen können, auf was sie sich einlassen. Folglich sind sie ganz allein auf sich gestellt, wenn sie um den Sinn dessen ringen müssen, was man ihnen vorsetzt. Und die Erwachsenen lassen es geschehen. Niemand begleitet die Kinder bei all den schrecklichen oder auch weniger schrecklichen Ereignissen und den Vorstellungen, die sie auslösen, niemand gewährt ihnen erzählerisch-körperlich-gefühlsmäßige Nähe und verläßliche Sicherheit, die gleichzeitig zu notwendigem Abstand verhelfen können. Interessanterweise kann man neuerdings im Internet aus einem großen Angebot von Personen auswählen, die ihre Dienste als Erzähler anbieten. Offenbar gibt es dafür einen Bedarf, was wiederum voraussetzt, daß eine Mangelsituation besteht.

Die bekannte amerikanische Kulturforscherin Margaret Mead hat, unabhängig vom Medium Fernsehen, in mancher pädagogischen Betrachtung angemahnt, daß die erzählerische Kompetenz der Großelterngenerationen brachliege. [→ Großeltern] Darin liege eine wichtige Ursache für die Kluft zwischen den Generationen. In einem interessanten Kapitel ihrer Autobiographie, „Was es heißt, eine Enkelin zu sein", schreibt Mead über ihre eigene Großmutter: „Großmutter konnte wunderbar Geschichten erzählen, und sie hatte eine Anzahl von unbezahlbaren, sehr individuell geprägten Geschichten, mit denen in ihrer Jugend amerikanische Großeltern Kinder großgezogen hatten. Da gab es die Geschichte von den kleinen Jungen, die absoluten, sofortigen Gehorsam gelernt hatten. Eines Tages schrie ihr Vater draußen in der Prärie: ‚Werft euch zu Boden!' Sie gehorchten, und das furchtbare Präriefeuer raste über sie weg, und es passierte ihnen nichts. Da gab es auch die Geschichte von den drei Jungen im Internat, von denen jeder einen Kuchen von zu Hause geschickt bekam. Der eine hob seinen auf, und die Mäuse fraßen ihn; einer aß ihn ganz und gar auf, und es wurde ihm schlecht, und wer, glaubt ihr, hatte am meisten Spaß daran? Nun, natürlich der, der den Kuchen mit seinen Freunden teilte. Dann gab es den kleinen Jungen, der von zu Hause wegrannte und den ganzen Tag lang fortblieb. Als er nach dem Abendessen zurückkam, saß die Familie ums Feuer herum und niemand sagte ein Wort. Kein einziges Wort. Schließlich konnte er es nicht mehr aushalten und sagte: ‚Na, wie ich sehe, ist die alte Katze ja immer noch da!' Dann gab es die Geschichte über einen Mann, der so faul war, daß er lieber hungerte, als zu arbeiten. Schließlich beschlossen seine Nachbarn, ihn bei lebendigem Leib zu begraben. Auf dem Weg zum Friedhof trafen sie einen Mann mit einer Wagenladung voll ungeschältem Mais. Er fragte, wohin sie gingen. Als sie erzählten, sie wollten diesen Nichtsnutz lebendig begraben, bekam der Maisbesitzer Mitleid mit ihm und sagte: ‚Ich sage dir eins. Ich schenke dir diese Wagenladung Mais. Du mußt sie nur schälen.' Aber der faule Mann sagte zu den anderen: ‚Fahrt weiter, Jungs!'" Margaret Meads Großmutter glaubt ganz offensichtlich an die Macht ihrer Geschichten als Lebenslehren, wobei satirische Untertöne verhindern, daß ihre Enkelin und andere Zuhörer einen pädagogischen Zeigefinger wahrnehmen. Die Fähigkeit, Geschichten zu erzählen, macht aber, liest man die gesamte Lebensgeschichte, ein Stück der natürlichen großmütterlichen Autorität aus.

Das Wissen um die Faszination und Macht des gesprochenen Wortes oder genauer der erzählten Geschichten beschränkt sich selbstverständlich nicht auf Europa und seine Abkömmlinge in Amerika. Die schöne und kluge Scheherezade, vor bald zweitausend Jahren Tochter eines indischen Wesirs, bewirkt mit der Spannung ihrer erzählten Geschichten, daß der grausame Sultan ihr für tausendundein Märchen tausendundeine Nacht lang sein Ohr leiht und darüber seine unmenschliche Haltung gegenüber anderen Frauen vergißt. Scheherezade tarnt diese Geschichten zunächst als Abschied von ihrer Schwester Dinarsad. Diese läßt sie im Beisein des Sultans sagen: „O meine Schwester! wenn du nicht schläfst, so erzähle uns von deinen schönen Geschichten, daß wir die Nacht dabei durchwachen, vor Tagesanbruch will ich dir dann Lebewohl sagen, denn ich weiß nicht, wie es morgen mit dir enden wird." Doch für diese Erzählungen muß der „arglose" Sultan erst um Zustimmung gefragt werden. Als er die Erlaubnis gibt, beginnt Scheherezade mit ihrer ersten Geschichte. Sie hält es offenbar für wichtig, daß der Sultan gar nicht der Adressat der Erzählungen ist, sondern, vorgeschützt, die eigene Schwester. Scheherezade vertraut also auf die Wirkung, auf die Faszination ihrer Geschichten beim „zufälligen" Mithören. Den Eindruck einer gezielten Aktion muß sie vermeiden.

Nicht nur der klassische Orient, sondern auch der ferne Osten kann auf eine gut dokumentierte uralte Erzähl- und auch Lesetradition zurückgreifen. „Tochter des Sugawara Takasue", geboren 1008, heißt die Verfasserin eines Reiseberichtes aus dem Jahr 1020. Sie berichtet über ihre Reise aus der Provinz Kazusa im Osten Japans nach der Hauptstadt sowie über einschneidende familiäre Ereignisse bis 1058: „Muß nicht ein Mädchen, das noch weit hinter dem letzten Ende des Weges in die Ostlande aufwächst, der Gedanke kommen, wie ungeschliffen es doch sei? Also dachte ich, ach bekäme ich nur all die Geschichten zu lesen, die es in der Welt geben soll, und hörte ich zu, wenn an müßigen Tagen oder beim abendlichen Beisammensein Leute wie meine ältere Schwester oder meine Stiefmutter hier etwas und da etwas aus dieser oder jener Geschichte wie der um den glänzenden Genji (Held eines Romans) erzählten, dann war ich ganz hingerissen, aber wie hätten sie nur aus dem Gedächtnis allein erzählen können, wie ich es mir wünschte! In meiner schrecklichen Ungeduld machte ich mir einen lebensgroßen Yakushi-Buddha, wusch mir die Hände und ging, wenn gerade niemand um die Wege war, heimlich zu ihm hinein, neigte insbrünstig die Stirn bis zum Boden und betete, er möge uns in die Hauptstadt ziehen lassen und möge mich von den vielen Geschichten alles, was es nur gäbe, lesen lassen, und in dem Jahr, in dem ich dreizehn wurde, hieß es, wir würden in die Hauptstadt ziehen, und am 3. Tag des Langen Monats fand unser Aufbruch statt, und wir zogen zunächst nach Imatachi um." Erstaunlich an diesem Ausschnitt ist, daß junge Mädchen in Japan schon vor tausend Jahren offenbar ganz selbstverständlich lesen konnten. Erstaunlich auch, wie sehr die Schreiberin des Tagebuches den Mangel an erzählten Geschichten in ihrer familiären Umgebung bedauert. Nur deshalb nimmt sie Zuflucht zur Lektüre, um so ihr Interesse an den Geschichten über das Leben zu befriedigen. Heimlich sucht sie dafür die Unterstützung des heilenden Yakushi-Buddha, behandelt damit ihr heißes Verlangen nach Lektüre wie eine Krankheit.

Ein japanisches Beispiel aus neuerer Zeit zeigt, wie verschiedene Stränge von Erzähltraditionen in einer Familie zusammenlaufen und von Kindern aufgenommen werden und wie dies mit speziellen Verhaltensweisen des Zuhörens verbunden ist: „Kein Freiluftspiel unserer kurzen Sommer und kein Spiel innerhalb der vier Wände während unserer langen Winter war mir so teuer wie das Geschichtenerzählen. Die Dienstboten wußten zahllose Geschichten von Priestern und wunderliche Sagen, die seit Generationen von Mund zu Mund überliefert wurden. Und Ishi, meine Amme, die das beste Gedächtnis und die geläufigste Zunge von allen hatte, besaß einen schier unerschöpflichen Schatz einfacher alter Legenden. Ich kann mich nicht erinnern, jemals eingeschlafen zu sein, ohne eine Geschichte von ihren niemals müden Lippen zu vernehmen. Die erhabenen Erzählungen meiner ehrwürdigen Großmutter waren wunderbar, und die glücklichen Stunden, die ich mit andächtig gefalteten Händen auf der Matte vor ihr zugebracht habe – denn ich benutzte niemals ein Kissen, wenn Großmutter mit mir sprach – hinterließen in mir unauslöschliche Erinnerungen. Aber wenn Ishi Geschichten erzählte, war alles anders. Ich hörte ihr zu, warm und bequem in den weichen Kissen meines Bettchens vergraben, kichernd, und dann und wann unterbrechend und bettelnd: ‚nur noch eine!‘, bis die unwillkommene Zeit herankam, wo Ishi, lachend aber streng, zu meiner Nachtlaterne hinüberlangte, einen Docht in das Öl hinunterstieß und den anderen gerade zog, und dann die Papierwand vorschob. Dann endlich hatte ich ‚gute Nacht‘ zu sagen und mich in dem bleichen, weichen Licht des dämmrigen Raumes, in der Kinoji-Haltung‘ (Geist der Beherrschung) zurechtzulegen, der richtigen Schlafstellung, die sich für ein Samurai-Mädchen geziemte.“

Beispiele aus Neuguinea und aus dem arktischen Kulturkreis belegen, nicht nur in Hochkulturen, sondern ebenso in weniger komplexen Gesellschaften gehört das Erzählen zu den menschlichen Grunderfahrungen. Häufig hat sich dabei ein ritualisiertes Wechselspiel zwischen Erzählern und Zuhörern entwickelt, wie es das Beispiel der Keto-Papua zeigt: „In allen Siane-Dörfern (von Neuguinea) gab es alte Frauen und Männer, die als Märchenerzähler bekannt waren. Oft nach Sonnenuntergang, bei Einbruch der Dunkelheit, schickte mich Oma Kiyagi zu dem alten Ehepaar Owayaki und Rombira. Beide wußten spannende *ikanga* zu erzählen. Wir saßen im hellen Schein des wärmenden Feuers und warteten auf die geheimnisvollen Geschichten. Vor jeder Erzählung fragten die Alten uns:

‚Werdet ihr auch nicht müde, wenn wir erzählen?'

Wir Kinder antworteten natürlich sogleich ungeduldig:

‚Nein, nein, wir werden nicht einschlafen, fangt an zu erzählen.'

Während die beiden abwechselnd erzählten, unterbrachen wir sie oft durch *Oh, oh oh*- oder *aiyee*- Rufe. War das Märchen dann zu Ende, sagten die Alten: ‚*monde – efeiyaro – eh* – das alles erzähle ich.' Wir Kinder erwiderten darauf: ‚*mmm oh wee* – wir haben zugehört, es hat uns gefallen.'"

Der Rentierlappe Siri Matti erinnert sich an spannende Erzählungen aus seiner Kindheit, die auch Verhaltensweisen des traditionellen Volksglaubens spiegeln: „Als ich noch ein kleiner Junge war, hörte ich die Leute sich im Zelt viele Geschichten erzählen. Oft erzählte ein alter Mann Märchen. Da sammelte sich um ihn stets viel Volk, und auch wir Kinder saßen immer dabei. Zuweilen erzählte jemand auch von alten Zeiten. Wir Kinder hörten dies alles, es schien uns so interessant, solche Geschichten aus den alten, vergangenen Zeiten zu hören, und oft vergaßen wir das Essen dabei. Wir wollten nur immer und immer wieder Märchen hören und saßen ganz still um den Alten, ohne Lärm zu machen. Denn wir wollten jedes Wort hören, mochte er nun von Stalo oder Järdanaß, den Riesen, oder auch den Vögeln und Tieren erzählen, die im Märchen wie Menschen sprechen konnten. Oft lehnten wir uns an den Rücken des Alten oder saßen hinter den Männern. Das war zwar weit von der Feuerstelle weg, und es war kalt dort, aber das half alles nichts: wir Kinder mußten eben auch dabei sein, auch wenn das Feuer nicht zu uns kam und wir froren. Einmal hörte ich die Alten über einen Vogel reden, den wir Lappen gjiaka [Kuckuck] nennen. Rief der gjiaka nahe am Zelt, in dem die Leute wohnten, dann sagten sie: ‚Im nächsten Jahr hören wir den gjiaka nicht mehr, es ist sicher, daß wir sterben müssen!' In den alten Zeiten glaubten die Lappen, der gjiaka sei ein Zaubervogel. Sie sagten von ihm, einer seiner Füße sei rot, der andere blau. Sahen die Lappen den gjiaka auf einem Baume sitzen, dann riefen sie ihm zu: ‚Du, gjiaka, zeige mir deinen Fuß!' Der gjiaka hob nun seinen Fuß in die Höhe. War es der rote Fuß, dann kam nur Unheil über diesen Lappen; das Sterben kam – und sein gesamter Besitz an Renen ging ihm verloren. Wenn aber der gjiaka den blauen Fuß zeigte, oh, dann war dies ein gutes und glückliches Zeichen: kein einziges Ren ging in dem kommenden Jahr verloren, kein Unglück trat ein, es ging alles so gut seinen Weg, wie man sich dies nur wünschen konnte. Diesen Glauben hatten die Lappen ehedem von dem Gjiakavogel."

In seinem ethnographischen Reiseroman „Der Geschichtenerzähler" schreibt der bekannte peruanische Schriftsteller Mario Vargas Llosa über die Rolle und Funktion traditioneller Geschichtenerzähler bei den Machiguenga im Stromgebiet des oberen Amazonas. Seit ein Linguistenehepaar namens Schneil ihm von den Machiguenga-Erzählern berichtet hatte, beschäftigte ihn das Thema, es hatte „mit mir gelebt, meine Neugier gereizt, mir keine Ruhe gelassen, und ich hatte mir seither tausendmal versucht vorzustellen, wie sie durch den Wald wanderten, Geschichten, Märchen, Klatsch, Erfindungen sammelten und von einer kleinen Machiguenga-Insel zur anderen trugen in diesem amazonischen Meer, in dem sie trieben, allen Widrigkeiten preisgegeben." Fast ein Vierteljahrhundert später trifft Vargas Llosa im Amazonasgebiet wieder mit den Schneils zusammen und wieder fragt er nach den Geschichtenerzählern: „Das erste Mal war es reiner Zufall gewesen, (daß Schneil auf einen solchen getroffen ist). Das Ehepaar Schneil lebte schon einige Monate in einer kleinen Machiguenga-Siedlung am Tikompinia-Fluß, und eines Morgens ließ Edwin Schneil seine Frau dort zurück, um einer anderen Familie der Gemeinschaft einen Besuch abzustatten, die einige Stunden Kanufahrt entfernt flußaufwärts lebte. Er reiste in Begleitung eines kleinen Jungen, der ihm beim Paddeln half. Als sie ankamen, sahen sie, daß statt der fünf oder sechs Machiguengas, die dort lebten und die Edwin Schneil kannte, sich mindestens zwanzig dort versammelt hatten, von denen einige aus entfernten Weilern gekommen waren. Sie hockten im Halbkreis, Alte und Kinder, Männer und Frauen, um einen Mann herum, der sprach; er saß mit gekreuzten Beinen auf dem Boden und wandte ihnen das Gesicht zu. Es war ein Geschichtenerzähler. Niemand hatte etwas dagegen, daß Edwin Schneil und der Junge sich ebenfalls hinsetzten, um zuzuhören. Und der Erzähler unterbrach seinen Monolog nicht, während sie sich unter die Zuhörer mischten." Schneil: „Er war ziemlich alt und sprach so rasch, daß es mich Mühe kostete, ihm zu folgen. Er mußte schon eine ganze Weile geredet haben. Aber er wirkte alles andere als müde. Das Schauspiel dauerte noch einige Stunden lang. Ab und zu reichten sie ihm einen Kürbis mit Masato, damit er sich mit einem Schlückchen die Kehle befeuchten konnte. Nein, ich hatte diesen Geschichtenerzähler noch nie vorher gesehen. Ziemlich alt, auf den ersten Blick, obwohl, Sie wissen ja, hier im Urwald altert man rasch. Alt, bei den Machiguengas, das kann dreißig Jahre bedeuten. Er war ein kleiner, rüstiger, sehr ausdrucksstarker Mann. Ich, Sie, jeder, der so viele Stunden unentwegt redet, wäre am Ende heiser und erschöpft. Aber er nicht. Er redete und redete, mit großer Energie. Nun ja, es war sein Beruf, und er machte es zweifellos gut. Wovon sprach er? Tja, unmöglich, sich daran zu erinnern. Was für ein Chaos! Von allem ein wenig, von den Dingen, die ihm in den Kopf kamen. Davon, was er am Vortag gemacht hatte, und von den vier Welten des Kosmos der Machiguengas, von seinen Reisen, von Zauberkräutern, von den Menschen, die er gekannt hatte, und von den großen und kleinen Göttern und Fabelwesen im Pantheon des Stammes. Von den Tieren, die er gesehen hatte, und von der Himmelsgeographie, einem Labyrinth von Flüssen, an deren Namen man sich unmöglich erinnern kann. (...) Um die Wahrheit zu sagen, ich erinnere mich nur wenig an seine Erzählungen. Ich kann Ihnen nur ein paar Beispiele nennen. Was für ein Mischmasch! Ich erinnere mich jedoch, daß er von der Initiationszeremonie eines jungen Schamanen erzählte. Er berichtete von den Visionen, die er hatte. Sonderbar, unzusammenhängend, wie bestimmte moderne Gedichte.‘ (...) Edwin Schneil kostete es Mühe, diesem Sturzbach von Wörtern konzentriert zu folgen, bei dem es im Sprung von einer Yuccaernte zu den Dämonenscharen des bösen Geistes Kientibakori ging und von dort zu den Geburten, Heiraten und Todesfällen in den Familien oder zu den Ungerechtigkeiten in der Zeit der Ausblutung der Bäume, wie sie die Kautschukperiode nannten. Sehr bald interessierte sich Edwin Schneil mehr als für den Erzähler für die gebannte, statische Aufmerksamkeit, mit der ihm die Machiguengas lauschten, die mit lautem Gelächter seine Witze quittierten oder mit ihm zusammen traurig wurden. Mit gierigen Pupillen, halb offenen Mündern, die Köpfe emporgereckt, ließen sie sich keine Pause, keine Betonung von dem entgehen, was der Mann sagte.“ Ob er denn nicht mit dem Erzähler gesprochen habe, fragt Vargas Llosa den Linguisten: „Ich hatte keine Zeit dazu. Um ehrlich zu sein, ich war fix und fertig, als er mit dem Sprechen aufhörte, alle Knochen taten mir weh.

Ich bin gleich eingeschlafen. Sie müssen sich das mal vorstellen, vier oder fünf Stunden sitzen, ohne die Haltung zu verändern, nachdem ich fast den ganzen Tag gegen den Strom gepaddelt war. Und dann dieses Feuerwerk von Anekdoten. Ich konnte mich zu nichts mehr aufraffen. Ich legte mich schlafen, und als ich aufwachte, war der Geschichtenerzähler schon gegangen. Da die Machiguenga nicht gerne darüber reden, habe ich nichts mehr von ihm gehört."

Bemerkenswert ist zunächst, wie die Machiguenga sich bei ihren Erzähltraditionen und Erzählern Fremden gegenüber bedeckt halten, auch wenn sie diese schon lange kennen. Bemerkenswert ist auch der außerordenliche Umfang und die Vielfalt des Erzählten, wobei die dem westlichen Zuhörer fehlende Ordnung beim Erzählen ein kulturelles Mißverständnis sein dürfte. Der Linguist Schneil macht hier ein interessantes Zugeständnis, weil er die Erzählform mit modernen Gedichten vergleicht. Aus der Ferne betrachtet, mutet dieser Erzählmarathon eher an wie die mehrstündige Solo-Glanznummer eines heutigen Kaberettisten. Dieser, mit vielfältig recherchiertem Detailwissen ausgestattet, macht einen erzählerischen Durchgang durch gesellschaftliche und politische Verhältnisse, indem er sie durch Anekdoten und Witze blitzartig aufhellt. Erfolgreich wird er in dem Maße sein, wie es ihm gelingt, die Zuhörer in seinen Bann zu ziehen und zum Lachen zu bringen. Das bei den Machiguenga beobachtete Wechselspiel zwischen Erzähler und Zuhörern und die faszinierende Wirkung erzählter Geschichten in den Reaktionen der Zuhörenden haben aufmerksame Fotoreporter bei anderen Völkern sogar in Bilddokumenten festgehalten. Band 2 der bekannten Brockhaus Völkerkunde enthält ein Bild, das einen älteren Geschichtenerzähler der Buschmänner in einem Zuhörerkreis von Kindern, jungen Frauen und Erwachsenen zeigt. Gebannt folgen alle der durch Mimik und Gestik des Erzählers untermalten Geschichte. Die Spannung der Zuhörenden äußert sich durch Vorneigen des Körpers oder des Kopfes, durch Hände an den Lippen oder seitlich am Kopf, durch die in der Mimik erkennbare innere Beteiligung. Ein ähnliches Beispiel aus dem Südwesten der USA zeigt den 91jährigen Navajo Old Man Gray Mountain, wie er in der traditionellen Behausung, dem Hogan, Kindern und Erwachsenen die Legenden der Navajos erzählt. Auch hier spiegeln sich Spannung und Faszination in den Gesichtern der Kinder und der erwachsenen Frauen im Hintergrund. Diese traditionelle Erfahrung um die Bedeutung erzählend weitergegebenen traditionellen Wissens haben sich moderne Schulreformer in der Navajo-Reservation zunutze gemacht. Sie haben Frauen und Männer als Geschichtenerzähler im Unterricht und für die Schüler abends im Internat engagiert. Auch davon existiert ein interessantes Foto, das den Erzähler Todechine Singer mit Schülern in einem der Schlafsäle der Rough Rock Community School zeigt – und auch hier die faszinierten Gesichter der jugendlichen Zuhörer.

Wissen und Erfahrungen der Menschheit werden seit Jahrtausenden erzählend weitergegeben. Und diese Erzählungen sind für kindliche Zuhörer dann bedeutungsvoll, wenn sie von emotional wichtigen Personen vermittelt werden. Eltern, Großeltern, Geschwister, Verwandte können Kindern keinen größeren Beistand bei der Entwicklung ihrer Denk- und Vorstellungskraft gewähren, als wenn sie sie mit spannenden Erzählungen, mit interessanter Lektüre auf dem Weg zum Verstehen der Welt begleiten. „Kinder brauchen Märchen", bringt es der Psychoanalytiker Bruno Bettelheim auf den Punkt. Nur müde werden dürfen die Erzählenden nicht!

Bruno Bettelheim: Kinder brauchen Märchen. Stuttgart: Deutsche Verlagsanstalt 1977 – Margaret Mead: Brombeerblüten im Winter. Ein befreites Leben. Reinbek: rororo Taschenbuch 1978 – Mario Vargas Llosa: Der Geschichtenerzähler. Frankfurt/M.: Suhrkamp 1990 – Gustav Weil (Hrsg.): Tausend und eine Nacht. Arabische Erzählungen. Gesamtausgabe in zwei Bänden. Stuttgart: Magnus, ohne Jahr

Erziehung

→ **Erziehungsnormen (-ziele)** → **Erzieher** → **Erziehungsmittel**

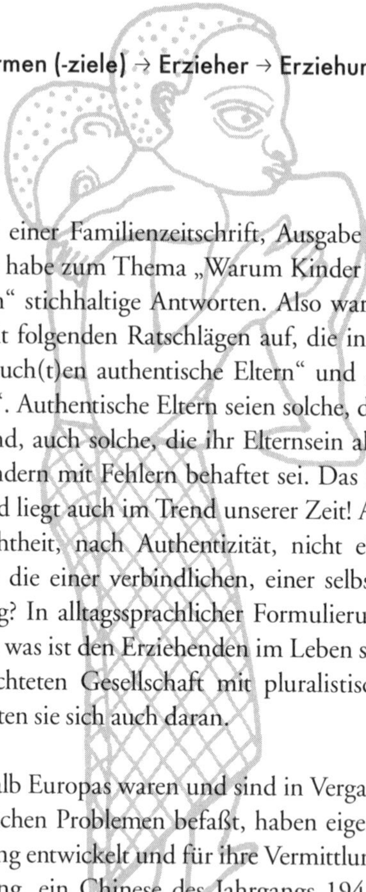

In einem Artikel einer Familienzeitschrift, Ausgabe Oktober 1999, wird vorgegeben, man habe zum Thema „Warum Kinder heute eine andere Erziehung brauchen" stichhaltige Antworten. Also wartet darin ein Experte unter anderen mit folgenden Ratschlägen auf, die in Zusammenhang stehen: „Kinder bräuch(t)en authentische Eltern" und „Erziehung (sei) Versuch und Irrtum". Authentische Eltern seien solche, die sich ihren Kindern geben, wie sie sind, auch solche, die ihr Elternsein als etwas ansehen, was nicht perfekt, sondern mit Fehlern behaftet sei. Das klingt in der Tat alles nicht schlecht und liegt auch im Trend unserer Zeit! Aber fehlt bei der Forderung nach Echtheit, nach Authentizität, nicht eine wichtige Voraussetzung, nämlich die einer verbindlichen, einer selbst akzeptierten Erziehungsorientierung? In alltagssprachlicher Formulierung heißt das schlicht zweierlei, einmal, was ist den Erziehenden im Leben selbst wichtig (in einer materiell ausgerichteten Gesellschaft mit pluralistischem Weltbild), und zum anderen, halten sie sich auch daran.

Kulturen außerhalb Europas waren und sind in Vergangenheit und Gegenwart mit den gleichen Problemen befaßt, haben eigenständige Vorstellungen über Erziehung entwickelt und für ihre Vermittlung gesorgt.

Ling Haicheng, ein Chinese des Jahrgangs 1945, erläutert rückblikkend seine eigene Erziehung zum Buddhismus: „Warum ich Buddhist geworden bin? Dafür gibt es mehrere Gründe. Von klein an wurde ich von der Art beeinflußt, wie sich meine Eltern zu ihren Mitmenschen verhielten. Meine Mutter war sehr barmherzig, sie hatte großes Mitleid mit den Armen. Immer wenn sie einen Bettler traf, holte sie ihn ins Haus und gab ihm zu essen. Einmal nähte sie einem alten Mann eine dicke Wattejacke, und der alte Bettler fiel vor ihr auf die Knie und sagte: ‚Im nächsten Leben möchte ich eine Henne sein, ich möchte für sie ein Ei mit zwei Dottern legen, zum Dank!' Das beeindruckte mich tief. Wenn ich später einen Bettler sah, lud ich ihn sofort ein, an unser Tor zu kommen. Wenn er nicht eintreten wollte, lief ich ins Haus und holte Essen. Während er aß, eilte ich zurück, um Zigaretten und Tee zu besorgen, denn ich wußte, daß meine Mutter nach dem Essen gern eine Tasse Tee trank und rauchte. Deshalb wollte ich auch ihm guten Tee bereiten und gute Zigaretten anbieten. Mutter hat mein Verhalten sehr unterstützt. Sie erzählte mir viele Fabeln zu chinesischen Lehrsätzen, zum Beispiel: ‚Ist dir das Leben des Tieres teuer, so wirst du sein Fleisch nicht essen können.' Ein anderer lautete: ‚Hörst du die Tiere schreien, die geschlachtet werden, so kannst du ihr Fleisch nicht mehr genießen.' Solche Lehrsätze haben mich sehr beeinflußt.

Einmal habe ich mit einer Schleuder auf einen Spatzen gezielt. Ich traf ihn, er fiel zu Boden, ich nahm ihn mit nach Hause. Natürlich war ich sehr stolz auf meine Leistung. Der Spatz war meine Kriegsbeute, und die zeigte ich meinem Vater. Aber er sagte: ‚Wie kannst du nur so grausam sein!' Dann zitierte er einen Lehrspruch. ‚Ich rate dir, im Frühjahr keine Vögel zu töten, die Kinder im Nest warten auf die Rückkehr der Mutter.' Vater fuhr fort: ‚Dieser Vogel, den du getötet hast, hat vielleicht Kinder, die gerade auf ihre Mutter warten, damit sie ihnen Futter ins Nest bringt. Du hast eine Mutter umgebracht!' Ich war betroffen und traurig, ich dachte an meine Mutter und meinen Vater. Sie hatten ja auch Kinder, die auf sie warteten. Es war mir ein unvorstellbarer Gedanke, daß ich eine Mutter oder einen Vater getötet haben sollte.

Diese alten Lehrsprüche hatten für uns Kinder eine sehr konkrete Bedeutung. Es waren keine leeren Phrasen. Mit diesen kleinen Weisheiten wollten meine Eltern erreichen, daß aus uns Menschen mit einem guten Herzen würden. Ihr erster Grundsatz war: Immer Gutes tun. Das zweite Prinzip, daß sie uns lehrten: Gute Werke führen zu einem guten Leben, schlechten Taten folgt Unglück. Später, als ich die buddhistischen Schriften studierte, habe ich das verstanden. Im Hua-Yan (chinesische Variante eines Sanskrittextes) steht: ‚Alles Schlechte meiden, allem Guten folgen. Suche deine Pflicht, das ist der Weg des Buddhismus.'

Damit wird ausgedrückt, du sollst niemals etwas Schlechtes tun und so viel wie möglich Gutes. Deine Aufgabe ist, schlechte Gedanken zu meiden und deine Seele rein zu halten. Wenn ich heute, als Erwachsener, über diese Prinzipien nachdenke, so erinnere ich mich an all die kleinen Begebenheiten, durch die meine Eltern mich im Sinne des Buddhismus erzogen haben. Im kleinen haben sie mich beeinflußt. Aber sie haben dabei nie von Buddhismus gesprochen. Sie waren keine erklärten Buddhisten. Ihre Lebenshaltung aber war buddhistisch. Nie haben sie etwas Schlechtes getan."

Das weitere Interview, dem dieser Ausschnitt entnommen ist, zeigt die buddhistische Lebenseinstellung der Eltern nicht etwa isoliert, sondern mit drei konkurrierenden Orientierungen verknüpft, mit der kommunistischen, der der Vater beruflich zugehört, mit einer klassisch-chinesischen des Historiker-Großvaters und einer westlich europäisierten des Onkels. Und man fragt sich, wieso orientiert sich der Sohn am Modell der Eltern, ohne daß die doch in jener Zeit sicher allgegenwärtigen Einflüsse des chinesischen Kommunismus eine Rolle zu spielen scheinen. Umso bemerkenswerter ist das in vielen Einzelheiten, in Situationen und Lehrsprüchen begründete und bewertete weltanschauliche Selbstverständnis des Erzählers, gewissermaßen sein eigener Zugriff auf das vielfältige Angebot. Danach beeindruckt ihn vor allem das alltäglich erlebte Verhalten der Mutter. Doch der Sohn deutet die Übereinstimmung des Denkens und Handelns bei beiden Eltern als vorbildhafte Erfahrung, worin für ihn offensichtlich Impulse für seine eigene Lebensorientierung liegen. [→ Vorbilder]

Von einer ganz anderen Ecke der Welt, von den Yagan aus Feuerland, ausgerechnet von einem Volk, das von den Vertretern der Evolutionstheorie seit Charles Darwin dem allerprimitivsten Stadium zugeordnet wurde, nämlich dem kannibalistischen mit vollständiger Religions- und Gottlosigkeit, stammt eine interessante Erziehungskonzeption. Ihre Theorie und Praxis, von dem Missionar und Völkerkundler Wilhelm Koppers aufgezeichnet, weist durchaus Ähnlichkeiten mit buddhistischen und christlichen Vorstellungen auf. Das Ideal des Altruismus, der gegenseitigen Rücksichtnahme, bildet die leitende Idee aller Belehrungen dieser Feuerländer. Durch die Jugendweihe (Tschiechaus) sollen die Kandidaten endgültig zu guten Menschen gemacht werden. Zu den dort vermittelten Normen gehören: a) Freudig einen Fremden in der eigenen Hütte zu bewirten; b) nur gute Sachen zu verschenken; c) Blinden behilflich sein; d) auch das verirrte Kind des Feindes den Eltern zurückbringen; e) niemanden zu töten und nicht zu stehlen; f) den Alten zuzuhören; g) die Vorschriften aus der Einweihungshütte zu befolgen, denn Watauinewa (höchstes Wesen) sieht alles und straft. „Keinen Tag verlebten wir im Kreise der Yagan", schreibt Koppers, „der uns hierfür nicht neue Beispiele vor Augen geführt hätte. Davon wird allerdings nicht viel Aufhebens gemacht, sondern das gilt unter den Yagan guten alten Schlages als selbstverständlich." An anderer Stelle kommentiert er seine Beobachtungen, „es bestehe kein Zweifel, daß das Geheimnis der Yaganerziehung vor allem auch in der religiösen Sanktion liege, auf der sie in ihrem letzten Fundamente ruhe", womit auf die unter g) genannte Gottesvorstellung Bezug genommen wird. Es handelt sich im übrigen um eine Gottesvorstellung, ein höchstes Geistwesen, das im Himmel wohnt und alles sieht, die den Missionar Koppers eingestehen lassen: „Ja, euer Watauinewa, ist im Grunde wirklich derselbe wie der Gott der Christen." Bei den Yagan argumentiert man deshalb nicht anders als bei der christlichen Erziehung, die, beim Nichteinhalten der zehn Gebote, mit Bestrafung durch das Jüngste Gericht droht. Yagan-Erziehung, ausgerichtet auf das höchste Wesen, ist demnach religiöse Erziehung [→Religion]. Koppers kann nur als Initiand der geheimen Zeremonie (Tschiechaus) diesen Einblick gewinnen, wobei sein Alter vernachlässigt werden darf; denn „nach Anschauung und Brauch der Yagan kann die Jugendweihe, falls sie im rechten Alter aus irgendeinem Grunde unterblieb, später immer noch nachgeholt werden".

Mit dem Hinweis auf „das rechte Alter", die Jugendzeit oder Adoleszenz, ergibt sich eine Querverbindung zu Einweihungsriten [→Einweihung], bei denen viele Völker aller Kontinente ihrem Nachwuchs die kulturell entscheidenden Lebensorientierungen vermitteln. Offensichtlich gehört es zu den universellen menschlichen Grunderfahrungen, daß während der Jugendphase, in der Zeit der Pubertät, intensive systematische Belehrungen besondere Prägewirkungen haben. Auf diese Weise ist die Jugendzeit von der vorangegangenen Kindheitsphase unterschieden, in der geschlechtsspezifisches und selbständiges Mittun im Vordergrund steht. Für die Bedeutung der Belehrungen während der Adoleszenz spricht auch, daß sie nicht zufälligen Aktivitäten in den Familien überlassen, sondern wohlorganisiert anhand bestimmter Zeremonien vermittelt werden. In der als Buschschule bezeichneten Institution bei westafrikanischen Völkern folgt während der mehrwöchigen Isolierung der Initianden abseits der Dörfer nach „Prüfungen des Mutes, der Ausdauer und der Fähigkeit, Entbehrungen auf sich zu nehmen" eine Phase der „Unterweisung in den Traditionen, Bräuchen, Pflichten und Rechten des Stammes und seiner Angehörigen", auch sexuelle Aufklärung und je nach Kulturgruppe die Beschneidung.

Das Hauptthema des Ethnopsychoanalytikers Mario Erdheim ist die Diskussion über die erzieherische Bedeutung der Adoleszenz im Verhältnis zur Kindheitsphase: „Die Adoleszenz ist eine Übergangsphase. Der Adoleszente muß den Übergang von der Ordnung der Familie in die Ordnung der Kultur finden. (...) Familie und Kultur stehen zueinander in einem antagonistischen Verhältnis, das sich im Zivilisationsprozeß zunehmend verschärft hat. (...) Es scheint mir sinnvoll zu sein, die Adoleszenz (...) als eine chaotische Phase voller Ambiguitäten zu betrachten, als einen Bereich, der wenig oder keine Merkmale der Kindheit und des Erwachsenenalters aufweist. In der Adoleszenz entsteht ein das Invidiuum verunsicherndes Symboldefizit und Normenvakuum, das auch eine Bereitschaft zur Unterwerfung erzeugt, welche die Gesellschaft mittels schmerzhafter Initiationen für die Erhaltung ihrer Ordnung ausnützen kann." Im Vergleich zu traditionellen Kulturen sei das Chaos bei den abendländischen Völkern „aus der Gesellschaft in die Individuen versetzt, so daß wir es heute in der Adoleszenz wiedererkennen können". Diese Analyse und Bewertung der Jugendphase und ihrer pädagogischen Offenheit mag ihre prinzipielle Richtigkeit haben, sie dürfte die Bedeutung der in der Zeit der Kindheit vorangehenden Konstellationen und Einflüsse eher unterschätzen. Unterschätzt wird vor allem die Notwendigkeit einer positiven erzieherischen Erfahrung während der gesamten Entwicklung, wobei damit keine Garantie für späteres Verhalten verbunden sein kann.

Erziehung war, ist und bleibt ein komplexer Zusammenhang. Ihre Möglichkeiten liegen in der Selbstorientierung der Erziehenden und in der verläßlichen Übereinstimmung ihres erzieherischen Denkens und Handelns. Kinder nehmen Differenzen zwischen Anspruch und Wirklichkeit bei ihren erziehenden Bezugspersonen schon sehr früh wahr, Heranwachsende erst recht. Deshalb brauchen sie positive Erfahrungen, auf die sie vor allem während der Unsicherheit und Offenheit der Jugendphase zurückgreifen können.

Mario Erdheim: Die Symbolisierungsfähigkeit in der Adoleszenz. In: D. Dracklé, Jung und wild. Zur kulturellen Konstruktion von Kindheit und Jugend. Berlin, Hamburg: Reimer 1996, S. 202–222 – Gerhard Grohs: Stufen afrikanischer Emanzipation. Studien zum Selbstverständnis westafrikanischer Eliten. Stuttgart: Kohlhammer 1967 –

Jerome Kagan: Die überschätzte Macht der frühen Jahre: Es gibt ein Leben nach der Kindheit. In: Psychologie heute, März 2000, S. 46–51 – Wilhelm Koppers: Unter Feuerland-Indianern. Stuttgart: Strecker u. Schröder 1924 – Traudel Schlenker/Zhao Yuanhong: Im Traum war ich ein Schmetterling. Chinesen erzählen ihre Kindheit. Leipzig: Gustav Kiepenheuer 1993

Familie

→ Familienzusammensetzung → erweiterte Familien → Familienleben
→ Mütter, Väter → Erziehung

Franz Weinert, ein Psychologe, dem die Pädagogik besonders am Herzen liegt, hat schon vor längerer Zeit ein für das Verstehen familiärer Erziehung auch heute noch sehr hilfreiches Modell entworfen und getestet. Es beschreibt die Familie als wichtigstes Milieu für kindliche Entwicklung. Die Merkmale dieses Modells, leicht gekürzt, lauten: „1.) Das emotionale Klima, das ein Kind umgibt, prägt seine Persönlichkeitsentwicklung. 2.) Sowohl direkte Verhaltensweisen als auch Einstellungen der Eltern dem Kind gegenüber beeinflussen seine psychische Entwicklung. Einstellungen wirken dabei stärker, da das Kind sie durch die Verhaltensweisen der Eltern hindurchspürt. 3.) Auch Einstellungen der Eltern, die nicht auf das Kind selbst gerichtet sind, z. B. dem Ehegatten, anderen Familienmitgliedern, dem Beruf gegenüber, können die psychische Entwicklung eines Kindes günstig oder ungünstig beeinflussen. 4.) Die Familie stellt für das Kind einen Filter für Gesellschaft und Kultur dar, die dem Kind in familienspezifischer Form übermittelt werden und so auf die psychische Entwicklung eines Kindes Einfluß nehmen können."

Vor diesem Hintergrund wirklich aufschlußreich unterschiedlich sind die Varianten des Zusammenlebens in fünf amerikanischen Durchschnittsfamilien, die von den Forschern Hess und Handel untersucht wurden. Hier muß ein kurzer Einblick genügen:

Mutter und Vater in Familie Clark haben ihre negativen vorfamiliären Erfahrungen so verarbeitet, daß ihnen emotionale und ökonomische Sicherheit besonders wichtig sind. Sie verbinden beides mit starker religiöser Orientierung und einem auf die Mutter zentrierten Familienzusammenhalt.

Ideeller Mittelpunkt bei Familie Lanson ist ein harmonisches Zusammenleben. Dessen Verbindlichkeit für Eltern und Töchter schließt personale Selbstbestimmung aus. Übermäßige gefühlsmäßige Zuwendung werden dabei zurückgestellt, um Ungleichgewichte zugunsten einzelner Familienmitglieder zu vermeiden. Gemeinsamkeiten haben absoluten Vorrang. Harmonie verlangt Verzicht auf Eigeninteressen.

Das Zusammenleben von Familie Littleton wird durch das Zulassen jeder Form von Emotion gefährdet. Dies hat zur Folge, daß es kaum gemeinsame Aktivitäten der Familie gibt. Auch der Vater hält sich aus der Familie heraus und überläßt seiner Frau die Führungsrolle, während zwischen den Kindern erhebliche Rivalitäten vorherrschen. Kooperation und gemeinsame Lösungsversuche für Konflikte fehlen.

Die Newbolds verwirklichen einen Familientyp, dessen Mitglieder sich durch Selbstvertrauen, Selbstdisziplin und aktiven Zugriff auf die Welt auszeichnen. Das zugrunde liegende Selbstverständnis leiten beide Eltern aus ihren Herkunftsfamilien ab. Obwohl beide Eltern außerhalb der Familie sehr aktiv sind, gelingt es ihnen, durch Absprachen Familie und Tagesablauf zu organisieren. Nüchternheit rangiert vor Emotionalität. Während der ältere Sohn diese Form verinnerlicht hat, rebelliert der jüngere mit Selbstisolation dagegen.

Das Familienleben der Steeles fällt durch ihr intimes Miteinander auf. Man tut alles gemeinsam und grenzt sich nach außen ab. Die Familienmitglieder sind sich selbst genug und begreifen auch Freizeitunternehmungen als Gelegenheit, unter sich zu sein. Die Eltern belohnen bei ihren drei Kindern das entsprechende Verhalten, indem sie Kontakte untereinander fördern, aber nicht solche zu möglichen Freunden. Fehlverhalten im familiären Miteinander wird streng diszipliniert.

Liest man diese Fallstudien im Zusammenhang, gewinnt man den Eindruck, als befände man sich jeweils in einer anderen Welt. Sie beschreiben Verhältnisse, die heute immer wieder als Individualisierung der Familie und des Familienlebens im Gespräch sind. Die Behauptung, heutzutage hätten Kinder zwei verschiedene Wertesysteme zu erlernen, erstaunt angesichts solcher Unterschiede nicht mehr. Aber muß die Verschiedenheit des hier vorzufindenden emotionalen Klimas in Familien eigentlich überraschen, mußte man sie nicht eher erwarten? Emotionalität zeigt sich hier geradezu als das konstitutive und bestimmende Merkmal familiärer Organisation, an dem sich gewissermaßen die Geister scheiden, und zwar in einer erstaunlichen Bandbreite, die zwischen unkontrollierten, betonten, kontrollierten bis verdrängenden Formen changiert. Andere familiäre Muster sind mit diesem selbst zu verantwortenden „Gefühlskorsett" dicht verwoben.

Weltanschauliche Offenheit und Pluralität scheinen dagegen selbstverständlich zu sein.

Das Weinertsche Modell bleibt auch interkulturell anwendungsfähig und erleichtert das Verstehen fremdkultureller Verhältnisse und Situationen. Literarische und völkerkundliche Quellen enthalten interessante Beispiele über Familienleben und familiäre Verhältnisse.

Die deutsche Jüdin Clara Geismar erinnert sich an Familienszenen ihrer Kindheit: „Wenn ich an die Freitagabende in meinem Elternhause denke, wird mir noch heute wohl und warm ums Herz. Die Vorbereitungen dazu waren so sorglich, wie man sie heutzutage trifft, wenn man Abendgesellschaft bei sich sieht. Die frischgeputzten Räume, die behagliche Wärme im Winter, die siebenarmige Messinglampe mit ihren sieben Flämmlein, deren Dochte aus Baumwollwatte am Morgen gedreht wurden. Die selbstgebackenen Kartoffelbrote, Barches genannt, die Grünkernsuppe, der Ganspfeffer im Winter, und der Fisch im Sommer, letzter nach einer Weise bereitet, wie sie schon üblich gewesen sein soll, als die Juden in babylonischer Gefangenschaft waren. Dann ein süßes Gericht, auch speziell jüdischer Art. Für den Samstagmittag wurden schon am Freitag zwei geschlossene eiserne Häfen zum Bäcker gebracht. Der eine enthielt die ‚gesetzte Suppe‘, das war gewöhnlich eine Mischung von Gerste, Erbsen, einem Stück Rindfleisch, einem Stück gepökelten und geräucherten Brustkern, welches in dem Bäckerofen zu einem gar schmackhaften Gerichte zusammenbrodelte, welches Suppe und Fleisch in einem Gang enthielt. Die andere Kachel enthielt den ‚Schalet‘ oder die ‚Kugel‘ (letzteres Gericht ist eine Art engl. Nierenpudding), beides delikate Dinge, aber nur für starke Mägen, weshalb zur Sommerszeit, wo sich der Mensch bei leichterer Nahrung wohler fühlt, Apfel- und Kirschtorten an die Stelle traten. Ich begleitete unser Dienstmädchen beim Wegtragen und Abholen dieser Samstagsgerichte. (…) Wenn der Vater von der Synagoge heimkam, gingen wir ihm bis zur Stubentür entgegen, um uns von ihm segnen zu lassen. Zuerst die Mutter. Dann die Kinder. Er legte uns die Hände auf den Kopf und sprach leise in hebräischen Worten die Segensformel, die ein Gemeingut geworden: „Der Herr segne und behüte dich“. Vor Beginn des Essens Händewaschen mit einem kurzen Segensspruch; das Händewaschen geschah an einem Eckschrank, der fast so hoch war wie die Stube, der oben und unten Fächer für

Haushaltungszwecke enthielt. In der Mitte war ein sogenanntes Gießfaß angebracht, ein Messingbehälter mit Hähnen, der das Wasser für das vorgeschriebene Händewaschen hergab. Ein schmales Seitentürchen an diesem Eckschrank barg das Handtuch zum Trocknen der Hände. Vor dem Essen sprach dann mein Vater den Segen über das Brot, schnitt für jedes eine kleine Schnitte ab, die er in Salz tunkte und dann herumreichte. Dann begann das Abendessen.“ [→ Ernährung]

Das in dieser Erinnerung vermittelte Familienklima gewinnt seine Stabilität und emotionale Feierlichkeit ganz aus der religiösen jüdischen Tradition. Man erhält den Eindruck, daß nichts in dieser Szenerie dem Zufall überlassen bleibt, weder die räumliche Umgebung noch die leibliche und geistliche Versorgung. Entsprechend harmonisch-vorbildlich ist das Verhalten der Eltern. Zweifel an der Bedeutung all dieser Umstände können bei den Kindern nicht aufkommen.

Unni Wikan, eine norwegische Ethnologin, hat in den Armenvierteln Kairos über zwanzig Jahre lang das Leben von 47 Kindern und ihren 27 Familien erforscht und bis ins Erwachsenenalter begleitet: „Im Grunde sollen sich die Kinder als Teil einer Familie verstehen, deren Ehre Schaden nimmt, wenn sie sich schlecht benehmen. Zeichen für den Erfolg der Erziehungsarbeit ist es, daß die Kernfamilie der solide Baustein der ägyptischen Familie ist. So zerrüttet die Verhältnisse innerhalb der Familie auch sein mögen, nach außen steht sie geschlossen und einig da. Die Familie stellt Ausdauer und Toleranz jedes einzelnen auf eine harte Probe, aber sie fordert seine Loyalität und gewährleistet tiefe Zugehörigkeit zum Leben. Ohne Familie ist man nichts, ilumm – die Mutter – hält sie zusammen. (...) Die materielle Not führt zu unablässigen Konflikten innerhalb der Familie; sie drückt den Beziehungen zwischen Vätern und Müttern den Stempel auf, sie verwickelt sie in ständige Auseinandersetzungen, wobei die Mutter bei den Kindern zuverlässige Unterstützung findet. Das Zentrum des Problems stellt des Vaters Versagen als Ernährer dar und die Behauptung der Mutter, nicht die Welt an sich sei daran schuld, sondern sein Verhalten. Sein Argument lautet, daß, wer ein Mann sein will, Rauchen und sich den Freunden gegenüber großzügig erweisen muß. Das kostet Geld. Zudem gewährt er den bedürftigen Verwandten väterlicherseits materielle Unterstützung und diese treten oft genug an ihn heran (...) Die Ehefrau, deren Engagement und Hingabe ungeteilt ihren Kindern und deren Zukunft gehört, bringt für die vielfältigen Verpflichtungen wenig Geduld auf und führt sein Versagen auf seine Verantwortungslosigkeit und Nachlässigkeit zurück, womit sie nicht selten recht hat. In die daraus entspringenden endlosen Konflikte werden die Kinder erbarmungslos hineingezogen, zum einen, weil es keinen Ort für einen Rückzug gibt, und zum anderen, weil fast alles, was die Mutter einklagt und der Vater versagt, für sie gedacht gewesen wäre. (...) Die Mutter ist der Anker im Leben, der Vater dagegen unzuverlässig und verantwortungslos; das sind die Lektionen eines Kindes. Diese Botschaft vermitteln nicht nur die Verhaltensweisen des Vaters, sondern auch deren Bewertung und Kommentierung durch die Mutter." Als Nahrungskämpfe, Kleiderkämpfe beschreibt Wikan in vielen Einzelheiten auch Auseinandersetzungen der Kinder untereinander in der Enge ihres familiären Areals, und sie bemängelt fehlende Anregungen und Anreize. „Das heißt allerdings nicht, daß Geschwister sich nicht lieben und umeinander kümmern. Es gibt zahllose Zeichen gegenseitiger Zuneigung und Fürsorge, sobald sie älter und voneinander unabhängiger werden, weil sie zu arbeiten beginnen und Geld verdienen (...) Solange sie aber an ein Leben gekettet sind, dessen Grunderfahrung darin besteht, daß alles, was die anderen bekommen, einem selbst abgeht, treibt sie der Interessenkonflikt auseinander."

Diese äußerst schwierigen familiären Lebensverhältnisse verhinderten die insgesamt positive Entwicklung der Kinder nicht, denn keines habe sich irgendwann strafbar gemacht, keines sei kriminell, drogen- oder alkoholabhängig geworden, resümiert die Beobachterin. Aber sie fragt auch kritisch: „Wie erklären, daß nicht alle als psychische Wracks enden, obwohl ihre subjektiven und objektiven Lebensbedingungen allen westlichen Theorien darüber, was ein Kind bräuchte und sollte, entgegenstehen?" Bisher habe die Anthropologie/Ethnologie keine Mittel gefunden, um dem speziellen Erfahrungsspektrum und Lebensausdruck von Menschen, wie sie die Kairoer Armen darstellen, zu verstehen. Aber sie kennt auch die Grundeinstellung unter den Armen, denen es darum geht, den Kindern eine Zukunft zu bieten, „eine so zentrale und fordernde Aufgabe, daß sie mit einer abwesenden Mutter unvereinbar wäre": „Frauen waren nie auswärts tätig. Eine zur Arbeit gehende Frau zu haben, wurde als Inbegriff des Beschämenden empfunden." Diese speziell mutterzentrierte familiäre Konstellation dürfte wesentlich dazu beitragen, die schwierigen Erfahrungen der Kinder in soziale

Fähigkeiten zu transformieren. Ein ähnlich komplexer Einfluß, den Mutter und Kind in ihrer Kultur miteinander verbindet, beschreibt die Chippewa-Autorin Louise Erdrich in einem ihrer Romane: „Die rote Schnur zwischen Mutter und Kind ist die Hoffnung unseres Volkes. Sie zieht, sie federt, sie spannt, sie nährt und sie hält."

Die familiären Erfahrungen des Charles James Nowell, Kwakiutl von Vancouver Island, sind nicht nur durch den frühen Tod der Mutter geprägt und den als Ersatz fungierenden ältesten Bruder und seine Frauen, sondern auch durch die besondere Kulisse eines Lebens im Gemeinschaftshaus einer Großfamilie: „Als ich ein Kind war, lebte ich in einem Gemeinschaftshaus, in dem die Leute die vier Ecken bewohnten. Sie hatten ihre Feuer in den vier Ecken. Ich und meine Eltern bewohnten, von der Tür aus gesehen, die rechte hintere Ecke. Mein ältester Bruder wohnte mit seiner Frau in der anderen rückwärtigen Ecke, er hatte damals keine Kinder. Der nächstältere Bruder lebte mit uns, er war noch nicht verheiratet. In der linken Vorderecke lebte die Schwiegermutter meines Bruders. Vorne rechts wohnte ein Mann namens Poodlas. Er war der Ehemann meiner Tante, Mutters Schwester. Sie hatten auch Kinder, drei Jungens und ein Mädchen, alle älter als ich. (…)

Als meine Mutter starb, war ich noch sehr klein. Ich kann mich nur daran erinnern, daß sie mich zu sich ans Bett rief und sagte, daß sie mich verlassen werde, und daß ich nun allein auf mich aufpassen müsse, ich solle deshalb nicht traurig sein, aber ich müsse auf meinen Bruder hören, auf alles, was er mir sage. Das ist alles, was mich an meine Mutter erinnert. (…) Ich weiß, daß es mir sehr schlecht ging, als sie starb. Ich war schrecklich traurig. Daß irgendjemand mich getröstet hat, daran kann ich mich nicht erinnern. Wahrscheinlich war ich auch zu jung, um alles zu erinnern, denn ich weiß auch nichts mehr von der Beerdigung. (…)

Meines Bruders erste Frau starb auch, als ich noch ein kleiner Junge war. Oft bin ich mit ihr in ihres Vaters Haus gegangen, wo mein Bruder lebte, als ich noch klein war. Das war etwa zu jener Zeit, als meine Mutter starb. Deshalb kann ich mich auch noch kaum an sie erinnern. Sie starb etwa zur gleichen Zeit wie meine Mutter. Ich weiß nicht mehr, wann das war. Dann heiratete mein Bruder seine zweite Frau und lebte dann, nach dem Tode von Mutter, in unserem Haus. Seine Frau betreute mich so wie meine eigene Mutter, und ich betrachtete sie als Mutter, obwohl ich wußte, daß sie es nicht war. Wann immer sie in Streit gerieten, verließ sie meines Bruders Wohnung und kehrte zu ihrem Haus zurück, dann half ich ihr beim Packen und zum Essen ging ich dann zu ihr. Tagsüber blieb ich bei ihr, abends ging ich nach Hause. Hatte ich Hunger, ging ich zu ihr, und sie kochte dann für mich. Sie forderte mich auch auf, nachts bei ihr zu bleiben, aber mein Bruder erlaubte es nicht. Ich wäre gern dort geblieben. Ich hätte es gern gemacht, aber mein Bruder ließ mich nicht. Also ging ich abends nach Hause. Manchmal waren sie vier Tage böse aufeinander, manchmal eine Woche. Sie war gut zu jedermann, deshalb nannte man sie ‚Tantchen'. Sie verhielt sich zu jedem wie eine Tante zu ihrer Nichte oder ihrem Neffen."

Diese Erinnerungen zeigen, die Kwakiutl kennen klare Regelungen beim Ausfall des mütterlichen Elternteiles. Der Erzähler weiß noch, trotz seines damals kindlichen Alters, wie die Mutter ihn kurz vor ihrem Tod in die Obhut des Bruders einweist. Dieser tritt dann auch mit seinen Frauen ganz in die Elternrolle ein. Verwandtschaftlich sind diese Frauen eigentlich Schwägerinnen des Jungen, der Altersunterschied zu Charles ermöglicht ihnen jedoch die Übernahme der mütterlichen Rolle, wie ihre Zuwendungen und seine Reaktionen auch deutlich machen. Der leibliche Vater, obwohl in diesem Ausschnitt nicht eigens erwähnt, bleibt traditioneller Lehrmeister seines Sohnes, dem er in vielen sehr persönlichen Gesprächen und Erzählungen kulturelles Wissen vermittelt. Die familiäre Aufmerksamkeit, ohne die ein Kind nicht existieren kann, ist in diesen komplizierten Verhältnissen durchaus garantiert. Es wird aber auch deutlich, wie fremdkulturelle Lebenssituationen von den emotionalen Beziehungen der darin handelnden Personen durchdrungen und bestimmt sind. [→ Trennung]

Das emotionale Klima, die gefühlsmäßigen Beziehungen, die Eltern in den Familien untereinander und zu ihren Kindern aufbauen und praktizieren, dürften über alle kulturellen Unterschiede hinweg von entscheidender Bedeutung für Augenblick und Zukunft der Kinder sein. Eingebettet darin entwickeln sich auch die weitergehenden Lebensorientierungen.

Louise Erdrich: Der Bingo-Palast. Reinbek: Rowohlt 1995 – Hans Bertram und Marina Hennig: Eltern und Kinder. Zeit, Werte und Beziehungen zu Kindern. In: B. Nauck, H. Bertram: Kinder in Deutschland. Opladen: Leske + Budrich 1995, S. 91–120 – Robert Hess und Gerald Handel: Familienwelten. Düsseldorf: Schwann 1975 – Franz Weinert:

Die Familie als Sozialisationsbedingung. In: F. E. Weinert u. a.: Pädagogische Psychologie 1, Frankfurt/M.: Fischer Funk-Kolleg 1974, S. 357–386 – Unni Wikan: Geraubte Kindheit. Was uns die Armen in Kairo lehren. In: M.-J. van de Loo, M. Reinhart: Kinder. Ethnologische Forschungen in fünf Kontinenten. München: Trickster 1993, S. 212–237

Geburt

→ vor- und nachgeburtliche Umsorgung → Namengebung
→ Patenschaft → Identität

Völker aller Kulturen haben sich schon immer um ihren Nachwuchs gesorgt, die abendländischen nicht ausgenommen. Bei der Hochzeit bereits mußten viele Umstände sorgfältig bedacht und einbezogen werden, um die zumeist erwünschte Schwangerschaft nicht negativ zu beeinflussen. Und gerade dann, wenn man sich einer Schwangerschaft sicher war, drehte sich fast alles um das Wohlergehen von Mutter und Kind. Vor allem hatte die sich in guter Hoffnung befindende Mutter je nach kultureller Herkunft bestimmte Tabus zu beachten, so auch im alten Germanien: „Die Fränkin spinnt durch ihr Spinnen ihrem Kinde den Strick; schöpft sie Wasser aus einem Brunnen, so vertrocknet er. Sie darf weder Katzen noch Hunde ersäufen, wenn sie nicht ein totes Kind gebären will. (...) Sehr weit verbreitet ist der Glaube, man dürfe Schwangere nicht zu Paten wählen, weil sonst ihr eigenes Kind oder ihr Patenkind sterben müsse. Man trifft ihn in Schlesien, im Vogtland, in der Umgebung von Königsberg, Pommern, Mecklenburg, Westfalen und im sächsischen Siebenbürgen." Offiziell befragt, würden heutzutage die meisten Eltern bei uns ähnliche Denk- und Verhaltensweisen als Aberglauben abtun. Aber so rational, wie wir gerne sein möchten, sind wir Abendländer dann doch nicht. Vermutlich existieren unter der gesellschaftlichen Oberfläche noch so manches Tabu und mancher alte Brauch. Außerdem, auch dem wissenschaftlichen Blick konnte nicht verborgen bleiben, wie stark die vorgeburtliche Existenz des Kindes vom gelebten Leben und Verhalten der Mütter beeinflußt wird.

Die Bräuche nach der Geburt und die Namengebung sind bei uns offiziell weitgehend enttraditionalisiert, d. h., jede Familie kann es halten, wie sie möchte. Die standesamtliche Namensfestlegung ist selbstverständlich, doch schon die Entscheidung für eine ergänzende kirchliche Taufe bleibt jedem selbst überlassen. Und dann die Auswahl der Namen gehorcht offensichtlich bestimmten modischen Trends, wobei es ein Geheimnis bleibt, wer diese auslöst, ohne daß es um die Bedeutung der Namen selbst geht oder gar um ihren möglichen Bezug zu den Persönlichkeiten der Kinder. Häufig wissen weder Eltern noch Kinder etwas darüber. Sie reagieren leicht geschockt, wenn sie zum Beispiel herausbekommen, der klangschöne Name Claudia bedeute nichts anderes als die Hinkende.

Die völkerkundlichen Quellen enthalten eine Fülle von Beispielen über alles, was mit der Geburt zu tun hat. Schwangerschaft und Geburt eines Kindes werden bei den Eskimos der Hudson-Bay umfassend begleitet: „Noch ehe ich geboren wurde, mußte meine Mutter entscheiden, welche Personen bei meiner Geburt hinzugezogen werden sollten. Während ihrer Schwangerschaft kamen viele Leute und baten sie, ob sie anwesend sein dürften. Üblicherweise beruhen solche Entscheidungen auf einer ganzen Reihe von Überlegungen. Alle, die um Erlaubnis gebeten hatten, wurden von den Verwandten und den nächsten Angehörigen ernsthaft in Betracht gezogen. Den Vorrang hatten all jene, von denen man annahm, sie besäßen Lebenserfahrung und hätten Erfolg gehabt. Vor allem mußte eine Hebamme dabeisein, entweder eine Frau oder ein Mann. In meinem Fall war es meine Großmutter. Während der Geburt mußte sie beobachten, wie ich in die Welt trat. Sie stellte fest, daß ich am ganzen Körper gezappelt hätte; sie hielt es für ein Zeichen, daß ich eines Tages in fremde Länder reisen würde. Außerdem war bei meiner Geburt die Frau anwesend, deren Namen ich erhielt: meine Großmutter mütterlicherseits. Das bedeutete, daß ich sie nie ‚Großmutter' nennen und daß sie mich nie ‚Enkelin' nennen würde, sondern wir nannten uns gegenseitig *saunig*, Namens- oder Blutsverwandter. Dadurch standen meine Eltern und ich ihr noch näher. In allen Verwandtschaftsfragen war ich somit ihre Sicherung.

Dann mußte mich jemand in mein allererstes Gewand stecken. Es konnte ein Mann oder eine Frau sein. Da ich ein Mädchen war, mußte mich die Person, die mich ankleidete, *arnaliak* nennen, das heißt, ‚zur Frau erzogen werden'. Bis zum Ende ihres und meines Lebens hatte diese Person die größte Verantwortung für mich. Sie ist dafür verantwortlich, wie ich als Erwachsener einmal sein werde. Sie muß mir beibringen, wie ich mich mit dem Wesen der Leute vertraut mache und wie ich mich selbst kennenlerne. Sie muß mich auch belehren, wie ich mich den verschiedenartigsten Leuten gegenüber zu verhalten habe. Sie ist dafür verantwortlich, wie sich mein Geist entwickelt. Solange ich klein bin, bringt sie mir bei besonderen Anlässen Geschenke, zum Beispiel bei Erfolgen auf der Jagd oder bei der ersten und letzten Handelsfahrt zum Handelsposten der Hudson's Bay Company im Frühling und im Herbst. Ich muß diese Person *sanariarruk* anreden, das heißt, ‚die mich erzieht'.

Die wichtigste Rolle bei meiner Geburt spielte ein anderes Kind. Zwischen meinen und seinen Eltern wurde abgemacht, daß wir einander *angilissiak* nannten, also ‚Ich warte auf dich, bis du groß bist'. – So kommt ein Kind der Innuit auf die Welt, und mit all diesen Menschen als Führern begann ich aufzuwachsen."

Bei der Betreuung der erwarteten und der geborenen Kinder scheint dieses arktische Volk sozusagen alle Register zu ziehen, denn kaum ein wichtiger Gesichtspunkt zukünftiger Entwicklung bleibt außer acht. Durch die Beteiligung einer ganzen Reihe verschiedener Persönlichkeiten versucht man optimale Bedingungen und ein Netz von Beziehungen zu schaffen, damit sich der Zögling seines Werdeganges sicher sein kann. Aber auch für die in ein solches Geflecht einbezogenen Erwachsenen bedeuten die Beziehungen zu den Neugeborenen und ihren Familien eine soziale Einbindung und Absicherung.

Auch in einer ganz anderen Weltgegend, im China der Kaiserzeit, beobachtet man das Verhalten der Neugeborenen und Kleinkinder sehr genau, um daraus Schlüsse für ihre zukünftige Entwicklung zu ziehen: „Ein chinesisches Kind gilt schon bei der Geburt als ein Jahr alt, so daß es bereits zwei Jahre alt ist, wenn es den ersten Geburtstag feiert. Der erste Geburtstag wird ganz groß gefeiert; das nächste große Fest findet erst statt, wenn das Kind zehn Jahre alt ist. Am ersten Geburtstag wird ein Tablett vor das Kind gestellt, auf dem verschiedene Gegenstände liegen, zum Beispiel Bücher, Pinsel, Scheren, Lineal, Nähnadeln, Münzen usw. Man läßt das Kind greifen, und je nach dem, was es berührt, schließt man auf seine späteren Interessen und Begabungen. Als ich meinen ersten Geburtstag feierte, griff ich von dem Tablett mit der einen Hand einen Pinsel und mit der anderen Nähnadeln. Mutter schloß daraus, daß ich später gut schreiben und gut nähen würde." Die Chinesin Chow Chung-Cheng, von der dieses Textstück stammt, ist dann auch tatsächlich Schriftstellerin geworden, die ihre Autobiographie in Deutschland in deutscher Sprache geschrieben hat.

Ein anderes charakteristisches Merkmal im Umfeld von Schwangerschaft und Geburt ist die ganz eindeutige Bevorzugung des männlichen Nachwuchses, wie sie Chow Ching Lie, eine andere Chinesin, erzählt: „Als meine Mutter Tsong Hai zum ersten Mal schwanger wurde, war keine Rede davon, sie auch nur für einen einzigen Tag von der schweren Hausarbeit zu entlasten. Glücklicherweise bekam Tsong Hai einen Sohn; sie kam damit in den Genuß des Ansehens, die die Geburt eines männlichen Kindes, insbesondere wenn es sich um das Erstgeborene handelt, einem Ehepaar verleiht. Ein solches Ereignis rührt selbst die hartherzigsten chinesischen Schwiegermütter. Als traditionelles Zeichen des Glücks repräsentiert ein Sohn, da er seinen Eltern ja frühzeitig zu helfen anfing, auch Geld. Eine Tochter zu haben, bedeutete dagegen vom ersten Augenblick an, daß man für nichts und wieder nichts arbeitete, sich für andere abmühte, denn nur die angeheiratete Familie, zu deren Dienst das Mädchen früher oder später bestimmt war, würde davon profitieren. Man nannte meinen älteren Bruder Chow Ching Son, wobei der erste Name der Familienname war, der zweite der der Generation (den ich mit ihm teilen sollte) und der dritte der Vorname. Er wurde vom ersten Tag der Geburt wie ein Prinz behandelt. Tsong Hai mußte ihre Schwiegereltern weiterhin pünktlich bedienen, mit dem einzigen Unterschied, daß sie nun mit einem Baby auf dem Rücken arbeitete.

Sie trug es noch herum, als sie zum zweiten Mal schwanger war. Das Kind, ein Mädchen, war eine Frühgeburt und starb nach zwei Tagen. Aber da es ja nur ein Mädchen gewesen war, löste das kein allzu großes Bedauern aus." Das Verhalten der Großmutter bei der Geburt der Erzählerin paßt zu diesem Hintergrund: „Denn in der Vorstellung meiner Großmutter gab es nicht den Schatten eines Zweifels, daß es ein Junge werden würde. Darüber hinaus trug sie nun, wo sie ging und stand, zwei handtellergroße Holzplättchen mit sich herum. Es handelte sich um ein sehr verbreitetes Wahrsagespiel: jedes Plättchen hatte eine glatte und eine mit Blumenmotiven oder ähnlichem bemalte oder geschnitzte Seite; man warf die beiden Holzstücke in die Luft, und fielen sie beide mit derselben Seite nach oben herunter, dann sollte das, was man erwartete, auch eintreten. So folgerte sie am Morgen des 26. August 1936, als die beiden Plättchen mit den blumenverzierten Seiten nach oben heruntergefallen waren, daß die Niederkunft unmittelbar bevorstand, und stürzte zur Schule, wo meine Mutter tatsächlich in den ersten Wehen lag. Das Kind wurde um elf Uhr vormittags geboren. Es war ein Mädchen! Sein Anblick löste bei meiner Großmutter einen so heftigen Wutanfall aus, daß sie, nach Atem ringend und unfähig, ein Wort hervorzubringen, sofort das Zimmer verließ und die Tür hinter sich zuwarf. Das kleine Mädchen war ich."

Eine besonders anspruchsvolle Variante der Namengebung wird von den Lakota-Sioux berichtet. Danach bekommt ein Lakota im Verlaufe seiner Entwicklung traditionellerweise vier verschiedene Namen, einen bei der Geburt, einen zweiten während der Kindheit, einen dritten in der Phase des Erwachsenwerdens, einen vierten, wenn man älter ist. [→Denken] Mit der Namengebung verknüpft ist die Aufgabe, der Bedeutung des Namens im Leben gerecht zu werden, „to live up to your name", wie es der Lakota Russell Means erläutert und an Beispielen illustriert. Damit kommt der Namengebung identitätsstiftende Funktion zu, und der Name eines Menschen kann als Zukunftsprogramm seines Verhaltens verstanden werden.

Die Quiché-Maya in Guatemala fühlen sich von Geburt an mit bestimmten Tieren in einer Art Wesensverwandtschaft, die sie ihr ganzes Leben begleitet und ein Stück ihrer Identität ausmacht: „Jedes Kind kommt mit seinem Nahual auf die Welt. Sein Nahual ist wie sein Schatten. Sie leben parallel, und fast immer ist das Nahual ein Tier. Das Kind muß sich mit der Natur verständigen. Das Nahual ist für uns der Botschafter der Erde, der Tiere, des Wassers und der Sonne. Den Kindern wird gelehrt, kein Tier zu töten, weil damit das Nahual eines Menschen getötet würde. Jedes Tier findet seine Entsprechung im Menschen, und wer einem Menschen Schaden zufügt, fügt dem Tier Schaden zu.

Wir haben die Tage unterteilt in Katzen, Hunde, Stiere und Vögel. Jeder Tag hat sein Nahual. Wird ein Kind zum Beispiel an einem Mittwoch geboren, so ist sein Nahual ein Lämmchen. An einem Dienstag geboren worden zu sein, ist das Schlimmste für ein Kind, denn dann wird es ein sehr zorniges Kind werden. Die Eltem erkennen das Wesen ihres Kindes an dem Tag, an dem es geboren wird. Und wenn sein Nahual ein Stier ist, wissen sie, daß es ein zorniges Kind wird, weil kleine Stiere immer schnell zornig werden. Katzen werden sich später immer gerne mit ihren Geschwisterchen raufen.

Wie unsere Vorfahren haben wir zehn geweihte Tage. Diese zehn geweihten Tage stehen unter dem Schatten eines Tieres. Es gibt Hunde, Stiere,

Pferde und Vögel als Nahuale, aber auch wilde Tiere, wie zum Beispiel der Puma. Auch Bäume können Nahuale sein. Ein Baum, der vor vielen hundert Jahren ausgewählt wurde und einen großen Schatten wirft. So stehen alle zehn Tage unter dem Zeichen eines dieser Tiere. Es muß nicht immer nur ein einziges Tier sein. Zum Beispiel ein Hund. Nicht nur ein Hund, sondern neun Hunde sind ein Nahual. Bei den Pferden sind drei Pferde ein Nahual. Das ist sehr unterschiedlich. Die genaue Zahl kennt man nicht. Das heißt, nur unsere Eltern kennen die Zahl der Tiere, die für jeden der zehn Tage das Nahual sind.

Mittwoch, Montag, Samstag und Sonntag sind für uns zum Beispiel die bescheidensten Tage der Woche, Tage der Demut. Das Nahual dieser Tage müßte ein Lamm sein oder ein Vogel. Friedliche Tiere eben, die anderen Tieren nichts tun.

Wenn zwei junge Leute heiraten, werden ihnen all diese Dinge erklärt. Wenn dann ihr Kind geboren wird, wissen auch sie, welches Tier zu welchem Tag gehört. Eine Sache ist noch sehr wichtig: Unsere Eltern verraten uns nicht, welches Tier unser Nahual ist, solange wir nicht erwachsen sind oder solange wir uns noch wie Kinder benehmen. Wir erfahren es erst, wenn unsere Haltung gefestigt ist, wenn unsere Wesenszüge sich nicht mehr verändern. Denn man kann sein Nahual auch mißbrauchen. Wenn mein Nahual zum Beispiel ein Stier wäre, könnte ich es als Vorwand nehmen, mich mit meinen Geschwistern zu raufen. So sagt man es den Kindern erst, wenn sie sich wie Erwachsene verhalten. Das kann mit neun oder mit neunzehn oder zwanzig Jahren sein. Aber wenn einem Kind so mit zehn oder zwölf Jahren seine Tiere geschenkt werden, muß ein Tier dabei sein, das sein Nahual ist. Natürlich kann man ihm zum Beispiel keinen Puma schenken, aber dann schenkt man ein ähnliches Tier.

An welchem Tag wir geboren wurden, wissen nur unsere Eltern; oder noch die Leute im Dorf, die dabei waren. Aber alle anderen aus den umliegenden Dörfern erfahren nichts; es sei denn, man schließt mit jemand enge Freundschaft.

Zu dem Tier, das unserem Nahual entspricht, fühlen wir uns oft ganz besonders hingezogen. Wir Indios lieben die Natur und alles was lebt, aber manchmal empfinden wir für ein bestimmtes Tier eine besondere Zuneigung. Und eines Tages erfahren wir: das ist unser Nahual, und dann ist unsere Zuneigung zu diesem Tier noch größer.

Alles, was auf der Erde existiert, hat für uns direkt mit dem Menschen zu tun, bezieht ihn ein. Wir sehen den Menschen nicht als einen abgetrennten Teil: hier der Mensch, dort das Tier, sondern es ist eine immerwährende Verbindung, ein Miteinander.

Wir Indios haben unsere Identität immer versteckt, haben viele Geheimnisse bewahrt und sind deshalb diskriminiert worden. Für uns ist es oft schwierig, etwas über uns selbst zu sagen, da man ja weiß, daß man vorsichtig sein muß mit dem, was man sagt, damit es nicht dazu mißbraucht wird, uns unsere indianische Kultur zu nehmen. Daher kann ich das Nahual auch nur in groben Zügen erklären. Welches Tier mein Nahual ist, kann ich nicht sagen, weil das zu den Geheimnissen gehört, die wir bewahren müssen."

Vorgeburtliche Rücksichtnahme auf das Kind und die Mutter, die Umstände der Geburt, die Namengebung und Patenschaften sollte man nicht auf die leichte Schulter nehmen. Alle Umstände können, ohne daß wir uns kulturell verbindlichen Traditionen verpflichtet fühlen müssen, für die Entwicklung eines Kindes wichtig sein. Jedoch, man muß sich in den Familien stetig darum kümmern.

Elisabeth Burgos: Rigoberta Menchú. Leben in Guatemala. Göttingen: Lamuv 1984 – Chow Chung- Cheng: Kleine Sampan. Aarau, Frankfurt/M.: Sauerländer 1957 – Chow Chung Lie: Die Sänfte der Tränen. Berlin: Ullstein 1976 – Minnie Freeman-Aodla: Tochter der Innuit. Rüschlikon-Zürich: Müller 1980 – H. Ploß, B. Renz: Das Kind in Brauch und Sitte der Völker. 2 Bände, Leipzig: Th. Grieben's Verlag 1911

Geschwister

→ Geschwisterfolge → Geschwisterverhältnis
→ Kindergruppen/Gruppen

In den Märchensammlungen der Brüder Grimm gibt es neben vielen Beispielen von Geschwisterliebe auch eine ganze Reihe von Geschichten, in denen Kindern von ihren Geschwistern übel mitgespielt wird. In „Die Bienenkönigin“ ist es der jüngste von drei Königssöhnen, der als Dummling gilt, aber durch sein Mitleid die Helfer gewinnt, die ihm beistehen, das verwunschene Schloß samt Königstochter zu erlösen. Die Bosheit seiner Brüder vergilt er mit Liebe. In „Einäuglein, Zweiäuglein und Dreiäuglein“ wird die mittlere Tochter von den anderen beiden drangsaliert, weil sie wie die anderen Menschen aussieht, und man läßt sie hungern. Durch eine weise Frau kann Zweiäuglein Hunger und Armut überwinden, aber auch das wird dem Mädchen nicht vergönnt. Dennoch setzt es sich durch und gewinnt einen schönen Ritter zum Manne. Als ihre Schwestern verarmen, hilft sie ihnen trotzdem. In „Die drei Federn“ ist wieder der dritte, der jüngste Königssohn der Dummling. Aber gerade er kann die Aufgaben, die der Vater ihm stellt, am besten lösen, weil er nicht oberflächlich wie seine durch Erst- und Zweitgeburt verwöhnten Brüder ist, während diese aus den Erfahrungen der vorangegangenen Proben nichts zu lernen vermögen.

Angesichts des Themas Geschwisterschaft kann man nicht außer acht lassen, in der Durchschnittsfamilie bei uns heute leben höchstens noch zwei Kinder, vielleicht sind die Einkind-Familien gar schon in der Überzahl. Bei historischer Betrachtung muß man sich allerdings vor der Annahme hüten, in Zeiten der kinderreichen Familien sei die Anzahl der Geschwister allein schon ein ausreichender Hinweis auf soziale Erfahrungen, die sich später positiv auswirkten. Zu sehr waren Kinderzahl, der Anteil von Jungen und Mädchen, die Reihung, der Altersabstand in aristokratischen, bäuerlichen und wohl auch in selbständigen Handwerker-Familien von der Erbfolge und einer hohen Kindersterblichkeit bestimmt [→Geburt]. Sachbezogene Konkurrenz, nicht psychologische sei deshalb typisch gewesen, meint die Pädagogin Katharina Rutschky.

Wie nicht anders zu erwarten, auch die völkerkundlichen Quellen enthalten negative und positive Beispiele. Für Consuelo, Tochter einer mexikanischen Unterschichtfamilie, ist die Brutalität des damaligen Umgangs und der Kämpfe zwischen den Geschwistern bleibende Erinnerung. Und sie wehrt sich mit allen Mitteln dagegen, sogar mit Lüge und Denunziation: „Manuel sollte uns bei Tisch beaufsichtigen, aber er quälte uns damit, daß er immer den großen Bruder spielen wollte. Zur Essenszeit kam er herein und kommandierte uns herum wie ein Feldwebel. Wenn Roberto den *tepache* einfach aus dem Krug trank oder laut schmatzte, warf Manuel seinen Löffel oder eine *tortilla* nach ihm, und sie fingen an, sich zu prügeln. So sah es bei unseren Mahlzeiten aus: Manuel schimpfte und schlug uns, und wir schlugen ihn wieder. Meistens endete es damit, daß Roberto in der Küche weiteraß, Marta heulend hinauslief, bevor sie fertig war, und ich still am Tisch sitzen blieb, weil ich Angst hatte, Manuel würde mir eine runterhauen. Nur mein großer Bruder aß ungestört weiter.

Das passierte natürlich nur, wenn wir allein waren. Am Mittwoch hatte mein Vater frei, und da wagte niemand, bei Tisch zu reden. Der erste, der etwas sagte, wurde in die Küche geschickt. Der Mittwoch war der Tag, an dem ich mich für alles rächte, was meine Brüder mir während der Woche angetan hatten. Am meisten ärgerte es sie, wenn sie für mich etwas holen mußten. Ich brauchte meinem Vater nur zu sagen, daß ich gern Schokolade, ein Ei oder ein Stück Kuchen zur Schule mitnehmen würde, dann schickte er Manuel oder Roberto fort, damit sie es kauften, oder sie mußten mir ein Ei braten. Auch abends plagte ich sie mit solchen Wünschen. Es machte mir Spaß, ihre wütenden Gesichter zu sehen, und ich nutzte jede Gelegenheit aus, um ihnen Schwierigkeiten zu machen. ‚Sieh mal, Papa, er sagt, er will nicht, er zuckt hinter dir die Achseln und schneidet mir eine Fratze.' Solche Lügen dachte ich mir aus, damit meine Brüder geschlagen wurden. Am nächsten Tag bekam ich es wieder. Sie traten mich mit Füßen, so daß ich unter das Bett kriechen oder die Nachbarn zu Hilfe rufen mußte."

Wir sehen hier den ältesten Sohn einer vierköpfigen Geschwisterreihe in der kulturell „natürlichen" und delegierten Rolle des väterlichen Stellvertreters, eine Rolle, die er weidlich ausnutzt, um die anderen zu drangsalieren. Consuelo, dritte in der Altersfolge, kann auf Rache sinnen, weil sie weiß, der Vater läßt die Rangfolge unter seinen Kindern nur bei eigener Abwesenheit gelten.

Die Buschfrau Nisa aus der Kalahari liefert ein Beispiel zwischen Geschwisterliebe und Geschwisterrivalität: „Wir lebten und lebten; ich wurde größer und begann, meinen kleinen Bruder auf den Schultern zu tragen. Mein Herz war damals glücklich. Ich hatte ihn sehr liebgewonnen und trug ihn überallhin. Ich spielte eine Weile mit ihm, und wenn er anfing zu weinen, brachte ich ihn zu Mutter, damit sie ihn stillen konnte. Dann nahm ich ihn wieder mit, und wir spielten zusammen. Damals war Kumsa noch sehr klein. Aber als er älter wurde, zu reden begann und laufen lernte, stritten und schlugen wir uns und kämpften miteinander, denn so spielen Kinder. Ein Kind tut etwas Gemeines, und die anderen Kinder rächen sich. Wenn der Vater zum Beispiel auf die Jagd geht, denkst du: ‚Papa bringt sicher Fleisch nach Hause. Dann kann ich es essen, aber ich werde es nicht teilen!‘ Wenn der Vater mit Fleisch nach Hause kommt, sagst du: ‚Mein Papa hat Fleisch gebracht, aber ich gebe euch nichts davon!‘ Die anderen Kinder erwidern: ‚Wie kommt das? Wir spielen doch zusammen, und trotzdem behandelst du uns immer so schlecht?‘

Als Kumsa älter wurde, stritten wir uns ständig. Manchmal prügelten wir uns auch. Dann packte ich ihn, biß ihn und sagte: ‚Oooo ... was ist das für ein Ding, mit einem häßlichen Gesicht, ohne Hirn im Kopf und so gemein? Wie kann es so gemein zu mir sein, wo ich ihm doch nichts tue?‘ Dann antwortete er: ‚Ich verprügle dich. Niemand schützt dich!‘ Und ich sagte: ‚Du bist ja nur ein Baby! Ich, ich werde dich schlagen! Warum bist du so eklig zu mir?‘ Ich beschimpfte ihn; er beschimpfte mich, und ich beschimpfte ihn wieder. Mit solchen Spielen verbrachten wir die Zeit.“

Altersdifferenz in der Geschwisterreihe bringt, wie es das Beispiel der Fulbe in Mali zeigt, auch bestimmte Verpflichtungen mit sich, die durch eine gemeinsame Beschneidung von Brüdern unzulässig aufgehoben würde. Deshalb verweigert der Familienrat Amkoullel die Zustimmung für eine gemeinsame Zeremonie: „‚Das hieße die alten Gewohnheiten zu brechen‘, erklärte der älteste Bâ, ‚denn die zur selben Zeit beschnittenen Jungen sind für ihr ganzes Leben lang Kameraden, ohne Ansehen ihres Alters, der Hierarchie und ihrer Stellung, und sie genießen im Umgang miteinander eine vollkommene Freiheit. Das liefe aber dem Gehorsam und der Hilfsbereitschaft zuwider, die ein kleiner Bruder dem älteren schuldet, vor allem, wenn sie denselben Vater und diesselbe Mutter haben.‘ Meine Beschneidung wurde also ausgeklammert und auf zwei Jahre später verschoben. Der sehr enttäuschte Hammadoun fragte, ob ich wenigstens in meiner Eigenschaft als Verwandter an seiner Seite bleiben dürfte. ‚Ich kann auf meinen kleinen Bruder nicht verzichten', erklärte er, ‚und auch er nicht auf mich'. Er vertrat meine Sache so gut, daß man mir gestattete, bei ihm zu bleiben, zwar nicht während der eigentlichen Operation und auch nicht in der ersten Woche, in der die Beschnittenen streng zurückgezogen und abgeschieden leben, aber während der zwei folgenden Wochen der Abgeschiedenheit im Busch."

Ein europäisches Kind würde seine Geschwister als Bruder und/oder Schwester vorstellen, für ein afrikanisches wäre das Senioritätsprinzip wichtiger. In der gleichen Situation betonte es deshalb, ohne das Geschlecht zu unterscheiden, die Altersdifferenz und spräche von jüngeren oder älteren Geschwistern, meint der französische Forscher Pierre Erny in seiner Beurteilung der Geschwisterverhältnisse in Schwarzafrika. „Manchmal bereits vor der Entwöhnung, aber vor allem nachdem mit ihr die frühe Kindheit beendet ist, erhalten die Bindungen zwischen Brüdern und Schwestern ein besonderes Gewicht. Die Gewohnheit, das Kind einem der Geschwister zu überlassen, während die Mutter anderweitig beschäftigt ist, verleiht den Älteren einen geschärften Sinn für die erzieherische Verantwortung gegenüber ihren jüngeren Brüdern und Schwestern. Diese Phase markiert den Beginn einer Beziehung von großer affektiver Intensität, die das ganze Leben hält."

Geschwisterrivalität ist vermutlich bei uns ebenso häufig wie ihr Gegenteil. Vielleicht kann aktives Familienleben mit partnerschaftlichem Verhalten der Eltern am ehesten Konkurrenzen und unsoziales Verhalten vermeiden. Alters- und Geschlechtsunterschiede können durch das Miteinander in Solidarität und prosozialem Verhalten aufgehoben werden.

Amadou Hampâté Bâ: Jäger des Wortes. Kindheit in Westafrika. Wuppertal: Hammer 1993 – Pierre Erny: The Child and his Environment in Black Africa. Nairobi: Oxford University Press 1981 – Brüder Grimm: Kinder-Märchen. Hrsg. Marianne Pietsch, Stuttgart: Thienemanns 1962 – Oscar Lewis: Die Kinder von Sánchez. Selbstporträt einer mexikanischen Familie. Düsseldorf: Econ 1965 – Marjorie Shostak: Nisa erzählt. Das Leben einer Nomadenfrau aus Afrika. Reinbek: Rowohlt Taschenbuch 1982

Großeltern

→ Generationen → Weitergabe von Erfahrungen → Erziehung

Großeltern kommen in der Diskussion über Erziehung bei uns nicht mehr vor. Auch in Standardwerken über Kindheit fehlen sie als Stichwort, obwohl sie uns physisch ja besonders lange erhalten bleiben. Sattsam bekannt sind Hinweise auf die zunehmende Überalterung unserer Gesellschaft. Gravierender dürfte jedoch die Vorstellung sein, die Großelterngeneration habe der Enkelgeneration nichts mehr zu sagen, zu sehr unterscheide sich die Lebenswelt im elektronischen Zeitalter von den Erfahrungen ihrer eigenen Lebenszeit. Aber gibt man sich bei solcher Argumentation nicht einer Täuschung hin? In Anlehnung an die Psychoanalytiker Alexander und Margarete Mitscherlich läßt sich sagen, „mit dem Nachweis der Werkzeugintelligenz“, wie sie die Mikroelektronik ja darstellt, hat sich „die Einübung des Affektausdrucks in die spezifischen Regeln der Gruppe“ nicht erledigt. Im Gegenteil, „im Vergleich mit den erbbeständigen Verhaltensweisen (des Tierlebens) sind (Regeln, Gewohnheiten, Gesetze, Tabus) ungewöhnlich ungesichert und unbeständig“, gerade weil sie einem ständigen Wertewandel unterworfen sind. All dies kann doch nur heißen, die Probleme des menschlichen Soziallebens sind unter anderen Bedingungen die gleichen geblieben. Kann es sich eine Gesellschaft vor diesem Hintergrund eigentlich noch leisten, das kulturelle Kapital an Erfahrungswissen und emotionaler Intelligenz, das sich bei der Großelterngeneration aufgeschichtet hat, zu ignorieren? Schon sprechen Sozialwissenschaftlicher vom Verfall oder der Vernichtung des kulturellen Kapitals. Ursache sei die im Rahmen unseres sogenannten modernen Lebensstils zur Ideologie gesteigerte Selbstverwirklichung und Individualisierung. Aber auch diese Sozialwissenschaftler lassen in ihren Überlegungen die Großelterngeneration außen vor.

Geschichten seiner Großmutter und seiner Tanten hatten den schwarzen amerikanischen Schriftsteller Alex Haley zeitlebens gedanklich beschäftigt. Nachforschungen in Archiven und bei Afrika-Spezialisten halfen ihm, die afrikanischen Sprachelemente „in der mündlich überlieferten Geschichte, die Großmutter, Tante Liz, Tante Plus, Cousine Georgia und all die anderen in meiner Kindheit in Henning auf der Veranda erzählt hatten", zu identifizieren. Es handelte sich um Relikte aus der Sprache des Mandingo-Volkes in Gambia. Also mußten die Personen in diesen Geschichten auch von dorther kommen. Und Haley lernt, bei den Mandingo sind es alte Männer, Griots genannt, die als „wandelnde leibhaftige Chroniken mündlich überlieferter Geschichte" fungieren. Deshalb unternimmt er eine Expedition nach Gambia, um in einem abgelegenen Dorf namens Juffure einen solchen Griot zu treffen:

„Der alte Mann hockte sich nieder und schaute mich an, während sich die Leute schnell hinter ihm gruppierten. Dann fing er an, die uralte Geschichte des Clans der Kinte vorzutragen, so wie sie über die Jahrhunderte hinweg aus der Zeit der Ahnen mündlich bis zu ihm überliefert worden war. Es war kein Vortrag im unterhaltenden Sinne, sondern eher, als werde von einer Schriftrolle abgelesen. Für die in Stillschweigen verharrenden Dorfbewohner war es sichtlich ein festliches Ereignis. Der Griot beugte sich beim Sprechen weit vor, sein Körper war angespannt und seine Worte schienen leibhaftig greifbar. Nach ein oder zwei Sätzen lehnte er sich leicht zurück und lauschte der Übersetzung eines der Dolmetscher. Aus dem Gedächtnis des Griot erwuchs nun eine unglaublich weitverzweigte Ahnenreihe des Kinte-Clans, die viele Generationen zurückreichte: Wer wen heiratete, wer welche Kinder hatte; welches Kind dann wen heiratete, danach deren Abkömmlinge. Es war nachgerade unglaublich. Ich war nicht nur von der Fülle der Einzelheiten fasziniert, sondern auch von dem fast biblischen Stil des Vortragenden … (…) Der alte Griot hatte bis dahin beinahe zwei Stunden lang gesprochen und vielleicht an die fünfzigmal war in seinem Bericht irgendeine besondere Einzelheit vorgekommen. Nachdem er nun diese fünf Söhne aufgezählt hatte, erwähnte er wieder eine Einzelheit, und der Dolmetscher übersetzte: ‚Zu der Zeit, als des Königs Soldaten erschienen' – wieder eine der zeitbestimmenden Bezugnahmen – ‚begab sich der älteste dieser vier Söhne, Kunta, von seinem Dorf hinweg, um Holz zu schlagen … und ward nicht mehr gesehen …' Mein Blut schien zu erstarren. Dieser Mann, der sein Leben in diesem schwarzafrikanischen Dorf verbracht hatte, konnte um keinen Preis in der Welt wissen, daß er gerade eben das wiederholt hatte, was mir während meiner Jugendzeit auf der Veranda meiner Großmutter in Henning/Tennessee so vertraut geworden war – von einem Afrikaner, der immer darauf bestanden hatte, sein Name sei ‚Kintay', der seine Gitarre ‚ko' und einen Fluß in Virginia ‚Kamby Bolongo' genannt hatte und der in die Sklaverei entführt worden war, unweit seines Heimatdorfes, als er Holz schnitt, um sich eine Trommel zu machen.

Ich holte aus meiner Leinentasche mein Notizbuch hervor, dessen Anfangsseiten Großmutters Bericht enthielten, den ich nun einem Dolmetscher zeigte. Er überlas das kurz, nicht ohne Überraschung, und unterrichtete dann den alten Griot, während er immer wieder auf das Büchlein hindeutete. Der sprang sichtlich erregt auf, redete auf die Leute ein und zeigte auf mein Notizbuch in der Hand des Dolmetschers. Staunen ergriff nun alle Anwesenden. Ich kann mich nicht entsinnen, daß irgendjemand einen Wink gegeben hätte, ich weiß nur, daß auf einmal alle diese siebzig fremden Menschen einen weiten Kreis um mich bildeten; sie begannen zu singen, erst leise, dann lauter und abermals leise, und sie bewegten sich in der Runde, ihre Körper ganz eng beieinander, sie hoben ihre Knie und stampften auf den Boden, wobei leichter, rötlicher Staub aufwirbelte." Anschließend nehmen die im Kreis mittanzenden Mütter nacheinander ihre Kleinkinder aus dem Tragetuch vom Rücken und überreichen sie dem Besucher zum Handauflegen, einem Zeichen der abstammungsmäßigen Verbundenheit.

In seinem Weltbestseller „Wurzeln" hat Alex Haley dann die Geschichte seiner Sippe seit der Versklavung seines Vorfahren in Gambia rekonstruiert. Es handelt sich dabei tatsächlich um das unwahrscheinliche Beispiel einer leibhaftig gewordenen Identitätssuche und -findung durch mündliche Überlieferung der älteren Generation, gewissermaßen in mehrschichtigem Verlauf. Alex Haley erfuhr dadurch leibhaftig, wer er ist und woher er kommt. Und, sein Buch leistet einen unschätzbaren Beitrag für das aktuelle Selbstverständnis aller schwarzen Amerikaner. Niemand, der halbwegs guten Willens war und ist, konnte danach noch glauben, die Schwarzen stammten von einer irgendwie anonymen und kulturlosen afrikanischen Bevölkerung ab. Es zeigte sich außerdem, daß mündliche Überlieferungen offiziell den schriftlichen mindestens ebenbürtig sind, daß sie persönlich gegenüber der Schrift im Vorteil sind, weil sie durch eine persönliche emotionale Aura wirken. Genau genommen plädiert der Hintergrund dieses Buches und das Buch selbst auch für die gemeinhin unterschätzte Bedeutung des mündlichen Erzählens von Generation zu Generation. [→Erzählen]

Großeltern verkörperten einen gewissen Konservatismus, weil sie Vergangenheit lebendig hielten, formuliert die schon erwähnte Kulturforscherin Margaret Mead. Überall, wo sich die Großelterngeneration um die Enkel gekümmert habe, habe sich auch die Kultur erhalten. Die Lakota-Frau Mary Crow Dog erinnert in ihrer Lebensgeschichte an frühe und aktuelle Formen der großelterlichen Fürsorge: „Im Mittelpunkt der alten Sioux-Gesellschaft stand die Tiyospaye, die erweiterte Familiengruppe, die elementare Jagdgemeinschaft, die die Großeltern, Onkel, Tanten, Schwäger und Schwägerinnen, Cousins und Cousinen einschloß. Die Tiyospaye war wie ein warmer Mutterleib, der alle umgab. Kinder waren nie allein, wurden ständig umsorgt, nicht nur von einer, sondern von mehreren Müttern, und mehrere Väter beobachteten sie und brachten ihnen etwas bei. Der leibliche Vater wählte einen zweiten Vater, einen angesehenen Verwandten mit besonderen Fähigkeiten als Jäger oder Medizinmann, der ihm helfen sollte, seinen Jungen großzuziehen; dieser Verwandte wurde auch ‚Vater' genannt. Für die Mädchen galt das gleiche. Eine besondere Stellung bei der Fürsorge für die Kleinen nahmen in unserem Stamm immer die Großeltern ein, weil sie ihnen mehr Zeit widmen konnten, wenn der Vater zur Jagd war und die Mutter als Hilfe beim Abhäuten und Ausweiden mitgenommen hatte.

Die Weißen zerstörten die Tiyospaye – nicht zufällig, sondern aus politischen Gründen. Der eng verbundene Clan, unerschütterlich in seiner althergebrachten Lebensweise, war ein Stolperstein auf dem Weg der Missionare und Regierungsagenten, seine Traditionen und Bräuche waren für das, was der weiße Mann ‚Fortschritt' und ‚Zivilisation' nannte, eine Barriere. Und deshalb riß die Regierung die Tiyospaye auseinander und zwang die Sioux in jene Familienform, die jetzt ‚Kernfamilie' genannt wird. Man nötigte jedem Paar seinen eigenen Landanteil auf und versuchte, ihm ‚die Vorteile eines gesunden Egoismus' beizubringen, ‚ohne den eine höhere Zivilisation unmöglich ist'. So wenigstens formulierte es ein Innenminister. Nun also begann die große Gehirnwäsche, und diejenigen, die ihr Gehirn nicht waschen lassen wollten, wurden weiter und weiter ins Hinterland abgedrängt, in Einsamkeit und Hungertod. Die Zivilisatoren leisteten ganze Arbeit, vor allem unter den Mischlingen, und setzten so lange die Methode Zuckerbrot und Peitsche ein, bis es weder die Tiyospaye noch die von den Weißen angestrebte ‚Kernfamilie' gab, sondern nur noch indianische Kinder ohne Eltern. Das einzige, was an die alte Sioux-Familiengruppe erinnerte, war, daß die Großeltern nun eine wichtigere Rolle als je zuvor spielten. Da es oft weder Vater noch Mutter gab, waren es die Alten, die die Kinder aufzogen – was ja nicht immer das schlechteste ist. (...)

Wie die meisten Reservatskinder wurden wir von unseren Großeltern aufgezogen. Wir hatten Glück. Viele indianische Kinder werden in Heimen untergebracht. Manchmal geschieht das sogar dann, wenn Eltern oder Großeltern durchaus willens und fähig sind, für sie zu sorgen, die Sozialarbeiter aber behaupten, daß das Zuhause unzulänglich ist, oder wenn es Plumpsklos statt einer Wasserspülung gibt oder wenn die Familie einfach ‚zu arm' ist. Ein WC ist für einen weißen Sozialarbeiter wichtiger als eine gute Großmutter. Und so werden die Kinder zu Wasicun-Fremden gegeben, um ‚in einer gesunden Umgebung aufgezogen zu werden'. Auf diese Weise verlieren wir die Generation von morgen, und das gefällt uns gar nicht. Wir hatten das Glück, gute, warmherzige Großeltern zu haben – bis auch wir in eine Internatsschule gesteckt wurden."

Der aus Wien stammende Maler und Journalist Richard Erdoes ist bekannt geworden als Initiator und Mitautor von Mary Crow Dogs und anderen Lebensgeschichten zeitgenössischer Lakota-Persönlichkeiten wie den Medizinmännern John Fire Lame Deer (Vater), Archie Fire Lame Deer (Sohn) und Leonard Crow Dog. Vor allem in den Erinnerungen der beiden Lame Deers haben die Großeltern eine ähnlich herausragende Bedeutung während ihrer Kindheit wie bei Mary Crow Dog. Die Großeltern sind es auch, die den Grundstein für die spirituelle Orientierung ihrer Enkel im späteren Erwachsenenleben legen. Der Ethnologe Peter Bolz hat in einem Artikel die Sioux-Oglala, denen die Erzähler der genannten Lebensgeschichten zugehören, als Beispiel für kulturell gebrochene Gesellschaften dargestellt. Vor dem Hintergrund der Kenntnis der erwähnten Selbstbiographien läßt sich diese Einschätzung kaum halten. Solange Großeltern in der Lage sind, und hier stimmt Margaret Meads These, durch Fürsorge, Einflußnahme und Erziehung spirituell orientierte Persönlichkeiten heranzubilden, dürfte die Behauptung eines kulturellen Bruchs nicht aufrecht zu erhalten sein.

Eine sehr persönliche und anrührende Erinnerung an seinen Großvater vermittelt der Sinto Boko Winterstein in seinem Lebensbericht: „An meinem Großvater, Stefan Winterstein, hab ich sehr gehangen, ah je. Er hat mich manchmal an der Hand genommen und gesagt: ‚Hopp, wir gehen ein bißchen spazieren.' Wir sind über einsame Feldwege gelaufen, an denen auf beiden Seiten Äcker waren, auf denen Frucht oder Korn war. Es war schön, und es wehte ein leichter Wind. Er hat mich an der Hand gehalten und hat seinen Hut abgezogen. Auf einmal hab ich gesehen, daß sich seine Lippen bewegt haben. Ich hab ihn gefragt: ‚Was machst du denn?' – ‚Ach, laß mich doch, mein Sohn', hat er gesagt, ‚ich bet doch.' Ich fragte: ‚Ja, wo ist denn da etwas, ich seh gar kein Kreuz, zu dem du beten könntest.' Aber er sagte: ‚Ja, laß mich gehen, ich weiß schon.' Ich merke jetzt erst, daß er damals richtig zum Herrn gebetet hat. Er brauchte keine Figuren. Ich dachte damals, da müßte ein Kreuz sein. Ich hab meinen Großvater lieber gehabt als meinen Vater, das muß ich sagen. Wenn ich Schläge bekommen hab, hat mein Großvater mir immer geholfen. ‚Laß ihn gehn, geh weg', hat er dann zu meinem Vater gesagt und mit ihm gescholten. ‚Laß den Bub gehn', hat er gesagt und mich festgehalten. Dann war ich geborgen bei ihm. Ich hab ihn gern gehabt, oioioi. Den hab ich gern gehabt, meinen Großvater."

Auch die Sintizza Philomena Franz erinnert sich mit großer Anteilnahme an das Leben in der Familie mit ihrem Großvater: „Selbst in der tiefsten Nacht, in der größten Finsternis, selbst in der menschlichen Dunkelheit der Massenvernichtungslager habe ich mich an die Worte meines Großvaters und an die Erlebnisse in der Natur erinnert. Ich spürte den Wind, roch die Apfelblüte, hörte die Vögel und sah im Traum meinen Großvater. Er sagte zu mir: ‚Siehst du die stille Quelle dort, den blühenden Apfelbaum, hier und überall in der Natur begegnet euch Gott in der Wärme seiner großen Liebe.'

Ich glaube, ich hätte nicht überlebt, wenn mir mein Großvater an diesem Tag und durch sein Beispiel nicht Unterricht im Leben erteilt hätte. Ich lernte, daß alles in Gott seinen Platz hat, alles seine Aufgabe, auch wenn es der kleinste Käfer ist, auch wenn es eine Ameise am Wegesrand ist.

Wir beobachteten sie, nahmen alles auf, wie die Ameisen arbeiteten, wie sie liefen, was sie schafften, wie sie alles planten – und wir sagten: ‚Schau mal, was die alles können. Ich wüßte mal gerne, wie ihr Gehirn arbeitet.'

Das hätten wir gerne gewußt. Darüber machten wir uns unsere Gedanken. Wir wußten um die Bedeutung jeder Pflanze, auch wenn wir nicht täglich in die Schule gingen.

Die Lehrer wunderten sich dann immer, wenn wir in Biologie und Geographie so gut Bescheid wußten. Wir wußten und behielten alles, weil wir es erlebt hatten. Zusammen mit unserem Großvater, mit unseren Eltern und Verwandten. Und wir achteten sie. Was sie sagten, war für uns Wahrheit, Evangelium. Es gab keinen Widerspruch, weil wir selber spürten: Jedes Wort ist wahr. Daher waren wir auch nicht aggressiv. Deshalb liebten wir die Menschen. Deshalb waren wir Kinder angenommen. Kinder sind für die Zigeuner das höchste Gut. Sie sind alles für sie. Und manche Familien hatten bis zu 18 Kinder."

Die Großelterngeneration sollte nicht allein als Aufbewahrer der Enkelgeneration in Anspruch genommen werden, sondern ganz bewußt, wo es nicht ohnehin spontan der Fall ist, als Vermittler ihres Erfahrungswissens. Zu diesem Erfahrungswissen gehört auch die persönliche Erzählung, der Bericht, das Gespräch über die Vergangenheit, die zehn, zwanzig oder dreißig Jahre zurückliegt. Darin wird erzähltes Wissen einfließen, das auf Eltern und Großeltern der Großelterngeneration zurückgeht. Wichtig ist hier die Vermittlung persönlichen Erlebens und Betroffenseins. Auf der anderen Seite sollte sich die Großelterngeneration selbst als Erzähler und Betreuer zur Verfügung stellen, wie es in manchen Gemeinden oder Stadtvierteln schon geschieht. Es wäre denkbar, regelrechte Erzähl- und Betreuungsdienste von Senioren für Junioren aufzubauen.

Hans Bertram und Marina Hennig: Eltern und Kinder. Zeit, Werte und Beziehungen zu Kindern. In: B. Nauck/H. Bertram: Kinder in Deutschland. Lebensverhältnisse von Kindern im Regionalvergleich. Opladen: Leske + Budrich 1995, S. 91–120 – Mary Crow Dog und Richard Erdoes: Lakota Woman. Die Geschichte einer Siouxfrau. Leipzig: Kiepenheuer 1992 – Philomena Franz: Zwischen Liebe und Haß. Ein Zigeunerleben. Freiburg i. B.: Herder 1985 – Alex Haley: Wurzeln. Frankfurt/Main: S. Fischer 1977 – Alexander und Margarete Mitscherlich: Die Unfähigkeit zu trauern. München: Piper 1968 – Erich Renner: „Und wir waren auch Naturmenschen". Der Lebensbericht des Sinti-Musikers und Geigenbauers Adolf Boko Winterstein und andere persönliche Dokumente von und über Sinti und Roma. Frankfurt/Main, Berlin, Bern: Peter Lang 1997

Gruppen

→ Gleichaltrige → Kinder- und Jugendgruppen → Selbsterziehung → Freundschaft

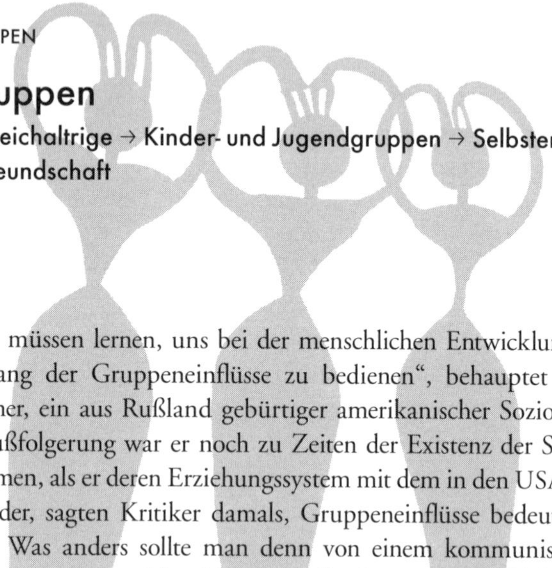

„Wir müssen lernen, uns bei der menschlichen Entwicklung in größerem Umfang der Gruppeneinflüsse zu bedienen", behauptet Urie Bronfenbrenner, ein aus Rußland gebürtiger amerikanischer Soziologe. Zu dieser Schlußfolgerung war er noch zu Zeiten der Existenz der Sowjetunion gekommen, als er deren Erziehungssystem mit dem in den USA verglich. Kein Wunder, sagten Kritiker damals, Gruppeneinflüsse bedeuten Kollektivismus. Was anders sollte man denn von einem kommunistischen System erwarten und in welcher Hinsicht sollte darin ein Vorbild für westliche Gesellschaften zu sehen sein? Aber, so einfach, wie das zusammenfassende Ergebnis klingt, sind die Verhältnisse dann doch nicht. Eine Untersuchung bei 600.000 Schülern der Klassen eins bis zwölf in viertausend amerikanischen Schulen von Coleman hatte ergeben, daß Schulleistungen oder Bildungserfolge, wie es dort heißt, und Sozialverhalten in besonderem Maße von den Merkmalen der anderen Kinder abhängig sind, die diese Schule besuchen, „daß die Auswirkungen der Gruppe der Gleichaltrigen auf das Kind von den Einstellungen und Aktivitäten abhängt, die in dieser Gruppe vorherrschen. Wo die Gruppennormen schulische Leistungen fordern, verhalten sich die Mitglieder entsprechend; wo dagegen die Erwartungen der Gruppe vorwiegend auf die Übertretung der von den Erwachsenen festgesetzten Normen gerichtet sind, werden diese Erwartungen bereitwillig in Handlung umgesetzt. Kurz: Soziale Infektion ist in beiden Richtungen wirksam". So aufhellend und einprägsam wie diese genaueren Ergebnisse auch sind, erinnern sie uns nicht an eigene Erfahrungen und Verhaltensweisen in Gleichaltrigen- und Freundschaftsgruppen? Gruppenkonformität war angesagt, egal in welcher Hinsicht!

Was also machte das damalige sowjetrussische Gruppenleben der Kinder und Jugendlichen, nach Meinung Bronfenbrenners, aus gesellschaftlicher Sicht vorbildlich effektiver? Vermutlich lag die Ursache vor allem in dem umfassend organisierten Betreuungssystem, das sich der Übereinstimmung gesellschaftlicher und familiärer Erziehungsziele, der sozialistischen eben, sicher sein konnte. Dies bildete einen gut organisierten Rahmen, innerhalb dessen sich die Gruppierung der Kinder und Jugendlichen vollzog oder vollzogen wurde. Doch könnte ein derart geschlossenes Konzept in unserer pluralistisch orientierten Gesellschaften denkbar und erstrebenswert sein? Wohl kaum! Aber was dann?

Das Potential an Erfahrungen zu diesem Thema bei anderen Kulturen ist beträchtlich. Die ethnographischen Quellen vermelden ausgeprägte Formen von Kinder- und Jugendgruppierungen im pazifischen sowie im nord- und westafrikanischen Raum.

Auf der polynesischen Insel Tikopia „taten sich die (älteren Kinder) und Jugendlichen täglich in Gruppen zusammen, um Wanderungen zu unternehmen, Gemeinschaftsspiele zu spielen und auf Nahrungssuche zu gehen, wobei sie nicht unter der Aufsicht der Erwachsenen standen", berichtet Johannes Raum in Anlehnung an die Beobachtungen von Raymond Firth, „sie arbeiteten in selbständigen Gruppen auf den Feldern, auch wenn sie abgabepflichtig waren, und sie bereiteten die erbeuteten Fische selbst zu. Die Jugendgruppen dienten gleichzeitig der Erholung; die ältere Generation störte die jungen Leute beim Tanzen, Schwimmen und Wandern nicht. Die große Freiheit der Jugendgruppen bewährte sich als Sicherheitsventil, wenn in anderen Lebensbereichen Einschränkungen notwendig wurden. Darüber hinaus trugen die allgemein anerkannten Wertvorstellungen der Gesellschaft bei, die Auflehnung der Jugendlichen zu unterbinden". Und im weiteren Zusammenhang heißt es dazu: „Die Stellung des Kindes und Jugendlichen in der Gesellschaft der Tikopia wurde in nicht geringem Maße dadurch bestimmt, daß Kinder sich bereits sehr früh in Spielgruppen zusammenschlossen, die immer größer und gegenüber den Erwachsenen selbständiger wurden (...) sie begannen sich zu bilden, bevor die Kinder sprechen konnten. (...) Ganz allgemein gaben nur wenige Jahre Altersunterschied den älteren Kindern die Berechtigung, jüngere Kinder zu erziehen."

Auf den Salomon-Inseln beobachtet Hugo A. Bernatzik die Kinder am Strand: „Kaum ist ein kleiner Erdenbürger der Mutterbrust entwachsen, nimmt ihn die Kindergruppe am Strand auf. Die Knaben bauen Burgen, suchen nach Muscheln und Seetieren und oft gibt es ein lebhaftes Handgemenge – man spielt Krieg. Nach Klanen getrennt stürmen die Kleinen aufeinander los, Kriegsgefangene werden gemacht und wie Schweine an langer Stange abtransportiert. Sie sollen gefressen werden. Und seltsam, immer achten die älteren fürsorglich darauf, daß keinem Wehe getan wird. Wie leicht können solche Spiele ausarten. Während meines ganzen Aufenthaltes habe ich aber nur ein einziges Mal erlebt, daß ein Kind zu weinen begann. Am sonnigen Strand spielte man gerade Krieg. Da die Kleinsten nicht mitspielen durften, saßen sie mit leuchtenden Augen im Sande und sahen den Großen zu. Ihre hellen Stimmchen feuerten die Kämpfenden an und jauchzend schlugen sie ihre Händchen zusammen, wenn Kriegsgefangene vorbeigetragen wurden. Der letzte sollte geschlachtet werden. Dieser Teil des Spieles wurde aber scheinbar allzu naturgetreu ausgeführt, denn ein jämmerliches Geheul ertönte aus der Gruppe der Krieger. Sofort legten sich die älteren ins Mittel und nach wenigen Augenblicken begann der Gefangene bereits unter Tränen zu lächeln. Beim Spiel europäischer Knaben wird man oft sehen, daß die Stellung des Führers, der seine Gefährten infolge seiner Kraft oder anderer Eigenschaften beherrscht, ebenso wichtig als begehrt ist. Den melanesischen Knaben fehlt jeder Ehrgeiz in dieser Richtung. Einmal ist dieser Führer, das andere Mal jener. Fast nie ist es der körperlich Stärkste, der den anderen seinen Willen aufzwingt."

Unabhängige Kindergruppen, Gemeinschaften in der Erwachsenengemeinschaft, sind nach Bronislaw Malinowski eine gesellschaftliche Besonderheit bei den melanesischen Trobriand-Insulanern [→ Erbanlage oder Milieu], Gruppierungen, die zeitweise gegenüber den Älteren in eine „Art Kollektiv-Opposition" treten. Und häufig setzen sich die Kindergruppen gegenüber den Erwachsenen auch durch.

Die Schweizer Ethnologin Florence Weiss, die nach Jahrzehnten die Forschungsnachfolge von Margaret Mead bei den Iatmul auf Neuguinea angetreten und sich insbesondere mit den Kindern befaßt hat, hebt die Bedeutung autonomer Kindergruppen hervor. Sie benennt deren „Charakteristika und Funktionen":

(1) Die autonomen Kinder- und Jugendlichengruppen sind ein Teil der sozialen Organisation des Iatmul-Dorfes. Es handelt sich um eine Institution, die von den Erwachsenen anerkannt wird.

(2) In diesen Gruppen sind die Kinder ohne Aufsicht der Erwachsenen und organisieren sich selbständig.

(3) Sie lernen soziales Verhalten, handwerkliche Fähigkeiten, erwerben Kenntnisse, nicht von den Eltern, sondern unter sich, von älteren Kindern.

(4) Die Kinder und Jugendlichen üben sich darin zu kooperieren, wie es später für Frauen in den Frauengruppen und für Männer in den Männergruppen typisch sein wird.

(5) Die Beziehungen unter den Kindern entlasten ihre Beziehungen zu den Erwachsenen und verkleinern ihre Abhängigkeit von ihnen. Umgekehrt ist es auch für die Erwachsenen eine Entlastung, wenn sich die Kinder selbst organisieren und sich selbständig beschäftigen.

Florence Weiss' Bewertung ihrer Beobachtungen klingt wie eine Zusammenfassung der oben dargestellten und anderer ähnlicher Verhältnisse im pazifischen Raum. Dabei hält sie sicher zurecht den Europäern einen Spiegel vor: „In den autonomen Kindergruppen entwickelt sich eine Art eigenständiger Kinderkultur. Die ökonomischen Voraussetzungen dafür sind die Freizeit, welche es den Kindern erlaubt, sich zu eigenen Aktivitäten zusammen zu schließen, und der freie Zugang zu den Produktionsmitteln. (...) Ebenso wichtig sind die Einstellungen der Erwachsenen diesen Gruppen gegenüber. Daß es in dieser Gesellschaft eine anerkannte, unabhängige Kinderkultur gibt, eine Kultur der Kinder im Gegensatz zu einer Kultur für Kinder, wie sie für unsere Verhältnisse charakteristisch ist, hängt mit der fehlenden Fixierung auf Entwicklung und Wesensunterschiede zusammen. Eine dauernde Einmischung von seiten der Erwachsenen zum Zwecke pädagogischer Zugriffe ist unnötig, ebensowenig ständige Kontrolle und Reproduktion der Eigenschaften, die den Kindern zugeschrieben werden. Erst mit der Erfindung der Kindheit wird die unabhängige Kultur der Kinder bedroht und eingeschränkt."

Dieser Vergleich mit unseren Verhältnissen entbehrt nicht einer gewissen Attraktivität, vor allem dort, wo auf die ökonomischen Verhältnisse [→ Arbeit] als wichtiger Faktor hingewiesen wird. Dennoch sind die Verhaltnisse bei uns ein wenig anders gelagert. Florence Weiss übersieht grundlegende Unterschiede, und zwar die Überschaubarkeit der Gruppen, von denen die Rede ist, und die Übereinstimmung der kulturellen Normen, denen sie sich verpflichtet fühlen.

In seiner 12bändigen Sammlung afrikanischer Volksdichtung, unter dem Reihentitel Atlantis bekannt, hat Leo Frobenius die ersten drei den nordafrikanischen Kabylen oder Berbern gewidmet. Bei der Befragung von kabylischen Informanten über ihre Lebensformen sah sich einer seiner Gewährsleute, ein alter Kabyle, bemüßigt, auf die Bedeutung der nachwachsenden Generation hinzuweisen: „Nach den Angelegenheiten der Männer und Frauen sollst du auch die der Kinder nicht vergessen, denn diese sind ebenso wichtig." Offensichtlich hatte der alte Mann wahrgenommen, wie das Interesse des Europäers vor allem auf die Erwachsenengesellschaft gerichtet war. Das Kapitel „Zeremonien der Knaben" im ersten Band ist wohl auf die Mahnung des alten Mannes zurückzuführen, womit sich der zuerst ignorante Forscher als lernfähig erweist. Ob er aber mit Kindern und Jugendlichen selbst gearbeitet hat, bleibt sein Geheimnis. Doch man vermutet, eher nicht!

„Die Kabylen-Burschen, die an Akli-vuzale (einem siebentägigen Kindermaskenfest) teilnahmen, bildeten untereinander eine Art Buschgemeinde. An ihrer Spitze stand der aghalidz uamhrar uakroch (Chef der Leute uakroch). Dieser Häuptling, der im Busch über die Leute eine gewisse Gerichtsbarkeit ausübte, hatte als Würdezeichen einen Stab. Ein Hemdchen ohne Ärmel über den Kopf geworfen, ein um die Lenden geschlagenes Tuch wie ein Frauenrock, der übliche Turban um den Kopf, – so sah sein Kleid aus. Dieser kleine Häuptling betete vor und nahm die Gaben in Empfang. Jedes Kind, das etwas schenkte, nahm er auf den Arm und flehte Gottes Segen auf dessen Kopf herab. Auch verteilte er die Gaben, setzte den Zeitpunkt für die Spiele fest, bestimmte die Persönlichkeiten für die Maskerade usw. Er war der Richter und Ordner; meist war es ein Fünfzehnjähriger und somit der älteste der kleinen Gesellschaft. Seine Anweisungen besprach er mit einem Greise der ersten Altersklasse. Alle Knaben, die die gleichen Feste in dieser Weise begingen, waren für ihr ganzes Leben bis in die höchsten Greisenjahre hinein mehr als nur altersgemäß miteinander verbunden. Man bezeichnet die entsprechende Gruppe mit dem Namen des Anführers (...)."

Gerade dieser letzte Satz des Zitats verweist auf eine zentrale Funktion solcher Kindergesellschaften oder auch Altersklassen. Die Zugehörigkeit zu einer Gruppe verbindet die Mitglieder zeitlebens aufs engste, sie verpflichtet sie in weitaus höherem Maße füreinander als die Blutsverwandtschaft [→ Einweihung]. Man könnte sagen, sie sind zur Freundschaft verdammt.

Bei den Tommo der Sahelzone werden die Jungen, sobald sie auch mit selbständigem Hüten betraut sind, Mitglied der Sanakurre. „Das Zeremonial dieses Knabenbundes, das dem Tomob kung der Mande entschieden ähnlich ist, findet kurz vor Beginn der Regenzeit bis zum Beginn der Saat statt. In einigen Ortschaften bedingt es für die Burschen eine Abwesenheit, ein Busch- und Höhlenleben von einem Monate, in einem anderen eine solche Zurückgezogenheit oder Verwilderung für nur wenige Tage. Anscheinend war die Zeitspanne früher länger als heute, andererseits ist es aber auch nicht ausgeschlossen, daß eine unerwartet frühzeitige Regenzeit dem von erstem Sinn belebten kindischen Spiel ein vorschnelles Ende bereitet.

Die Burschen bauen sich im Busch oder in einer Höhle ein Häuschen, das den Namen Arina ngina hat. Bei dem Häuschen leben sie. In dem Arina ngina steht ein Topf mit Wasser. Es sind kleine Tonpuppen darin, die Amba heißen. Amba ist soviel wie Gott (...) Die Knaben suchen Eidechsen und bringen diese als Opfer dar. Aber es ist noch Wertvolleres in dieser Arina ngina, nämlich die Lewe oder Laewe, das sind Steinbeile, alte Mühlmahlsteine oder jene konischen schweren Steinspitzen, die man hier und da als Reste einer uns bisher noch nicht ganz verständlich gewordenen Arbeitsweise der Steinzeit findet und die einem Kanonenprojektil nicht unähnlich sehen. Diese Steinkonusse sind bis an die Spitze in die Erde eingegraben und als besonders heilig erachtet. Man opfert ihnen, um Regen zu erlangen. Außer der Wartung dieser Arina ngina liegt den Burschen noch ein großes Tanzzeremonial ob (...). Ein älterer Knabe ist ihr Lehrmeister. (...) Der nächste wichtige Abschnitt für den Knaben ist der Eintritt in die Gruppe der (...) Beschneidungskandidaten."

Bei den Nupe in Nigeria gehören Kindergesellschaften zu den anerkannt üblichen Organisationen: „Wenn in einem Städtchen oder einem Stadtviertel eine gute Reihe gleichaltriger Knaben, normal zwischen 7 und 9 Jahren, sich angesammelt hat, die noch nicht in einem Jugendverbande ist, so wählen sie einen sog. Sokiara, der gemeiniglich ein Bursche von 10 bis 12 Jahren ist. Dieser Sokiara bleibt dann der Führer dieser Schar an die 10–20 Jahre, so lange, bis (wie der Volksmund sagt) der Bart anfängt zu kommen. Diese Bildung erfolgt zur Periode der emsigsten Farmarbeit. Sie bleibt als jüngste Sokiara des Ortes oder Stadtteiles etwa 7 Jahre lang, nimmt während der ersten 3 bis 4 Jahre den heranreifenden Nachwuchs in sich auf, überläßt aber dann die Übernahme noch jüngerer Reiflinge der Bildung des nächtsten Sokiara, der immer ca. 7 Jahre später als die vorhergehende ins Leben zu treten vermochte. (...) Wenn nun diese kleinen Jungen von 7–9 Jahren sich ihren Anführer gewählt haben, so gehen sie mit ihm zu einem bestimmten alten Mann, dessen Titel Dako Tsu ist. Dem muß von allen Sokiaramitgliedern ganz besondere Aufmerksamkeit gewidmet werden. Der junge Sokiaraführer und alle Knaben fallen vor dem Dako Tsu nieder. (Durch mehrfaches Nachfragen, ob er diese Jungen auch gut führen könne, und entsprechende Antwort, wird der ‚Jugendleiter' eingesetzt. Gleichzeitig werden die anderen ermahnt, ihrem selbstgewählten Führer bei Strafandrohung auch zu folgen.) (...) Die Tätigkeit der jungen Leutchen findet zunächst und im allgemeinen ihren Ausfluß in der Organisation der Jugendspiele, die anfangs die Knaben unter sich und später gemeinsam mit den Mädchen ausführen. Der Sokiaraleiter ist noch junge genug, um an Torheiten wie Kriegsspiele, Mäusefang und Baumklettern Gefallen zu finden. Und die bekannten Ringspiele, die in dieser Periode gelernt werden, erfreuen das Herz alter Leute nicht weniger als das der Jungen. (...)"

„Wenn die kleinen Mädchen nun beginnen auf den Markt zu gehen, Issa zu kochen und auf den Markt zu tragen, wenn sie also 10 Jahre alt sind, so treten sie in eine Art Klubwesen ein, ähnlich wie die Knaben, es beginnt für sie die Soroperiode. Eines Abends, nach der Heimkehr vom Markte, kommen die Gleichaltrigen zusammen. Sie wählen eine Soro, eine Anführerin, Lehrerin, eine ältere Freundin, die sie leite und auch schütze. Danach begeben sie sich alle gemeinsam zur Nako." Ähnlich wie bei den Knaben, wird die Gruppe auf die selbst gewählte Anführerin bei Strafandrohung eingeschworen. Fünf Tage später wird ein Tanzfest organisiert.

Eine sehr seltene Innenansicht einer Kindergesellschaft bei den Fulbe (und Bambara) aus den ersten beiden Jahrzehnten des 20. Jahrhunderts vermittelt der Fulbe-Gelehrte Amadou Hampâté Bâ in seiner Lebensgeschichte. In einem Kapitel „Gründung meiner ersten Altersklasse" schildert er in allen Einzelheiten die Gründung einer Waaldé und ihre Einbindung in die gesellschaftlichen Strukturen: „Unser Museum, einzig in seiner Art, war zum Treffpunkt zahlreicher Jungen aus dem Viertel geworden. Um sie im Schwimmen, im Pflücken, im Plündern von Gemüsegärten zu trainieren, mit ihnen Fußmärsche zu veranstalten, Tänze im Mondschein und Sitzungen, auf denen Geschichten erzählt wurden, scharten Daouda und ich schließlich eine kleine Gruppe um uns, die fest entschlossen war, uns überallhin zu folgen, manchmal auch gegen den Willen ihrer Eltern. Der Augenblick war gekommen, um unsere eigene Altersklasse oder *Waaldé* zu gründen. Zu Beginn waren wir elf Gründungsmitglieder, und hier sind ihre Namen und Spitznamen, die wir freundschaflicher und schelmischer Absicht unter uns benutzten: Daouda Maïga, genannt Kinel – die kleine Nase, Mamadou Diallo, genannt Gorel – das kleine Kerlchen, Seydou Sow, genannt Kellel – die kleine Ohrfeige, Amadou Sy, genannt Dioddal – der schlecht anfängt, Afo Dianou, genannt N'Goïré – die Peniseichel, Hammel, genannt Bagabouss – langer Lulatsch, Oumar Goumal, genannt Nattungal – der Faule, Madani Maki, genannt Gorbel – das Eselchen, Mouctar Kaou, genannt Polongal – der große Nagel, Bori Hamman, genannt Tiaw Tiaw – der Störer; und schließlich Amadou Hampâté, genannt Amkoullel – der kleine Koullel.

Meine Kameraden beschlossen, mich zum Vorsitzenden zu wählen. Daran war nichts Überraschendes, denn alle Mitglieder meiner Familie sind oder waren Vorsitzende von Vereinigungen. Mein Vater Hampâté hatte gegen 1870, nach seiner Rehabilitierung durch den König Tidjani Tall, die erste *waaldé* junger Fulbe in Bandiagara gegründet; meine Mutter Kadidja Pâté, ihr älterer Bruder Amadou Pâté, ihr jüngerer Bruder Hammadoun Pâté, ihre jüngere Schwester Sirandou Pâté und sogar Beydari, unser Vormund, waren alle Vorsitzende ihrer jeweiligen Altersklassen, was ihnen zu der Zeit eine recht große Macht verlieh.

Einstweilen mußte unsere Waaldé anerkannt werden, und es war erforderlich, ihrer Existenz einen offiziellen Charakter geben. Der erste Schritt bestand darin, mit einer älteren Vereinigung in Beziehung zu treten. Denn es war in der Tat üblich, daß jede jüngere Altersklasse unter der Schirmherrschaft einer älteren stand, die ihr gegenüber die Rolle einer Ratgeberin spielte und im Krisenfall die einer Beschützerin. Unsere Wahl fiel ganz selbstverständlich auf die Vereinigung meines großen Bruders Hammadoun.

Wir mußten auch einen Ältesten, einen ‚Vater' wählen, der unser *mawdo* sein sollte, eine Art Ehrenpräsident, der immer aus einer Vereinigung von Erwachsenen ausgesucht wird und traditionellerweise die Rolle eines Ratgebers und öffentlichen Repräsentanten spielt, so wie im Falle von Schwierigkeiten mit der Bevölkerung die Verteidigung der Vereinigung übernimmt. Wir erwählten Ali Gomni aus der Kaste der Schuster, einen Freund Hammadoun Pâtés, meines Onkels mütterlicherseits, und Mitglied seiner Vereinigung. Moïré Koumba, die Mutter von Daouda Maïga, ging zu ihm und überbrachte ihm unsere Bitte. Nach dem üblichen Zögern nahm er an und setzte das Datum unserer ersten feierlichen Zusammenkunft fest, in deren Verlauf wir unsere Führer wählen und die Geschäftsordnung unserer Waaldé festsetzen sollten. Jede Vereinigung war nämlich hierarchisch aufgebaut und ein Abbild der Gesellschaft des Dorfes oder des Gemeinwesens. Außer dem *mawdo*, dem Ältesten und Ehrenpräsidenten, der die Vereinigung nach außen vertrat, mußte sie ein amîru – Oberhaupt, einen oder mehrere Stellvertreter oder *diokko*, einen alkaali – Richter oder Kadi, einen oder mehrere Kommissare für die Disziplin oder öffentliche Ankläger – *mutassibi* haben und schließlich einen oder mehrere Griots, die die Stellung von Abgesandten oder Wortführern einnahmen.

Am festgesetzten Tag, als wir alle im Hof versammelt waren, ergriff Ali Gomni das Wort: ‚In erster Linie', sagte er; ‚müssen wir unserer Waaldé einen Vorstand und Führer geben sowie einen Namen, um sie aus der Anonymität zu holen. Wen wollt ihr als Vorsitzenden benennen?' ‚Unser Vorsitzender wird auf ganz natürliche Weise bestellt', antworteten die Gefährten, ‚es ist Amkoullel. Bei der Hälfte der Vereinigungen von Bandiagara steht ein Mitglied seiner Familie an der Spitze. Wenn er sich als würdig erweist, werden wir ihm folgen und für ihn kämpfen. Aber wenn er sich wie ein Idiot verhält, peitschen wir ihn aus, bis er Blut pißt, und keiner wird uns dazu bringen, aus Angst zu furzen!'

Ich wurde also zum Vorsitzenden gewählt, und die Waaldé erhielt den Namen ‚Waaldé von Amkoullel'. Mit dem Ausruf, den die Erwachsenen bei ihren großen Versammlungen zu benutzen pflegen, stimmten alle zu: ‚*Allahu townu dina!* – Gott erhöhe die Gemeinschaft!'

Die Versammlung wurde ohne Zwischenfall fortgesetzt, abgesehen davon, daß ein Teil der Mitglieder sich der Ernennung von Daouda Maïga zum Kadi widersetzte. Diese aufsässigen Kameraden hätten lieber einen Diallo, einen Cissé, einen Sow oder einen Dicko, die alle von vornehmerer Herkunft waren, als Kadi gesehen. Ali Gomni, unser *mawdo*, Ältester, der Daoudas Meister im Schuhmacherhandwerk war, übernahm seine Verteidigung. Er machte geltend, daß der alte Modibo Koumba, der Lehrer von Daoudas Mutter, der als sein Großvater angesehen wurde, selbst Kadi der mächtigen Vereinigung gewesen war, die Amadou Ali Thiarn, der Vater von

Tidjani Thiam, in den ersten Jahren des Königreichs von Bandiagara, bevor er Chef der Provinz Luta wurde, gegründet hatte. Zu ihrer Zeit hatte diese sich der Waaldé von Noumoussa Dioubaïrou widersetzt, einem der Generäle des Königs; sie vereinigte in ihren Reihen alle tapferen und edlen Söhne des Tukulorkönigreichs von Bandiagara.

Da ich Vorsitzender war, gab meine Meinung den Ausschlag. Ich konnte keinen sozialen Unterschied zwischen Daouda und mir sehen und gab ihm meine Stimme. Er wurde also als Kadi gewählt, trotz des Gejammeres eben jener Kameraden, die in Wirklichkeit selbst gern seinen Rang eingenommen oder notfalls lieber einen der ihren als Kadi gesehen hätten. Mamadou Diallo, genannt Mamadou Gorel – ‚das kleine Kerlchen' wurde zum zweiten Vorsitzenden gewählt. Madani Maki und Mouctar Kaou, Söhne von Griots, wurden zu Griots unserer Vereinigung ernannt. Ihre Aufgabe bestand darin, Zusammenkünfte einzuberufen und Beiträge einzutreiben, von denen sie selbst befreit waren. Sie würden Nachrichten übermitteln und bevollmächtigte Botschafter zwischen unserer Waaldé und den anderen Vereinigungen in der Stadt sein. Sie würden, kurz gesagt, die Rolle von Wortführern und Vermittlern spielen, genauso wie die erwachsenen Griots in der damaligen afrikanischen Gesellschaft. Alle anderen Mitglieder unserer Waaldé, deren Väter Griots waren, hatten die Verpflichtung, ihnen gegebenenfalls bei ihrer Aufgabe zu helfen.

Bori Hamman wurde unser *mutassibi*, das heißt unser Schnüffler und öffentlicher Ankläger. Der *mutassibi* war in allen Vereinigungen der bestgehaßte Mensch. Als eine Art Detektiv und Sittenkommissar oblag es ihm, bei allen Gelegenheiten auf die Einhaltung der Regeln zu achten und jede Verfehlung gegen Disziplin und Anstand anzuprangern. Afo Dianou, von der Stellung seiner Familie her *dimadjo* – Haussklave, wurde zum zweiten *mutassibi* und Assistenten Bori Hammans ernannt.

Nachdem der Rat eingesetzt war, arbeiteten wir unsere Geschäftsordnung aus, die denen anderer Altersklassen ziemlich glich. Zuwiderhandlungen wurden in erster Instanz vom Kadi verurteilt; der Angeklagte konnte beim Vorsitzenden Einspruch einlegen und dann, in einem dritten Schritt, bei der Generalversammlung unter Vorsitz des Ältesten. Die vorgesehenen Strafen waren abgestuft.

Bei den leichtesten Zuwiderhandlungen bestanden sie darin, daß man Strafen in Form von Kaurimuscheln oder Kolanüssen zahlen mußte, daß man völlig angezogen ins Moor geworfen oder mit Kalebassen voll Wasser geduscht wurde. Bei sehr schweren Delikten konnte die Strafe ein bis zu zehn Peitschenhiebe betragen – beziehungsweise zeitweisen oder endgültigen Ausschluß.

Die Sitzungen fanden unter Leitung des Vorsitzenden statt, dem der zweite Vorsitzende oder der Kadi zur Seite standen. Vollversammlungen wurden in der trockenen Jahreszeit wöchentlich und in der Regenzeit, genannt ‚Überwintern', monatlich abgehalten. Auf Beschluß des Vorsitzenden und von den Griots kundgemacht, konnten auch außerplanmäßige Zusammenkünfte einberufen werden.

Unsere Waaldé hatte sich ordnungsgemäß konstituiert und konnte mit der Arbeit beginnen. Alle jüngeren Mitglieder aus der Waaldé meines älteren Bruders Hammadoun verstärkten nun die unsere, da sie besser ihrem Alter entsprach. Im Laufe der Zeit gewann sie ziemliche Bedeutung. Später, gegen 1912, wenn wir eine gegnerische Vereinigung aus einem anderen Viertel geschluckt haben werden, sollte sie sogar bis zu siebzig aus allen ethnischen und sozialen Schichten Bandiagaras stammende Jungen umfassen."

Nach dieser ungewöhnlich plastischen Schilderung sieht sich der Erzähler veranlaßt, die Lebensverhältnisse seiner Kindheit und Jugend für die erwarteten westeuropäischen Leser zu kommentieren. Und er liefert dabei drei wichtige Hinweise für das Verstehen: Kindergesellschaften seien eine „echte Schule des Gemeinschaftslebens", sie seien trotz aller Eigenständigkeit Teil der Gesellschaftsstruktur, und die Bedeutung des gesprochenen Wortes sei allumfassend: „Manche westlichen Leser werden sich vielleicht darüber wundern, daß Jungen im Durchschnittsalter von zehn bis zwölf Jahren so regelmäßig Versammlungen abzuhalten und eine solche Sprache zu führen imstande waren. Das kommt daher, daß alles, was wir unternahmen, darauf abzielte, das Verhalten der Erwachsenen nachzuahmen, und daß vom zartesten Alter an der Boden, der uns nährte, das Wort war. Es fand keine Zusammenkunft, kein Palaver, keine Gerichtssitzung statt – mit Ausnahme von Kriegsversammlungen oder Zusammenkünften der Geheimgesellschaften – ohne unsere Anwesenheit, unter der Bedingung, daß wir uns ruhig verhielten und schwiegen. Die Sprache von damals war blumig, üppig, mit beziehungsreichen Bildern beladen, und die Kinder, die weder Ohren noch Zunge in der Tasche trugen, hatten keine Mühe, sie wiederzugeben; soweit ich konnte, habe ich eher versucht, ihre Reden zu vereinfachen, um den Leser nicht allzusehr zu verwirren. Auch die Vorschriften waren der Welt der Erwachsenen entliehen. Das Leben der Kinder in den Altersklassen stellte tatsächlich eine echte Schule des Gemeinschaftslebens und der Verantwortlichkeiten dar, unter dem unauffälligen, aber wachsamen Blick der Älteren, die die Schirmherrschaft innehatten."

Ähnliche Vereinigungen wie für die Jungen gibt es auch für die Mädchen. Und das Ziel beider Kindergesellschaften heißt, sich in Partnerschaften zusammenzuschließen. Und auch die Durchführung solcher Zusammenschlüsse hat man nicht dem Zufall überlassen, sie bedurfte eines komplizierten und aufwendigen Zeremoniells. Die Betroffenen wurden durch diese Partnerschaften, in Anlehnung an Begriffe französischer Ethnologen, zu „Valentins" und „Valentinas". Amadou Bâ beschwört bei seiner ebenfalls ausführlichen Darstellung der Zusammenführung seiner Waaldé mit einer angesehenen Waaldé der Mädchen die damit verknüpften platonischen Absichten: „Am nächsten Abend fand eine Generalversammlung der Mädchen und Jungen statt, die bei Martou Nawma in Gegenwart von Ali Gomni abgehalten wurde. Unsere beiden Ehrenpräsidenten schritten zur offiziellen Vermählung der Jungen und Mädchen. Der Sitte gemäß wurde jeder ein führendes Amt einnehmende Junge der Valentin eines leitenden Mädchens. Ich wurde also der Valentin von Maïrama Jeïdani, Daouda Maïga der von Aye Abbasi und so fort. Was die übrigen Mitglieder beider Vereinigungen angeht, so wurde jedem Mädchen durch das Los sein Valentin zugesprochen. (...) Tatsächlich legte jeder Junge Wert auf seine ganz persönliche Valentina, so klein und häßlich sie auch sein mochte, damit er eine hatte, der er den Hof machen, der er dienen, die er beschützen konnte und die ihn persönlich für verantwortlich hielt. Und wirklich: Wenn die Tradition es auch zuließ, daß der Valentin auf galante Weise mit seiner Valentina scherzte – heute würde man von Flirten sprechen –, so war es doch ausdrücklich Bedingung, ihre Keuschheit zu achten. Er konnte die Schönheit seiner Valentina in Gedichten besingen, ihre Tugenden und Verdienste rühmen, ihr seine Heldentaten widmen und ihr in der Gesellschaft eines Griot einen poetischen und musikalischen Abend darbringen, die Gemeinschaft sah ihn immer als den persönlichen Bürgen für die Reinheit des jungen Mädchens an, und das bis zur Heirat. Für ihn und für seine ganze Familie ging es dabei um eine Ehrensache.

Da schon in der Kindheit die Ehen zwischen Cousins und Kusinen abgemacht wurden, kam es recht selten vor; daß ein Valentin seine Valentina heiraten konnte – man nannte das ‚Honig in die Milch geben'. Es war also eine Frage seiner Ehre und seines Ruhms, seine ‚Dame' als Jungfrau in die Ehe zu führen. Man sagte von ihm: ‚An der Seite eines köstlichen Mahls ist er imstande, Hungers zu sterben, anstatt es anzurühren.' Ihm wurde, als Herr seiner Triebe, bestätigt, daß er sich des in ihn gesetzten Vertrauens würdig erwies, und so wurde er von Rechts wegen der beste Freund der Eheleute.

Gewiß würde ich mich nicht für die Tugendhaftigkeit aller Valentins und Valentinas durch die Jahrhunderte hinweg verbürgen, aber ich bin mir sicher, daß ich während meiner ganzen Jugendzeit in Bandiagara nie auch nur von einem Fall gehört habe, wo ein Valentin die Ehre seiner Valentina nicht respektiert hätte – und wie die Dinge nun einmal liegen, man hätte davon erfahren!"

Als die französischen Ethnologen Marcel Griaule und Michel Leiris in den Jahren1931–1933 eine Expedition vom westafrikanischen Dakar bis zum ostafrikanischen Eingang des Roten Meeres nach Djibouti unternahmen, haben sie unterwegs unter anderem auch die Kindergesellschaften der Peul (Fulbe) und Bambara erforscht. In seinem Tagebuch hat Leiris ausführlich darüber berichtet. Er findet es bemerkenswert, mit Kindern zu arbeiten, eine Feldforschungsmethode, die bis dahin durchaus ungewöhnlich ist: „Es ist viel angenehmer, mit den Kindern zu arbeiten als mit den Erwachsenen: Die meisten von ihnen sind wirklich ausnehmend klug und lebhaft." In der Eintragung vom 12. August 1931 bestätigt er, gewissermaßen in einer Art Außenansicht, die komplizierte Struktur der Kindergesellschaften der Peul, aber gleichzeitig verleiht er der doch idealistisch gestimmten Schilderung Amadou Bâs über die platonischen Partnerschaften der Jungen- und Mädchengesellschaften ungewollt einen Dämpfer: „Ich habe kaum ein paar Worte mit dem kleinen dreizehnjährigen Peul Salam Sidibé, der auch Bambara spricht, gewechselt, als ich schon wieder auf eine Organisation der Kinder stoße: Die Gesellschaft des goumbé, eine galante Vereinigung von noch nicht oder gerade erst beschnittenen Jungen und Mädchen, die in gleicher Zahl vertreten sind. Die Gesellschaft hat eine komplette Hierarchie mit Präsident, Vize-Präsident, Präsidentin, Vize-Präsidentin usw. Mein Informant hat seinerseits den Rang des almani oder Beters, denn er ist Schüler der Koranschule. Es finden alle zwei Wochen Tanzveranstaltungen statt und dreimal im Jahr (in der Nacht vom 13. auf den 14. Juli, in der Nacht des Ramadan und in der des Tabaski-Festes) eine große rituelle Orgie: ein gewaltiges Nachtmahl an kleinen Tischen im Geviert des Präsidenten, mit reichlichem Genuß von Milch, Reis, Hammelfleisch (der Hammel ist am Nachmittag vom Präsidenten selbst geschlachtet worden), Makkaroni, Ölsardinen, Zigaretten, Sirup usw., mit europäischen Tänzen zur Akkordeonbegleitung und allgemeinem Geknutsche der jungen Paare, von denen sich einige unter den kleinen Tischen lieben. Fast alle Mitglieder der Gesellschaft gehen zur Schule. Die Eltern greifen während der Lustbarkeiten nicht ein: Sie sind zu Beginn des Mahls schlafen gegangen."

In der nachfolgenden Episode schildert die Chinesin Chen Dayan Kindheitserlebnisse während der Kulturrevolution. Mittelschüler und Studenten hatten sich als Rote Garden formiert. Ihre Macht gegenüber der etablierten Gesellschaft schien unbegrenzt. Wenn eine Gesellschaft aus den Fugen gerät, wie sollten die Kinder und Jugendlichen davon ausgeschlossen sein? Aber wehe den Gruppenführern der Roten Garden, deren eigene Eltern öffentlich konterrevolutionärer Verbrechen beschuldigt wurden, wie es hier der Fall gewesen ist. Aus Tätern wurden dann Opfer, und die Mittäter kannten keine Gnade. Jedenfalls, Chen Dayans dominierende Erfahrung ist die Verstrickung aller Kinder, auch ihre eigene, in das damals waltende Netz von Denunzierung, Repression und Anpassung: „Kinder sind keine Engel, wie manche Erwachsenen meinen.":

„Lao Ying kam an diesem Tag zu spät zur Schule. Während die Klasse noch ganz aufgeregt durcheinanderredete und der Lehrerin berichtete, was am Vorabend geschehen war, erschien sie plötzlich in der Tür des Klassenzimmers und blieb dort stehen. Die Tür stand offen, da die Zeit vorbei war, in der die großen Schüler den Unterricht störten. Im Flur war es dämmrig. Lao Ying stand schmal und zögernd im Türrahmen und sah wie ein verregneter Vogel aus: wachsam, verängstigt, den Hals eingezogen vor Kälte.

Die Kinder musterten ihre ehemalige Anführerin ungerührt, so wie sie früher Xiao Xuezi und mich angestarrt hatten. Auf ihren Gesichtern lag der gleiche triumphierende Ausdruck. Kinder sind keine Engel, wie Erwachsene manchmal meinen. Sie können echt böse sein, und zwar aus reinem Vergnügen. Sie begehen Gemeinheiten aus Spaß, denn sie lieben es, anderen Leuten Streiche zu spielen. Auch sind sie unstet, wenden sich schnell etwas Neuem zu, schieben das Alte beiseite und genießen es, eine neue Zielscheibe zu haben.

Wenn das neue Opfer gar ein Kind ist, das sie bisher immer herumkommandiert hat, dann wird es besonders spannend. Lao Ying war der Liebling der ganzen Klasse gewesen, von der Lehrerin verhätschelt, von den Kindern gefürchtet und bewundert. Und jetzt war sie dran!

Auch meine Gefühle schlugen um. Als ich die grausamen Gesichter der Kinder auf Lao Ying gerichtet sah, war ich erleichtert. Nun war doch noch der Tag gekommen, an dem dieses Mädchen da vorn in der Tür am eigenen Leib erfahren mußte, wie es ist, wenn man von den anderen angefeindet wird. Endlich wurde sie zur Rechenschaft gezogen in diesem bösen Kinderspiel."

Die Beispiele aus Ozeanien und Afrika lehren uns, dort sind die Gruppierungen der Kinder und Jugendlichen immer altersheterogen. Man rechnet offensichtlich damit, daß die Mitglieder der Spielgruppen, Kindergesellschaften und Altersklassen nie alle dem gleichen Altersjahrgang angehören. Diese Altersdifferenz der Gruppenmitglieder eröffnet Möglichkeiten der Betreuung, informeller Partnerschaften und Selbsterziehung, allerdings unter der Voraussetzung unwidersprochener gesellschaftlicher Ziele. Altershomogene Gruppierungen, Peers, wie sie bei uns vor allem durch die langen Schulzeiten üblich geworden sind, behindern solche Effekte. Die reformpädagogische Konzeption des Jenaplans von Peter Petersen hat die Notwendigkeit der Altersdifferenz schon seit langem erkannt und versucht sie im Prinzip der Stammgruppen zu verwirklichen.

Hugo A. Bernatzik: Südsee. Leipzig: Bibliographisches Institut 1934 – Urie Bronfenbrenner: Erziehungssysteme. Kinder in den USA und der Sowjetunion. München: dtv 1973 – Leo Frobenius: Volksmärchen der Kabylen. 1. Band. Weisheit. Und: Spielmannsgeschichten der Sahel. Beide Jena: Diederichs 1921 – Michel Leiris: Phantom Afrika. Tagebuch einer Expedition von Dakar nach Djibouti 1931–1933. Erster Teil. Frankfurt/M. : Syndikat 1980 – Johannes W. Raum: Die Stellung des Kindes und Jugendlichen in einer repräsentativen Auswahl von Stammesgesellschaften. In: E. Kühn u. a., Das Selbstbestimmungsrecht des Jugendlichen im Spannungsfeld von Familie, Gesellschaft und Staat, Bielefeld: Gieseking 1978 – Florence Weiss: Von der Schwierigkeit über Kinder zu forschen. Die Iatmul in Papua-Neuguinea. In: J.-M. van de Loo, Margarete Reinhart: Kinder. Ethnologische Forschungen in fünf Kontinenten. München: Trickster 1993, S. 96–151

Kindheit

→ Kindsein → Kinderwelten → Kinderrechte → Identität

„Unverschämt, daß wir Knirpse genannt worden sind", empörten sich vor einiger Zeit Schüler einer vierten Grundschulklasse über einen Bericht in der regionalen Tageszeitung, der ihren Besuch in der örtlichen Polizeistation zum Thema hatte. Mit ihrer Gegendarstellung reagierten die Kinder auch auf fehlerhafte Berichterstattung in jener Gazette. Selbstverständlich demokratisch, wie die Redaktion sich wohl sieht, hat sie den Leserbrief zwar veröffentlicht, aber eine Entschuldigung konnte sich der Schreiber nicht abringen. Vermutlich haben er und die Verantwortlichen nicht einmal begriffen, worum es den Kindern ging. Diese haben registriert, daß man es als wichtig ansieht, wenn sie mit ihrer Lehrerin die Polizeistation besuchen. Schließlich sollen sie ja alle einmal gesetzestreue Bürger abgeben, aber ernst genommen als Person werden die Kinder dabei nicht. Ob man will oder nicht, das Schimpfwort Knirpse drückt Geringschätzung aus. So etwas sagt man nur, wenn man jemand nicht für voll nimmt. Würde man den Schreiber zur Rede stellen, wäre denkbar, daß er beteuert, er habe es nicht so gemeint. Aber seine Einstellung ist symptomatisch für unsere Gesellschaft. Sie spiegelt die Probleme unserer Gesellschaft mit Kindern, mit Kindsein, mit Kindheit überhaupt. Man hält Kinder zwar für ungemein wichtig, aber ernst nimmt man sie nicht. Janusz Korczak hat genau das gemeint, wenn er das Recht des Kindes auf Achtung als grundlegendes Kinderrecht einfordert. Und die UN-Konvention über die Rechte der Kinder vom November 1990 fordert unter anderem das „Recht auf Schutz vor allen Formen der Diskriminierung ...".

In der wissenschaftlichen Diskussion ist Kindheitsforschung zu einem Fachdisziplinen übergreifenden Thema geworden. Initialzündung dafür war eine Arbeit des französischen Historikers Philipp Ariès, die, 1960 in Paris erschienen, erst fünfzehn Jahre später ins Deutsche übersetzt wurde. Mittlerweile forscht man überall in Kindheit, bei den Pädagogen, Psychologen, Soziologen, Ethnologen und den Spezialisten der Kinder- und Jugendliteratur. Kindheitsforschung boomt – zu Recht und notwendigerweise!

Allerdings, eine solche, teilweise vergessene Phase hat es bereits zu Anfang des 20. Jahrhunderts gegeben. Ariès hat mit seiner „Geschichte der Kindheit" aufmerksam gemacht, daß die gesellschaftliche Einschätzung der Kindheit einem historischen Wandel unterworfen ist. Er meint sogar, bis ins 17./18. Jahrhundert seien Kinder in Mitteleuropa, im Vergleich zu heute, besser dran gewesen, weil sie an allen Bereichen des gesellschaftlichen Lebens hätten teilnehmen können. Kinder (und Jugendliche) heute seien von der Erwachsenengesellschaft isoliert, in Schonräume abgeschoben. Auch wenn man einräumen muß, daß Ariès vereinfacht und idealisiert, denn Beteiligung an der Gesellschaft bedeutete auch Mitarbeit, d. h. Kinderarbeit, ganz von der Hand zu weisen ist der Isolierungsgedanke sicher nicht. Vermutlich hängt die oben kritisierte, häufig zu beobachtende Mißachtung der Kinder und des Kindseins auch damit zusammen.

Könnten die Vorstellungen über Kindheit bei anderen Völkern möglicherweise eher denen ähneln, die Ariès bis ins 17./18. Jahrhundert als typisch für mitteleuropäische Verhältnisse ansieht? Viele Hinweise auf die in solchen Kulturen übliche Beteiligung der Kindern an allen Aktivitäten des alltäglichen Lebens scheinen dafür zu sprechen.

Die zwölfbändige Sammlung afrikanischer Volksmärchen und -dichtungen, Anfang des 20. Jahrhunderts durch Leo Frobenius aufgenommen, entpuppt sich in dieser Hinsicht in ihren umfangreichen Begleittexten als eine Fundgruppe ethnologischer Kindheitsforschung.

Schon der erste Band befaßt sich ausführlich mit den kabylischen Knabenzeremonien. Ein alter Kabyle hatte Frobenius auf deren „organische" Einheit mit den Sippenzeremonien aufmerksam gemacht: „Nach den Angelegenheiten der Männer und Frauen sollst du auch die der Kinder nicht vergessen, denn diese sind ebenso wichtig". Von Isolierung der Kinder- und Jugendgeneration kann hier keine Rede sein.

Der vierte Band „Sudan" enthält Berichte über neun verschiedene Völker:Tschamba, Dakka, Mundang, Lakka, Baja, Bokko-Nandji, Durru, Bum, Mulgoi-Kanuri. Kulturell stimmen alle in einer deutlichen männlichen Altersklassifizierung überein. Sie beginnt mit dem Baby oder Kleinkind, setzt sich fort mit den Phasen: Unbeschnittener, Beschnittener, Verheiratete, Familienväter, Greise. Eine Ausnahme bilden die Lakka: „Genau wie die Baschama kennen auch diese an der Peripherie Adamauas wohnenden Lakkastämme die Beschneidung der Burschen nicht, ebensowenig wie eine Exzision der Mädchen." Aber es existiert eine klare Klassifizierung in Altersgruppen. Man unterscheidet die Jungen in Gong (o) tigiriba = Säugling, (o) dariba = Bube von drei bis fünf Jahren, (o) gadji = Bube von sechs bis neun Jahren, (o) togo = Bursche vor der Ehe, dingau = junge verheiratete Männer, dogo-togo = ältere leitende Familienväter, bukau = Greise. Mit diesen Begriffen sind Stellung, Aufgaben und Möglichkeiten der einzelnen Altersphasen in der Gesellschaft verbunden. Da alle diese Phasen durchlaufen, und der Übergang vom Kindsein zum Erwachsenen durch Inititationsrituale klar markiert ist, gibt es für die Mitglieder der fortgeschrittenen Gruppen keinen Grund, auf die vorangegangenen herabzuschauen. Bei den Gesellschaften, in denen die Beschneidung den Wendepunkt von familienzugehöriger Kindheit zur stammesgesellschaftlichen Orientierung bezeichnet, kann es für die Jungen ein großes Problem werden, wenn sie aus nicht selbst zu verantwortenden Gründen nicht im rechten Alter beschnitten werden. Sie müssen dann häufig unter Diskriminierungen ihrer Altersgenossen leiden, wie der Fulbe Amadou H. Bâ berichtet. Das Bestreben, zu den Großen, eigentlich zu den Erwachsenen zu gehören, ist ein weltweit beobachtbares „natürliches" Entwicklungsphänomen. Umso schlimmer, wenn, aus welchen Gründen auch immer, Erwachsene den Kindern und Jugendlichen die Achtung versagen. [→ Einweihung]

Die Galla Äthiopiens gehören zu den Viehzüchtervölkern Ostafrikas. Sie sind unter Ethnologen besonders bekannt, weil sie ein hochkompliziertes Altersklassensystem entwickelt haben, das Gada-System. „Die zentrale Idee des Gada-Systems bildet eine starre Zahlenordnung. Sie stellt einen Versuch dar, das Leben der Gemeinschaft und des einzelnen in ein festes Schema zu pressen, das sich nicht unbedingt nach den natürlichen Gegebenheiten des menschlichen Seins richtet, sondern ohne Rücksicht auf die Wirklichkeit Geburt, Zeugungsfähigkeit, Heirat und sogar den symbolischen Tod regelt." Innerhalb dieses Systems werden Gruppen, Klassen und Ränge unterschieden. Die Söhne werden in die Gruppe der Väter hineingeboren, können aber ungeachtet ihres eigenen Alters erst 40 Jahre nach ihren Vätern und 80 nach ihren Großvätern aufgenommen werden. Innerhalb der ersten 40 Jahre durchlaufen sie ein fünfstufiges Klassensystem mit einem zeitlichen Abstand von acht Jahren. Die Übergänge von Klasse zu Klasse werden mit

Festen begangen. Die erste und zweite Stufe ist die von Kindern, die dritte die von Jünglingen, die vierte und fünfte die von Jungmännern. Vor der fünften Stufe soll kein Mann heiraten oder Kinder zeugen. Die sechste Stufe ist die sogenannte Gada-Klasse, deren Mitglieder die höchsten Führungsränge einnehmen. Diese Ämter beruhen teilweise auf Wahl, teilweise auf Vererbung. In dieser achtjährigen Phase finden die für einen Galla wichtigsten Zeremonien statt. Die siebte, achte, neunte Klasse umfaßt Männer, die keine gesellschaftlichen und religiösen Verpflichtungen mehr haben, sondern sich nur ihren Familien und Herden widmen. In der zehnten Klasse wird der Austritt aus dem System vorbereitet. Das dazugehörende Fest ähnelt einer Totenfeier, nach der die Betroffenen gesellschaftlich tot sind – ohne Rechte und Eigentum. Allerdings führt eine solch starre Klassifizierung des Lebensverlaufs zu Verzerrungen, die nur mühsam durch Zusatzordnungen aufgefangen werden. Kinder, die in ein solches System hineinwachsen, werden jedoch zu keiner Zeit Probleme mit ihrer Identität haben. Sie lernen sehr früh, wer sie sind und wohin sie gehören.

Anhand von Interviews und selbstbiographischen Geschichten porträtiert der Hindu Prafulla Mohanti sein Heimatdorf Nanpur im indischen Bundesstaat Orissa. Darin ist auch der Stellenwert von Kindheit in der hinduistischen Kastengesellschaft dokumentiert. Einerseits existiert ein alle Kasten übergreifendes Verständnis des Lebenszyklus (Brahmacharya – Kindheit/Jugend; Grahastha – Heirat und Familienleben; Banaprasta – Rückzug vom Leben; Sanyasa – Entsagung der Welt mit Gebet und Meditation), andererseits herrscht eine extreme Diskriminierung zwischen den Kasten. Offensichtlich spüren und registrieren gerade Kinder das damit verbundene Unrecht. Zwei Beispiele können das belegen: eines aus der rückblikkenden Erinnerung eines erwachsenen Unberührbaren, ein anderes, das die Befragung eines Jungen aus der ranghöchsten Kaste der Brahmins wiedergibt.

Kilas Jena, ein 41jähriger Unberührbarer, erinnert sich unter anderem an Kindheitserfahrungen in der Schule: „Als ich in der Schule war, gab es keine Kastenunterschiede. Mahatma Gandhi hatte diese Revolution verursacht. Er verlangte vom indischen Volk gleiche Rechte für die Unberührbaren. Deshalb haben sie ihm auf gewisse Weise gehorcht. In der Schule saß ich neben Kindern aus höheren Kasten. Wir haben gemeinsam gebetet und gegessen. Außerhalb der Schule war es dann anders. Der Idealismus der Schule hat das Dorfleben nicht beeinflußt. Wenn ich einen Freund besuchen wollte, durfte ich nur vor dem Hause mit ihm reden. Er berührte mich dabei nicht. Die Kinder in der Schule konnten die Kastenunterschiede nicht verstehen, und ich war eines davon. Ich glaube, die Eltern sagten ihren Kindern immer, ‚wenn du in der Schule bist, darfst du diesen unberührbaren Jungen nicht anfassen. Und iß nicht mit ihm.' Die Kinder sagten dann ‚ja, ja' zu allem. Doch in der Schule hatten sie es vergessen und spielten mit mir. Doch wenn ihre Väter in die Schule kamen, wurden die Kinder vorsichtig."

Ashoka Panda, ein dreizehnjähriger Brahmin, antwortet auf Mohantis Fragen: „Ich heiße Sri Ashoka Panda. Meines Vaters Name ist Sri Lakshmidhara Panda. Ich bin dreizehn. Ich trage den heiligen Umhang seit ich zwölf Jahre alt bin. Damals habe ich auch mit den religiösen Riten begonnen. Mein Vater lehrte mich zu beten. Der Guru übergab mir ein Mantra. – Welches Mantra? – Schweigen! – Ein Mantra, um zu den Göttern zu beten. Um Ghi (reine Butter) dem Feuer zu opfern. – Warum bringst du dieses Opfer? – Ich weiß nicht, weshalb das die Leute machen. Mein Vater hat es mir aufgetragen. Ich besuche jeden Morgen fünf Haushalte und bete zu ihren Hausgöttern. Ich besuche auch die Schule, zur Zeit die Klasse VI. – Glaubst du an die Verehrung der Götter? – Schweigen! – erneute Frage! – Ja! (antwortet er leise) – Wer ist Gott? – Schweigen! – Warum verehrst du ihn? – Um Weisheit zu erlangen. Wer ihn verehrt, wird weise. Da ich ihn anbete, werde ich auch Weisheit erlangen. – Geben dir die Leute Geld? – Ja, aber ich weiß nicht wieviel. Mein Vater weiß es. Wir sind zwei Brüder und fünf Schwestern. Mein Bruder ist jünger als ich. Er wird auch den heiligen Umhang bekommen und die Götter anbeten. – Was willst du nach diesen religiösen Studien tun? – Ich werde arbeiten. – Welche Arbeit? – Schweigen! – Wirst du im Dorf bleiben oder in die Stadt gehen? – Ich werde in der Stadt arbeiten. – Wenn du arbeitest, wirst du dann noch Zeit haben, die Götter zu verehren? – Nein, ich werde in einem Tempel arbeiten und die Götter verehren. – Wie willst du das hinkriegen? – Mein Vater gibt mir Geld. Er weiß nicht, wie man eine Farm betreibt, er hat es nicht gelernt. Es ist uns ja erlaubt, eine Farm zu betreiben. – Kannst du das denn? – Schweigen! – Die anderen Kinder im Dorf wissen nicht, wie die Götter verehrt werden müssen. Bist du anders als sie? – Ja! – Unterscheidest du dich von den Kindern der Unberührbaren? – Schweigen! Nachdenken! – Sie kennen die Gebetsrituale nicht. Wir wissen, daß wir zur höchsten Kaste gehören. – Woher weißt du das? – Mein Vater und meine Verwandten haben mir das gesagt. – Magst du diese Welt? Und das Dorf? – Schweigen! – Wer sind deine Freunde? (Er zählt eine Reihe von Namen auf, alles Kinder aus hohen Kasten.) – Hast du auch einen Freund aus einer Wäscher-Familie? – Nein! – Hast du Freunde unter den Unberührbaren? – Ja! – Liest du mit ihnen? Spielst du mit ihnen? – Nein! – Warum? – Weil mein heiliger Umhang unrein werden würde. – Wer sagt dir das? – Der Priester. – Was mußt du tun, wenn der Umhang unrein wird? – Ich muß ein Bad nehmen und einen neuen Umhang haben. – Fühlst du dich deshalb unglücklich? – Ja! – Weswegen? Weil dein Umhang unrein werden könnte oder weil du nicht mit deinen Freunden spielen kannst? – Weil ich nicht mit meinen Freunden spielen kann. – Was willst du aber tun? – Mit allen Kindern spielen. Mit allen gleich sein. – Warum sagst du das nicht dem Priester? – Warum sagst du das nicht deinem Vater? – Ich habe nie mit ihnen darüber gesprochen. – Welchen Unterschied gibt es zwischen dir und den Kindern der Unberührbaren? – Es gibt keinen Unterschied. – Was denkst du über sie? – Sie sind Freunde. – Wie wird deine Beziehung zu ihnen sein, wenn du erwachsen bist? – Schweigen!“

Zwei Sichten auf Kindheit in der Kastengesellschaft, Blicke von der untersten und der obersten Ebene, vermitteln auch zwei Versionen des Betroffenseins. Die rückblickende Darstellung des Unberührbaren kennt die Erfahrung der Gleichheit in der Schule, ausgelöst durch die weltweit anerkannte religiös-politische Autorität Mahatma Ghandis. Prinzipielle Gleichheit aller Kasten hieß seine Vision. In den staatlichen Institutionen scheint sie auf fruchtbaren Boden gefallen zu sein, verwirklicht wohl auch durch die in dieser Hinsicht unbefangeneren jüngeren Schüler. Doch der Druck der Erwachsenen aus den höheren Kasten auf ihre Kinder hat diese Erneuerung außerhalb der Schule nicht Fuß fassen lassen. Das Interview mit dem jungen Brahmin spiegelt dessen zwiespältige Empfindungen. Auf der einen Seite sieht er sich der Tradition und den Privilegien seiner Kaste verpflichtet, wie sie die Familie vertritt. Man ist verantwortlich für die Durchführung religiöser Zeremonien in einer Reihe von Familien verschiedener Kasten. Und diese müssen dafür mit Geld, Kleidern und Essen bezahlen. Das äußere Symbol ist der heilige Umhang (sacred thread), der durch Kontakt mit Unberührbaren unrein wird. Die andere Seite ist geprägt von Sympathien zu Kindern aus der Pariakaste, die eigentlich nur durch persönliche Kontakte entstanden sein können. Und der Junge spürt wohl auch die prinzipielle Gleichheit aller Kinder. Vor die Alternative gestellt, Unreinheit seines Umhangs oder Spielen mit seinen unberührbaren Freunden, entscheidet er sich für die Freunde. Der Interviewer macht sogar die subversive Anregung, mit den Verantwortlichen über die Diskriminierung zu sprechen. Eine für den Jungen bisher nicht in Erwägung gezogene Möglichkeit. Ob er aber damit wirklich operieren kann, bleibt offen – genauso wie die Frage, wie sich sein persönliches Verhältnis zu den unberührbaren Freunden zukünftig entwickeln könnte. Werden die tradierten Privilegien obsiegen oder kann er sich seine kindlich-jugendliche Unbefangenheit bewahren, so daß sie ihm eigenständiges Handeln ermöglicht? Unabhängig vom speziellen kulturellen Hintergrund der Hindugesellschaft dokumentieren diese beiden Perspektiven auch die Fähigkeit von Kindern und Jugendlichen, ihren Status in einer Gesellschaft wahrzunehmen und darüber nachzudenken. Selbstbild und Identität werden davon geprägt.

Über die Stellung des Kindes und Jugendlichen in fünf Stammesgesellschaften hat Johannes W. Raum gearbeitet, über die San, Jäger und Sammler in Südwestafrika; die Tikopia, Pflanzer in Melanesien; die Tallensi, Pflanzerhirten in Westafrika; die Gusii, Hirtenpflanzer in Ostafrika; die Samburu, Hirten in Ostafrika. Nach Diskussion und Vergleich des einschlägigen Forschungsstandes kommt er zu folgendem Ergebnis, „daß die Angehörigen von Stammesgesellschaften gar nicht anders können, als ihren Kindern und Jugendlichen wegen der vorliegenden ökologisch-ökonomischen Bedingungen eine bestimmte Stellung in der Gesellschaftsordnung einzuräumen und für sie passende Erziehungsformen zu entwickeln. Tun sie das nicht, dann droht der Zusammenbruch ihres gesamten Wirtschaftssystems und damit ihrer gesamten Kultur und ihrer Gesellschaftsordnung. Ein Ethnologe kann nur vermuten, daß Entsprechendes auch für unsere Gesellschaft gilt.

Wenn wir von den Stammesgesellschaften lernen könnten, daß sie häufig im Rahmen ihrer Möglichkeiten optimale Lösungen für gesellschaftliche Probleme wie das der Stellung von Kindern und Jugendlichen entwickelt haben, während wir die Möglichkeiten, die uns die technische Überlegenheit unserer Kultur bietet, noch keineswegs ausgeschöpft haben, dann wären wir einen erheblichen Schritt weiter gekommen."

Grundvoraussetzung, um einen Schritt weiter zu kommen, wäre, Kindsein, Kindheit und auch Jugend als eigenwertige Lebensphasen anzuerkennen, nicht als minderwertige unvollkommene Durchgangsstadien. Um eine eingangs formulierte These zu bestätigen: Kinder und Jugendliche sollten nicht nur als wichtig betrachtet, sondern auch in ihrem Menschsein ernstgenommen werden. Das hat nichts mit Idealisierung zu tun. Kinder und Jugendliche müssen nicht erst Menschen werden, sie sind es im vollen Sinne von Anfang an, auch mit guten und schlechten Eigenschaften. Ihre Existenz bewegt sich zwischen Angewiesensein und Selbstverfügung. Wären Kinder die besseren Menschen, hätte das Kinderparlament, das in Korczaks „König Hänschen I." an die Macht kommt, alles zum Besten richten müssen. Aber die Kinder scheitern ebenso wie die Erwachsenen. Nur – mit den Kindern darf man noch Hoffnung verbinden.

Die Rheinpfalz: Knirpse ist unverschämt. Schüler reagieren auf Bericht über ihren Polizei-Besuch. Ausgabe: 18.12.1993 – Leo Frobenius: Atlantis – Volksmärchen und Volksdichtungen Afrikas. Band I und V, Jena: Diederichs 1921, 1925 – Eike Haberland: Galla Süd-Athiopiens. Ergebnisse der Frobenius-Expedition 1950–52 und 1954–56, Band II, Stuttgart: Kohlhammer 1963 – Thomas Klie: Kinderrechte in Deutschland. In: Soziale Arbeit, 11/96, S. 377–384 – Janusz Korczak: König Hänschen I. Göttingen: Vandenhoeck & Ruprecht 1973 – Profulla Mohanti: My Village, my Life. Nanpur: A Portrait of an Indian Village. London: Davis-Poynter 1973 – Johannes W. Raum: Die Stellung des Kindes und Jugendlichen in einer repräsentativen Auswahl von Stammesgesellschaften. In: E. Kühn u. a., Das Selbstbestimmungsrecht des Jugendlichen im Spannungsfeld von Familie, Gesellschaft und Staat. Bielefeld: Gieseking 1978, S. 173–328

Lernen

→ Memorieren → Lernumwelten

Ähnlich wie einst der Sputnik-Schock die USA hat die internationale, 45 Länder erfassende Vergleichsstudie TIMSS neuerdings vor allem die Deutschen aufgeschreckt. Mit großer Beunruhigung hat man das mittelmäßige bis schlechte Abschneiden unserer Schüler in Mathematik und Naturwissenschaften registriert und dabei insbesondere die Spitzenstellung der Schüler aus südost- bzw. ostasiatischen Ländern. Ost-West-Leistungsvergleiche mit ähnlichen Ergebnissen sind indessen nicht ganz neu. In Untersuchungen über das Lern- und Studierverhalten in China hat man bereits ein „Paradox des chinesischen Lerners" ausgemacht, weil Einprägen und häufiges Memorieren nach westlicher Auffassung eigentlich nicht zu erfolgreichem Lernen führen dürfte. Einprägen und Wiederholen sind nach unserer Vorstellung Feinde des Verstehens. Die Kultusministerkonferenz hat auf die niederschmetternden Ergebnisse mit regelmäßiger landesweiter Überprüfung der Schulleistungen reagiert. Geblieben ist jedoch eine allgemeine Beunruhigung über mögliche Ursachen dieser offensichtlichen Unterlegenheit. In einer gerade veröffentlichten Studie fragen deren Autoren, zwei Psychologen, denn auch, ob man in Asien anders lerne? Mit einer Auswahl von 451 deutschen und 457 vietnamesischen Studierenden aus Hanoi versuchen sie sich an der Lösung des Rätsels. Die Annahme, Vietnamesen könnten als Modell für Asiaten gelten, begründet man mit dem nicht weiter detaillierten Hinweis auf die gemeinsame konfuzianische Tradition. Die Autoren sind nicht nur erstaunt über das höhere Studieninteresse der vietnamesischen Studenten, sondern vor allem über die Tatsache, daß diese das Memorieren offensichtlich als Mittel für besseres Verstehen einsetzen und daß Memorieren kulturell einen anderen Stellenwert hat. Am Ende rätseln die Untersucher dann immer noch, ob die „unterschiedliche Qualität des Lernverhaltens" denn kulturelle Wurzeln habe. Und sie wiederholen ihr eigenes kulturell geprägtes Urteil, ihr Vorurteil, über Merkmale qualitätvollen Lernens: Memorieren oder auch Wiederholen könne den Verstehensprozeß nur behindern, aber nicht befördern. Aber wie wäre es, ließe man die

Asiaten selbst zu Worte kommen, ohne ihnen psychomethodische Denkfesseln anzulegen?

Befaßt man sich mit dem ostasiatischen Kulturraum, gewinnt man den Eindruck, daß dort tatsächlich übereinstimmend positive Einstellungen zur Schule und zum Lernen existieren. Orientiert an Untersuchungen in japanischen Bildungseinrichtungen, spricht Donata Elschenbroich deshalb von der „Würde des Lernens". Vorstellungen von der Wichtigkeit des Lernens und der Schule spiegeln sich überraschenderweise auch in alten Überlieferungen wie den Volksmärchen, während solche Themen in unserem Kulturraum völlig fehlen. Ihr Vorhandensein belegt eine Jahrtausende alte ostasiatische Lern- und Bildungstradition. Zwei Beispiele aus Korea:

Der kluge Schüler: „In einem abgelegenen Dorf war eine Schule. Die Dorfbewohner hatten ihre Kupfermünzen zusammengetragen, um einen alten Lehrer anzustellen, und die, die kein Geld besaßen, schickten ihm ein paar Eier oder eine Schüssel Reis, damit er die Knaben lesen und schreiben lehrte und ihnen etwas von seiner Weisheit fürs Leben mitgab.

Einmal wollte der Lehrer den Scharfsinn seiner Schüler prüfen und gab ihnen folgende Aufgabe:

‚Denkt euch etwas aus, um mich zu zwingen, die Klasse zu verlassen. Wer das zustande bringt, bekommt eine Belohnung.'

Und schon dachten sich die Kinder alles mögliche aus:

‚Herr Lehrer! Ihr Haus brennt!' rief ein Junge.

‚Herr Lehrer! Sie haben Besuch. Er wartet vor der Tür', versuchte es ein anderer.

‚Sie sollen den alten Kim besuchen. Man feiert dort etwas und Sie sollen auf seine Gesundheit anstoßen', spielte der dritte auf eine Schwäche des Lehrers an.

Der Lehrer blieb ruhig sitzen und lächelte. Nur ein Knabe schwieg, als ob ihm nichts einfiele.

‚Warum sagst du nichts?' fragte der Lehrer.

‚Weil ich nicht weiß, wie ich Sie dazu bringe hinauszugehen', erwiderte der Junge. ‚Aber ich könnte Sie zwingen, hereinzukommen.'

‚Hinein oder hinaus, das ist das gleiche', meinte der Lehrer.

‚Nein', sagte der Junge. ‚Sie würden sich wundern, wie schnell Sie hereinkämen, wenn ich wollte.'

Der kleine Schelm hatte die Neugier des Lehrers geweckt. Er trat über die Türschwelle und rief: ‚Und jetzt zeig mir, wie gescheit du bist!'

‚Sie stehen doch draußen, Herr Lehrer, oder nicht? Hahaha – die Belohnung ist mein! Ich habe erreicht, daß Sie hinausgegangen sind.'

Da mußte der Lehrer anerkennen, daß der kluge Knabe ihn überlistet hatte und die Belohnung verdiente – einen neuen Pinsel und Tusche."

Das unwirksame Gift: „In einer Dorfschule plagte sich ein alter Lehrer mit den Sprößlingen seiner Nachbarn. In seiner Jugend hatte er studiert und kannte sich recht gut in den Schriften der chinesischen Weisen aus, da er aber kein entsprechendes Amt bekommen konnte, nahm er auf seine alten Tage den Posten eines Lehrers in einem Nest an, wo sich die Füchse gute Nacht sagen.

Er lehrte die Knaben, die Tusche gut zu mischen und mit sauberen Zügen wenigstens ein paar hundert Schriftzeichen zu malen. Tschon – der Himmel, Tschi – die Erde, sange – oben, ha – unten, so buchstabierten die Schüler im Chor, was ihnen der arme Lehrer mühsam eingetrichtert hatte.

Einmal bemerkte ein schlauer Bengel, wie der Lehrer aus dem Schrank ein Gefäß nahm und etwas mit Appetit kostete. Das weckte die Neugier des Knaben.

‚Es muß etwas sehr Gutes sein, wenn er es heimlich zu sich nimmt!' dachte er und nahm sich vor, der Sache auf den Grund zu kommen, sobald sich eine günstige Gelegenheit bot.

Einmal, als der Lehrer nicht zugegen war, durchsuchte er eilig den Schrank und fand hinter den abgegriffenen Bänden der Fibel der tausend Schriftzeichen ein mit Papier und Bindfaden verschlossenes Töpfchen. Daneben lag ein Löffel. Das beflügelte die Neugier des Knaben.

‚Was ist das für ein Topf in Ihrem Schrank, Herr Lehrer?' fragte der Nichtsnutz mit Unschuldsmiene, als der Lehrer zurückkam.

‚Was denn? Was für ein Topf?'

‚Dort hinten im Schrank. Ich habe ihn zufällig gesehen, als ich den Pinsel wegräumte.'

‚Ach, du meinst sicher das kleine Gefäß? Gib ja acht, daß du es nicht berührst! Es enthält starkes Gift. Wer davon kostet, muß sterben!' warnte ihn der Lehrer.

‚Gift?' zweifelte der Knabe, ‚ein seltsames Gift, wenn es dem Lehrer so gut schmeckt, daß er sich stets den Bart ableckt!'

Kaum war der Lehrer wieder einmal fortgegangen, wollte der Schüler seine Neugier befriedigen. Er zog den irdenen Topf ans Licht, band den Bindfaden auf, entfernte das Papier und prüfte den geheimnisvollen Inhalt. Es war eine gelbliche Masse. ‚Wenn sie dem Lehrer so schmeckt, kann ich es ja auch mal versuchen', überlegte der Schüler und steckte seinen Finger hinein. Dann leckte er ihn vorsichtig ab. Das Zeug schmeckte ja ganz vortrefflich!

‚Das ist kein Gift, sondern Honig!' dachte der Junge. ‚Ein oder zwei Löffel weniger machen dem Geizkragen wohl nichts aus!' Und er löffelte den Honig. Doch der schmeckte ihm so gut, daß das Töpfchen bald leer war. ‚Was nun?' überlegte der naschhafte Schüler. Aber bald fiel ihm etwas ein ...

Als der Lehrer zurückkam, hörte er schon im Schulhof lautes Gejammer. Er eilte in die Klasse und fand den Burschen, der sich auf dem Boden vor Schmerzen krümmte. Neben ihm lag ein zerbrochener Reibstein aus Nephrit zum Anreiben der Tusche. Der Lehrer hatte ihn von einem alten Freund bekommen, den er sehr schätzte.

‚Ach, Herr Lehrer, verzeihen Sie mir, ich habe eine Todsünde begangen!'

‚Was? Du hast diesen kostbaren Reibstein zerbrochen?'

‚Verzeihen Sie mir, er ist mir aus der Hand geglitten. Ich weiß, daß ich den Tod verdiene. Deshalb habe ich auch beschlossen zu sterben, um meine Schuld zu büßen. Ich hoffte schon tot zu sein, bevor Sie zurückkommen. Ach, diese Schmerzen!' wimmerte der durchtriebene Spitzbube.

‚Deinem Leben ein Ende bereiten? Was ist das für ein Unsinn?'

‚Ich sterbe! Aus Angst vor Ihrem Zorn habe ich das ganze Gift aus dem Schrank dort aufgegessen!' klagte der Schüler mit erlöschender Stimme.

‚Du Spitzbube! Ich will dir zeigen, was das heißt, seinem Leben ein Ende zu machen. Du bekommst so viele Stockschläge, daß du es dir bis an dein Lebensende merken wirst!' rief der Lehrer empört. Aber insgeheim verbiß er sich das Lachen, denn er war alt und weise und wußte einen klugen Schelmenstreich gebührend zu schätzen."

Diese beiden Märchen enthalten vieles von dem, was für asiatisches Lernen charakteristisch sein dürfte. Es ist die Wertschätzung der Gegenstände, die zum Lernen gehören, denn Lesen und Schreiben sind untrennbar. Der eine

Schüler erhält deshalb als Belohnung einen Reibstein für die Tusche und einen Pinsel; der andere weiß, ein zerbrochener alter Reibstein von einem besten Freund ist ein besonders wertvolles Andenken. Lesen, Schreiben und Weisheit fürs Leben bilden eine Einheit, von der man wenigstens ein paar hundert Schriftzeichen kennen müßte – und, ohne die Mühsal des Eintrichterns und Lernens ist solches nicht zu haben. Der Hinweis auf die chinesischen Klassiker und das Lernverfahren bestätigen die Übereinstimmung der Lerntraditionen im ostasiatischen Kulturraum: „... von alters her bestand der Unterricht darin, daß der Lehrer einen Text skandierend vortrug und die Schüler diesen nachsprachen. (...) Dieses Lernen hatte bei jedem oder bei fast jedem Autor neu zu beginnen, und zwar stets nach der gleichen Methode des skandierenden Vortrags. (...) Solche Gepflogenheiten sind recht charakteristisch. Sie zeigen, daß bei der Übung des Verstandes, welche die Lektüre darstellt, dem Leser keine Mühe erspart werden sollte ...“ Eine Untersuchung über Kindheit während der Zeit der Kulturrevolution durch eine Delegation der Yale-Universität, also eine Außenansicht, dokumentiert, wie die traditionelle chinesische Unterrichtsmethode des Vorsprechens und des eindringlichen Wiederholens, des Drills, wie es heißt, auch unter veränderten politischen Bedingungen ungebrochen erhalten geblieben ist. Die Kulturrevolution hat wohl die Inhalte verändert, aber nicht die Jahrhunderte alte Lerntradition. Nicht die Frage nach dem Sinn des Lernstoffs steht an erster Stelle, sondern das Problem des intensiven Einprägens, des Auswendiglernens, wie in dieser Untersuchung am Beispiel des Sprachunterrichts und der Schriftzeichen erläutert wird.

In ihrer 1936 in Deutschland erschienenen Autobiographie erinnert sich die Japanerin Etsu (Etsubo) Inagaki Sugimoto an Lernsituationen ihrer Kindheit und Jugend, denen, kennt man den gesamten Text, lebensgeschichtlich zentrale Bedeutung zukommt:

„Als ich ein Kind war, kannte man bei uns keinen ‚Kindergarten‘, aber lange vor der Zeit, ehe ich zum Besuch der neuen ‚Nach dem sechsten Geburtstag-Schule‘ zugelassen werden konnte, hatte ich bereits gute Grundlagen für das spätere Studium der Geschichte und Literatur erworben. Meine Großmutter las sehr viel, und an den Abenden der langen, schneereichen Winter, an denen wir aufs Haus angewiesen waren, brachten wir Kinder viel Zeit an der Feuerkiste zu und lauschten ihren Geschichten. Auf diese Weise wurde ich schon früh mit unserer Mythologie, mit dem Leben der großen Persönlichkeiten in der Geschichte Japans und mit den Umrissen vieler unserer besten japanischen Novellen bekannt. Ebenso lernte ich viele unserer alten klassischen Dramen von den Lippen meiner Großmutter. Meine Schwester erhielt die im allgemeinen für Mädchen übliche Erziehung; aber meine Erziehung wurde nach ganz anderen Gesichtspunkten angefaßt, da ich dazu ausersehen war, eine Priesterin zu werden. Bei meiner Geburt hatte sich die Nabelschnur, wie der Rosenkranz eines Priesters, um meinen Nacken geschlungen, und nach dem allgemein verbreiteten Aberglauben galt dieses Zeichen als ein unmittelbarer Befehl Buddhas. Sowohl Großmutter wie Mutter glaubten das in allem Ernst, und da in einem japanischen Heim die Hausgewalt und die Gewalt über die Kinder den Frauen überlassen ist, beugte sich mein Vater schweigend dem ernsten Wunsche meiner Großmutter, die mich zur Priesterin erzogen wissen wollte. Jedoch wählte er zu meinem Lehrer einen Priester, den er kannte, einen sehr gelehrten Mann, der wenig Zeit darauf verwandte, mich die Formen des Tempeldienstes zu lehren, der mich aber auf das gewissenhafteste in der Lehre des Konfuzius unterwies. Diese wurde nämlich als die Grundlage aller literarischen Geistespflege angesehen und von meinem Vater für die höchste Sittenlehre der Zeit gehalten.

Mein Lehrer kam stets an den Tagen des Monats, deren Datum eine Drei oder eine Sieben aufwies. Das geschah in Übereinstimmung mit unserer Mondkalender-Rechnung, nach der die Tage in Gruppen zu zehn eingeteilt werden, anstatt, wie nach dem Sonnenkalender, in Gruppen von sieben Tagen. Meine Unterrichtsstunden machten mir große Freude. Die stattliche Erscheinung meines Lehrers, sein feierliches Auftreten, der strenge Gehorsam, der von mir gefordert wurde, appellierten an meinen dramatischen Instinkt. Dann beeindruckte auch die Umgebung mein kindliches Gemüt außerordentlich. Am Unterrichtstage wurde das Zimmer mit besonderer Sorgfalt fertiggemacht, stets wenn ich eintrat, begrüßte mich unabänderlich derselbe Anblick. Ich könnte jetzt die Augen schließen, und alles stünde vor mir, als ob ich es erst vor einer Stunde gesehen hätte.

Das Zimmer war groß und von der Gartenveranda durch eine Anzahl Schiebetüren aus Papier getrennt, über die schmale Holzleisten liefen. Die schwarzgeränderten Strohmatten hatten mit der Zeit eine Cremefarbe angenommen, aber sie waren makellos sauber. Bücher und Pult befanden sich dort, und in der geweihten Nische hing ein Rollbild des Konfuzius. Von einem kleinen Gestell aus Teakholz kräuselte sich Weihrauch in die Höhe. Auf einer Seite saß mein Lehrer; seine fließenden, grauen Gewänder lagen in geraden, würdevollen Linien um seine gekreuzten Knie, er trug ein Band von Goldbrokat über der Schulter und einen Rosenkranz aus geschliffenen Kristallen an der linken Hand. Sein Gesicht war stets bleich, und die tiefen, ernsten Augen sahen unter seiner Priestermütze wie Brunnen aus weichem Samt aus. Er war der sanfteste und heiligste Mann, den ich jemals gesehen habe. Jahre später bewies er, daß ein frommes Herz und ein fortschrittlicher Geist sehr wohl zusammengehen können, denn er wurde aus der strenggläubigen Tempelgemeinde ausgestoßen, weil er eine Reformlehre befürwortete, die Christentum und Buddhismus vereinigte. Ob aus Zufall oder absichtlich, jedenfalls wurde dieser freidenkende Priester von meinem freidenkenden obwohl konservativen Vater zu meinem Lehrer gewählt.

Ich hatte Lehrbücher, die eigentlich nur für Knaben bestimmt waren; denn es war immerhin ungewöhnlich, daß ein Mädchen chinesische Klassiker studierte. Meine ersten Unterrichtsstunden befaßten sich mit den ‚Vier Büchern des Konfuzius'. – Diese hießen: Dafigaku – ‚Die große Erfahrung', welche lehrt, daß der weise Gebrauch des Wissens zur Tugend führt. Chuyo – ‚Der unveränderliche Mittelpunkt', welcher von der Unveränderlichkeit des Weltgesetzes handelt; Rongo und Moshi, welche aus der Selbstbiographie, den Anekdoten und Aussprüchen des Konfuzius bestehen, die seine Schüler gesammelt haben.

Ich war erst sechs Jahre alt und hatte natürlich nicht das geringste Verständnis für diese schwere Lektüre. Mein Kopf war von vielen Worten erfüllt, in denen große Gedanken verborgen waren. Aber mir sagten sie damals nichts. Manchmal sprang wohl in mir etwas Neugier auf, wenn ich einen Gedanken halb begriffen hatte; dann bat ich den Lehrer um Aufklärung. Seine ewig gleichbleibende Antwort lautete: ‚Nachdenken wird den Sinn aus den Worten schälen', oder ‚Hundertmal lesen enthüllt den Sinn'. Einmal sagte er zu mir: ‚Du bist zu jung, um die tiefsinnigen Bücher des Konfuzius zu verstehen.'

Das letztere war unzweifelhaft richtig, aber dennoch liebte ich meine Aufgaben. In diesen für mich noch inhaltslosen Worten lag ein rhythmischer Tonfall, der wie Musik klang, und ich lernte schnell Seite auf Seite, bis ich alle wichtigen Stellen der vier Bücher vollkommen innehatte und sie hersagen konnte wie ein Kind das sinnlose Geklingel eines Auszählspiels.

Dennoch war der Fleiß dieser Stunden nicht vergeudet. In den Jahren, die seitdem verflossen sind, erkannte ich nach und nach die goldenen Wahrheiten dieses großartigen alten Philosophen; und oft, wenn mir eine Stelle, deren ich mich gut erinnerte, durch den Kopf ging, blitzte ihr Sinn wie ein überraschender Sonnenstrahl vor mir auf.

Mein priesterlicher Lehrer unterrichtete nach diesen Büchern mit derselben Ehrfurcht, mit der er seine Religion lehrte. Während meiner Unterrichtsstunden war er, seinem bescheidenen Wunsche entgegen, genötigt, auf dem dicken, seidenen Kissen zu sitzen, das der Diener ihm brachte, denn Kissen ersetzen bei uns die Stühle; andererseits war ihm die Stellung eines Lehrers zu verehrungswürdig, als daß er sich gestattet hätte, auf gleicher Höhe mit seiner Schülerin zu sitzen. Während der ganzen zwei Unterrichtsstunden rührte er sich nicht um den kleinsten Bruchteil eines Zolles, nur seine Hände und seine Lippen bewegten sich. In der gleichen korrekten und bewegungslosen Haltung saß ich vor ihm.

Einmal bewegte ich mich mitten im Thema. Aus irgendeinem Grunde war ich unruhig, mein Oberkörper schwankte leicht, und meine gekreuzten Knie glitten eine Kleinigkeit aus der gehörigen Winkelstellung heraus. Ein leiser Schimmer der Überraschung überflog das Gesicht meines Lehrers. Dann schloß er sehr ruhig sein Buch und sagte sanft, aber mit strenger Miene: ‚Kleines Fräulein, es ist augenscheinlich, daß deine geistige Verfassung heute für das Studium nichts taugt. Du solltest dich auf dein Zimmer zurückziehen, und dich innerlich sammeln.‘ Mein kleines Herz stand vor Scham fast still. Ich konnte nichts tun, so fassungslos war ich. Demütig neigte ich mich vor dem Bilde des Konfuzius, dann vor meinem Lehrer und schritt ehrfurchtsvoll rückwärts aus dem Zimmer. Langsam ging ich zu meinem Vater, um diesem, wie immer am Schluß der Unterrichtsstunden, zu berichten.

Vater war überrascht, da die Zeit noch nicht um war, und seine absichtslose Bemerkung: ‚Wie schnell du deine Arbeit gemacht hast‘, klang mir wie ein Armsünderglöckehen. Die Erinnerung an jenen Augenblick brennt mir noch heute in der Seele.

Der Verzicht der Priester und Lehrer auf jede Bequemlichkeit beim Studium ließ bei den einfachen Leuten den Glauben entstehen, daß leibliche Entbehrungen die unerläßlichen Vorbedingungen für geistige Erkenntnisse seien. Aus diesem Grunde wurde mein Unterricht so gelegt, daß die schwierigsten Aufgaben und die längsten Unterrichtsstunden während der dreißig Tage der Wintermitte gegeben wurden, die nach dem Kalender die kältesten des ganzen Jahres waren. Der neunte Tag wurde als der allerkälteste angesehen, und deshalb wurde von uns erwartet, daß wir an diesem Tage besonders ernst an unser Studium gingen.

Ich erinnere mich noch ganz deutlich an einen solchen neunten Tag, als meine Schwester etwa vierzehn Jahre alt war. Sie bereitete sich darauf vor, in die Ehe zu treten, darum wurde sie im Nähen unterrichtet, ich dagegen im Schönschreiben. In jenen Tagen wurde Schönschreiben als eine der wichtigsten Bildungsgrundlagen angesehen. Wenn es auch zutrifft, daß die Ausführung japanischer Schönschrift die gleichen künstlerischen Forderungen stellt wie das Malen von Gemälden, so glaubte man aber vor allem, daß die höchste Erziehung zu geistiger Selbstbeherrschung durch geduldige Übung in der ziemlich verwickelten Pinselführung beim Malen der Schriftzeichen erreicht würde. Ein oberflächlicher oder beunruhigter Geisteszustand verrät sich stets in der schwierigen Schattierung der Handschrift, denn jeder einzelne Strich erfordert unbedingte Sicherheit und Genauigkeit. Auf diese Weise werden wir Kinder durch die sorgfältige Führung der Hand gelehrt, die Gedanken im Zaum zu halten."

Mit Überraschung stellt man fest, daß hier ein sechsjähriges Mädchen die philosophischen Bücher des gelehrten Konfuzius auswendig lernen muß, die es in weiten Passagen aufgrund seines Alters noch nicht verstehen kann. Obwohl die Erwachsenen (Großmutter, Mutter, Vater), die das veranlassen, und der Lehrer, der die Aufgabe übernimmt, das natürlich auch wissen, wird der Unterricht mit großem Ernst und großer Gewissenhaftigkeit organisiert und durchgeführt. Wie muß man eine solche Zumutung verstehen? Wollen hier übermotivierte Erwachsene ihren Sprößling möglichst früh in Hochform trimmen lassen? Oder wirkt dahinter die über Jahrhunderte gewachsene kulturelle Erfahrung, die intensives Lernen in Gestalt von Einprägen und häufigem Memorieren in früher Kindheit und Jugend für unerläßlich hält?

Etsubos „priesterlicher" Lehrer gibt in seiner Reaktion auf ungeduldige Fragen seiner Schülerin gleichzeitig Hinweise, mit denen sich die Zweifel der Europäer an asiatischen Lernmethoden beschäftigen sollten: „Nachdenken wird den Sinn aus den Worten schälen" oder „Hundertmal lesen enthüllt den Sinn". Das Priestertum des Lehrers hat, wie der Text erläutert, seine grundlegende Ausrichtung in der konfuzianischen Sittenlehre. Zwei Elemente daraus verbinden sich mit wichtigen Aspekten dieses Teils der Lernszenerie und der Argumentation des Lehrers. Mit dem Lehrsatz „Bei der Erziehung eines Kindes hängt alles vom Anfang ab" läßt sich das Ansinnen frühen Lernens schwieriger Texte begründen. Die Aufforderung „Versichere dich der Richtigkeit deiner Urteile durch reifliches und langes Nachdenken" kommentiert durchaus auch die Ausrichtung des Lernens auf intensives Beschäftigen mit dem Wissen. Die Antworten des Lehrers im Detail enthalten „klassische" Einsichten über Verlauf und Verknüpfung von Lernprozeß und Wissenserwerb, nämlich Nachdenken und Wiederholen. Ist die erste Aktivität, ist das Nachdenken zunächst nicht erfolgreich, bleibt das „zuverlässige" Instrument des Memorierens und Wiederholens, weil es mit „hundertmal" ein sicher ernst gemeintes, relativ „unendliches" Verfahren darstellt. Vermutlich verbirgt sich dahinter auch die für uns sicher nicht abwegige Erfahrung, intensives gedächtnismäßiges Hinwenden, Verweilen, Versenken in eine Sache, könne grundlegende Einstellungen mit sich bringen. Bedenkenswert ist wohl auch die Überlegung, daß Memorieren als eine Form des Erprobens und Anwendens angesehen werden muß, von dem aus gespeichertes Wissen eigendynamische Kräfte entwickeln kann. Zu fragen wäre auch, ob sich hinter der ostasiatischen Art des Lernens nicht die Menschheitserfahrung verbirgt, daß zu frühe, zu schnelle verständnisorientierte Verkürzung des Wissens notwendige Verankerungen im Text vernichtet.

Die Erinnerungen Etsubos enthalten aber auch selbst Hinweise auf die Eigendynamik ihres mehr oder weniger mechanisch eingeprägten Wissens. Die den Texten innewohnende Rhythmik und der damit verknüpfte Tonfall seien für sie attraktiv gewesen, sie hätten das Lernen erleichtert, sagt die Erzählerin. Aber auch die Ästhetik der äußeren Umstände spielt eine einprägsame Rolle, wie eine weitere Passage belegt.

Der immense Aufwand bei der Organisation des Lernens frappiert den Leser. Nichts bei der Einrichtung der Lernstube, eigentlich des Studierzimmers, bleibt dem Zufall überlassen. Alles ist mit großer Liebe und Sorgfalt vorbereitet, ausgerichtet an der buddhistisch-konfuzianischen Tradition, aus der auch die Lerninhalte abgeleitet sind. Einzelheiten und Anordnung der Lernumgebung hinterlassen bei der Schülerin einen bildhaften, offenbar unauslöschlichen Eindruck.

Die Auswahl des Hauslehrers aufgrund seiner Qualifikation wird vom Vater sehr verantwortungsvoll betrieben. Aber auch der Lehrer selbst verhält sich entsprechend. Für die zeitliche Organisation seines Unterrichts beachtet er astronomisch-philosophische Bedingungen. Und, seine äußere Aufmachung, seine Kleidung und seine Haltung entsprechen seinem Auftrag, die Lehren des weisen Konfuzius einer sechsjährigen Schülerin zu vermitteln. Die äußeren Bedingungen können dafür nicht optimal genug sein. Insgesamt erhält dadurch das Lernen eine feierlich-rituelle Note. Die ehrfürchtige Einstellung der Schülerin zu ihrem Lehrer korrespondiert mit diesen Bedingungen und prägt Lernhaltung, Arbeitsweise und Resultate.

Insgesamt ist dieses Textstück ein eindrucksvolles Dokument für die Wertschätzung des Lernens im ostasiatischen Kulturraum. Sie beruht auf übereinstimmenden Vorstellungen von Familie und Lehrer über Ziele, Inhalte, Methoden und notwendige Lernumgebungen. Im Vordergrund steht auf Seiten der Erzählerin nicht in erster Linie die Erinnerung an die Mühsal des Auswendiglernens, des Stillsitzens bei fast asketischen Anforderungen, sondern an die bis zum aktuellen Heute immer wieder aufblitzenden Wahrheiten aus dem damals ohne grundlegendes Verständnis verinnerlichten Lernstoff. Die Schülerin betrachtet Lernen nicht als Bestrafung, sondern als etwas Selbstverständliches, dem eine zeremonielle Würde auch dann innewohnt, wenn die inhaltliche Seite zunächst zurücktritt.

Die kulturvergleichende Betrachtung der Probleme einer Lernkultur jedenfalls befördert den Eindruck einer, außerhalb europäisch-psychologisierender Sichtweisen, universell anderen Erfahrung. Das Memorieren ist nicht nur ein Kennzeichen islamischer Lerntradition, wenn es die Religion und klassische Literatur angeht, sondern Zuhören, Einprägen, intensives Repetieren ist das traditionelle, weltweit praktizierte Lernverfahren, mit dem das kulturelle Wissen seit Jahrtausenden weitergegeben wird und das zu besonderen, auf mündlicher Überlieferung gründenden Qualitäten führt. Aus der afrikanischen Tradition stammt ein Gedanke, der auf die traditionelle Art des Wissenserwerbes hinweist, auf die davon ausgehende Wirkung und den damit erreichen Wissensstand. Der Fulbe-Gelehrte Tierno Bokar vergleicht das Wissen – Mündlichkeit und Schriftlichkeit als gleichrangige Strategien des Wissenserwerbs ansehend – mit dem Samenkorn des Affenbrotbaumes. Es enthalte als Keim seine gesamte Mächtigkeit. Nach dieser Konzeption enthält memorierend erworbenes Wissen selbstverständlich eigendynamische Kräfte, die im Prinzip alle Verstehens- und Deutungsmöglichkeiten beinhalten.

Gegen „fünf Irrtümer der Schulreformer" wendet sich ein Artikel des Psychologen Weinert. Als Irrtum 3 diskutiert er die Erwartung, man könne anstelle „des mühsamen Wissenserwerbs ... Schlüsselqualifikationen, Medienkompetenzen und Lernstrategien" vermitteln. „Entscheidend (seien) vielmehr die Kenntnisse, die ein Schüler in dem betreffenden Wissensgebiet angesammelt und geistig ‚verfügbar' (halte)". Vor diesem Hintergrund, unter besonderer Berücksichtigung des Attributs ‚mühsam', stellt sich die Frage, ob das intensive Lernen und Memorieren notwendiger Wissensbestände bei asiatischen Lernern vielleicht doch eine nicht ganz unangemessene Voraussetzung des Verstehens sein könnte? [→ Denken]

Vor dem Hintergrund dieser Kontroverse über das „richtige" Lernen fragt man sich, ob wir in unseren Schulen nicht tatsächlich den Schülern beim Lernen zu wenig zumuten. Braucht nicht jedes Gehirn, jeder Verstand, jedes Gedächtnis unabdingbar und kontinuierlich ein bestimmtes Maß an Übung, ein gewisses Training? Ist das Lernen in unseren Schulen nicht vielleicht doch zu schnell auf Ergebnisse aus? Wie wäre es, wenn man sich darauf einließe, wie es einmal selbstverständlich war, mit Beginn der Grundschulzeit einen gut ausgewählten Kanon an Gedichten auswendig lernen zu lassen? Wie wäre es, wenn man sich während des Grundschulalters auf eine kontinuierliche, wettbewerbsorientierte, attraktive und intensive Kopfrechenarbeit einließe, und zwar mit entsprechendem Stundenanteil. Auch das wäre, wie das Lesen und Auswendiglernen wichtiger Texte, echtes Futter fürs Gehirn. Und es wäre eine ebenso notwendige Bereicherung des Wissens wie ein sinnvolles Training fürs Gedächtnis!

Marcel Granet: Das chinesische Denken. Frankfurt/M.: Suhrkamp 1985 – Koreanische Märchen. Erzählt von Vladimir Pucek. Hanau: Dausien 1992 – Andreas Helmke, Andreas Krapp: Lernt man in Asien anders? In: Zeitschrift für Pädagogik, Heft 1, 1999, S. 81–102 – William Kessen (Hrsg.): Kindheit in China. München: Hanser 1976 – Wilhelm Schulte: Die Gedankenwelt des Orients. Lebensweisheit und Weltanschauung der Dichter und Denken des Nahen und Fernen Ostens. Berlin: Verlag der Haude & Speyerschen Buchhandlung 1916 – Etsu Inagaki Sugimoto: Eine Tochter der Samurai. Berlin: Krüger 1935 – Franz Weinert: Die fünf Irrtümer der Schulreformer. In: Psychologie heute, Juli 1999, S. 28–33

Liebe

→ Zuneigung/Zuwendung → Vertrauen/Verläßlichkeit → Gefühl

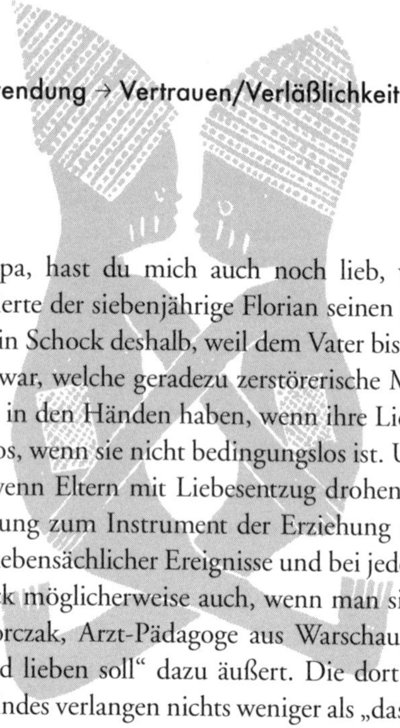

Mit der Frage „Papa, hast du mich auch noch lieb, wenn du mit mir schimpfst“, schockierte der siebenjährige Florian seinen gerade einmal ungehaltenen Vater. Ein Schock deshalb, weil dem Vater bis dahin noch nie so deutlich geworden war, welche geradezu zerstörerische Macht Eltern ihren Kindern gegenüber in den Händen haben, wenn ihre Liebe zu ihnen nicht wirklich vorbehaltlos, wenn sie nicht bedingungslos ist. Und besonders tragisch für Kinder, wenn Eltern mit Liebesentzug drohen, wenn sie Zuneigung und Zuwendung zum Instrument der Erziehung machen, vielleicht sogar noch wegen nebensächlicher Ereignisse und bei jeder Gelegenheit.

Aber ein Schock möglicherweise auch, wenn man sich darauf einläßt, wie sich Janusz Korczak, Arzt-Pädagoge aus Warschau, in seiner Schrift „Wie man ein Kind lieben soll“ dazu äußert. Die dort formulierten drei Grundrechte des Kindes verlangen nichts weniger als „das Recht des Kindes auf seinen eigenen Tod“, „das Recht des Kindes auf den heutigen Tag“, „das Recht des Kindes, so zu sein, wie es ist“. Am meisten befremdet sicherlich das an erster Stelle geforderte Grundrecht, weil es zu leicht mißverstanden wird. Korczak meint damit, daß Eltern die Risiken des Lebens nicht von ihren Kindern fernhalten sollten: „Man muß Kinder kennen, um bei der Gewährung dieser Rechte möglichst wenig falsch zu machen. Irrtümer müssen sein. Seien wir nicht ängstlich: Das Kind selbst wird sie mit erstaunlicher Wachsamkeit korrigieren, wenn wir seine unschätzbaren Fähigkeiten und mächtigen Abwehrkräfte nicht schwächen.“ Eingebettet sind diese Grundrechte jedoch in die allgemeine Forderung „des Rechtes des Kindes auf Achtung“. Was Mißachtung bedeuten kann, hat der Gründer der Summerhill-Schule Alexander S. Neill in seinen Kindheitserinnerungen aufgeschrieben: „Mein Vater machte sich nichts aus mir, als ich ein Kind war. Er war oft grausam zu mir, und ich entwickelte eine ausgesprochene Angst vor ihm, eine Angst, die ich auch als Mann nie ganz überwand. Heute weiß ich, daß Vater überhaupt keine Kinder mochte; er hatte keinen Kontakt zu ihnen. Er wußte nicht, wie man spielt, und er verstand den Geist eines Kindes nicht.

(...) Für ihn war ich lediglich ein lästiges Anhängsel, ..." Für sein eigenes Leben hat A. S. Neill ganz offensichtlich aus diesen negativen Erfahrungen Positives abgeleitet, wie sonst hätte er in der pädagogischen Aufbruchstimmung Ende der 60er Jahre zu einem ungewollt revolutionären Erzieher werden können. [→ Autorität → Denken]

„Zum Glück können wir die Kinder nicht dazu zwingen, erzieherischen Einflüssen und didaktischen Anschlägen auf ihren gesunden Menschenverstand und ihren Willen nachzugeben", sagt wiederum Korczak. Aber entscheidend wichtig, wir können Kinder nicht zwingen, uns zu lieben. Dieter Baacke spricht in diesem Zusammenhang von der Unverfügbarkeit des kindlichen Seins und Wollens.

Wie nun geht es bei den Völkern der außereuropäischen Kulturen zu? Sind sie in Hinsicht dieses Themas etwa die besseren Menschen? Der an anderer Stelle schon erwähnte Bruder François vom Orden der Kleinen Brüder äußert sich in diesem Zusammenhang über Pseudo-Ethnologen, wie er sie nennt, die nur eine Woche bei den Primitiven verbracht hätten, die, ohne ihre Sprache zu kennen, nach nur einer Woche über sie schreiben, als seien sie vollkommene Menschen: „Je länger man (unter den Yequana) lebt, um so mehr entdeckt man, daß es ganz ‚gewöhnliche' Menschen sind, wie du und ich, und so ist es auch viel besser. Weder Über- noch Untermenschen können uns viel beibringen oder selbst viel lernen." Eigentlich dürften diese Überlegungen des Paters den Ausdruck „Primitive" überflüssig machen, zu sehr ist dieser bei uns mit der Vorstellung von Minderwertigkeit verbunden.

Drei Jahre vorher bereits, am 4. Juli 1965, hatte Bruder François seinem Tagebuch Beobachtungen und Urteile anvertraut, die seiner späteren Bemerkung durchaus nicht widersprechen: „Die Yequana-Jungen und Mädchen sind intelligent und aufgeweckt. Ein jeder hat seine Persönlichkeit, seine guten und schlechten Eigenschaften. Sie brauchen Liebe wie alle Kinder. Manchmal befürchte ich, diese Selbstbeherrschung der Eltern, was die äußeren Liebesbezeigungen betrifft, könne die Kinder in ihrer Ausgeglichenheit stören. Die Großmütter spielen dabei eine wichtige Rolle, denn sie sind wie alle Großmütter. Manchmal habe ich doch Männer öffentlich mit ihren ganz kleinen Kindern spielen und sie herzen sehen. Glauben sie sich unbeobachtet, verkehren sie ganz einfach und ungezwungen mit ihnen. Die Kinder sind schön und gesund, sie strahlen vor Freude und Glück. Außerordentlich gut erzogen. Um so erstaunlicher, da man den Eindruck hat, es gäbe gar keine Erziehung in unserem Sinn. Strafen sind praktisch unbekannt; in den zwei Jahren sah ich nie ein bestraftes Kind. Es scheint, sie behandeln die Kinder mit dem gesündesten Menschenverstand."

Wie es die recht zahlreiche Literatur über die Yequana belegt, zeigt sich dieser gesunde Menschenverstand vor allem darin, daß Erwachsene die Kinder als eigenständige Persönlichkeiten anerkennen, denen sie nicht unbedingt ihren Willen aufzwingen wollen.

Bei dem Versuch, die wichtigsten Bezugspersonen seiner Kindheitstage zu nennen, erinnert sich der Hopi Don aus Arizona an nicht weniger als 14 Personen. Unerwarteterweise nimmt er dabei den Ausgangspunkt bei sich selbst. Und Don kann exakt sagen, warum er diese Personen für sich selbst für wichtig hält. Damit betont er die Notwendigkeit eigener Akzeptanz in dieser Beziehung: „Ich hatte nun auch gelernt, die Leute herauszufinden, denen ich mein Vertrauen schenken konnte. Meine leibliche Mutter stand immer noch an der Spitze dieser Reihe. Sie war mein bester Freund. Immer tätig, war sie doch stets bereit, allen zu helfen, die sie darum angingen. Mein Vater war ebenfalls mein guter Freund und lehrte mich allerlei Handfertigkeiten. Ich hatte ihn gern, abgesehen von den wenigen Gelegenheiten, bei denen er mich strafte. Er arbeitete fleißig auf seinen Feldern und bei seiner Herde und war einer der besten Weber in Oraibi. Die Kleider, die er webte, verhandelte er gegen Eßwaren und Bekleidung für seine Familie. Mein Großvater, der bei uns im Hause wohnte, mochte mich am liebsten und verwandte die meiste Zeit darauf, mich zu unterweisen. Ich wußte, daß ich mich auf ihn verlassen konnte. Naquima und Schwester Tuvamainim waren meine guten Kameraden, aber Bruder Namosteva war nicht gerade mein Freund.

Außerhalb unseres Haushaltes war wohl Masenimka für mich am wichtigsten, meine Muhme und Gevatterin, die mir den Namen gegeben hatte. Sie behielt mich oft bei sich im Hause, wurde aber leicht unwirsch und war manchmal ungerecht gegen mich. Trotzdem mochte ich gern bei ihr sein, weil sie mich mit Eßwaren aus Weizenmehl fütterte. Ihre Familie war reich; sie besaß Truthühner, und ihrem Mann gehörte der erste Wagen mit Gespann in Oraibi. Oft ging ich mit ihrem kleinen Sohn Harry Kopi Unkraut hacken. Gelegentlich schlief ich auch einmal in Masenimkas Haus, aber wenn sie ihre üble Laune an mir auszulassen begann, ging ich nach Hause.

Manchmal kam sie sogar und schalt mit meiner Mutter und meinem Vater herum. Aber sie geizte nicht mit ihren Lebensmitteln; hatte sie etwas Gutes zu essen, so kam sie regelmäßig und holte mich dazu. Meine ganze Knabenzeit hindurch war sie meine Freundin und immer auf meiner Seite, wenn mich jemand neckte. Sie war auch ein einflußreiches Mitglied der geheimen Bünde – der Marau, Lakon und Ooqol.

Auf meinen Doktorvater, den alten blinden Tuvenga, konnte ich auch immer zählen. Wir waren gleichsam Genossen und halfen einander Tag für Tag. Ich führte ihn umher, diente ihm als Auge, und er unterwies und beriet mich. Er war bei den Zeremonien ein einflußreicher Mann und gehörte dem Wowochim-, dem Feuer- und dem Schlangenbunde an. Ich erwartete von ihm, daß er mich eines Tages in die Bünde einführen würde. Solemana, die Nichte des alten Tuvenga, wohnte in der Nähe und war immer sehr nett und freundlich zu mir.

Meine Mutter hatte drei Oheime, die in Oraibi hohe Achtung genossen – Talashungnewa, Kayayeptewa und Talasquaptewa. Ihr Klangroßoheim Muute war der Älteste unseres Sonnenklans und ein sehr angesehener Mann. Diese vier Männer nahmen großen Anteil an mir und neckten mich nie. Man hielt mich dazu an, genau auf ihre Worte zu achten. Meines Vaters Bruder Kalnimptewa hatte ebenso acht auf mich und hieß mich, auch ihn Vater zu nennen, genau wie meinen leiblichen Vater. Auch gab es da einen alten Mann mit Namen Bechangwa – ‚die Erscheinung der aufgehenden Sonne' – der kam oft zu uns ins Haus. Mein Großvater Homikniva zog große saftige Pfirsiche, die auch ein Zahnloser noch essen konnte. Daher kam dieser alte Mann des Morgens, sich seine Pfirsiche zu holen und Pfirsichsteine zum Pflanzen zu sammeln. Er ging dann mit seinem Stock an mir vorüber und sagte: ‚Guten Morgen, Glück zu, mein Vater!' Nun gefiel es mir gar nicht, Vater (ina'a) genannt zu werden, und ich zeigte mich offen gekränkt. Eines Tages sagte meine Mutter zu mir: ‚Behandle deinen Sohn doch nicht so schlecht, Chuka! Er hat einen Vater gehabt, der zu unserem Sonnenklan gehörte. Sein Vater war dein Urgroßoheim; dadurch bin ich seine Muhme und bist du sein Vater. Versuch's doch einmal und sei etwas freundlicher zu deinem Sohn!' Nach einer Weile gewöhnte ich mich wirklich daran, daß er mich Vater nannte."

Die genannten Bezugspersonen umfassen blutsmäßige und kulturell definierte Verwandte. Sie bilden ein optimales und verbindliches Netz an sozialer Sicherheit. Wichtige Unterschiede zu Gesellschaften wie der unseren liegen in der Anzahl der Personen und in der Verteilung erzieherischer Aufgaben und Funktionen. Zur Mutter bestehen enge emotionale Bindungen, der Vater ist zuständig für die Unterweisung in den alltäglichen Arbeiten: Ackerbau und Weberei; der Großvater mütterlicherseits für die Weitergabe traditionellen Wissens. Die Patin beteiligt sich am Unterhalt, ist emotionale Stütze und Bindeglied zu bestimmten Geheimbünden. Der einflußreiche sog. Doktorvater ist Begleiter und Vorbereiter Dons für die spätere Initiation in mindestens drei Geheimbünde, also in religiös und gesellschaftlich bedeutende Organisationen. Vier clanverwandte Onkel sind ebenfalls für traditionelles Wissen und traditionelle Lehre verantwortlich. Im Gegensatz zu den bei uns üblichen Kernfamilien oder Ein-Eltern-Familien verteilt sich die Verantwortung für den Nachwuchs in der Hopi-Gesellschaft auf einen breiten Personenkreis, auf ein ganzes Beziehungsnetz, in dem allen wichtigen Bedürfnissen der Kinder Rechnung getragen werden kann. Darin kommen Zuwendung, Gefühl, Vertrauen, Liebe, Verläßlichkeit, Achtung in vielfältigen Abstufungen vor. Aus Sicht der Erwachsenen heißt das auch, nicht jeder muß für einen Zögling jeden dieser Aspekte in voller Konsequenz verwirklichen. [→ Familie]

Liebe und Zuwendung der Eltern sind in besonderer Weise gefordert, wenn Kinder mit Behinderungen zur Welt kommen. Blino, eine Kran-Frau aus Liberia, widmet ein Stück ihres Lebensberichtes dieser Erfahrung: „Ich bekam viele Kinder, die aber alle starben, bis Do kam. Er aber lernte nicht stehen und nicht laufen, denn seine kleinen Beine waren lahm. Er konnte nur sitzen und auf den Knien herumrutschen. Es schmerzte mich entsetzlich, ihn immer so arm am Boden liegen zu sehen, während die anderen Kinder so vergnügt waren und herumsprangen. Die Leute lachten über ihn und sagten: ‚Blino, dein Do kriegt graue Haare, bevor er laufen lernt!‘ Ich hatte viel Arbeit mit ihm. Nun war auch noch meine Mutter gestorben, und ich hatte keinen Menschen, der mir bei der Pflege helfen konnte. Ich mußte den großen Jungen immer auf dem Rücken mitschleppen, wenn ich in den Busch ging, um Holz zu holen. Nie konnte ich ihn für längere Zeit allein lassen. Was das für eine Mühe war! Und wenn ich nicht solch eine starke Frau wäre, hätte ich alles gar nicht aushalten können. Als er dann ein großer Junge war (etwa 8 Jahre), kamen von weither zwei Medizinmänner, zu denen ich gesandt hatte. Sie legten auf seine Knie Kassavablätter und rieben ihm die Beine damit. Eines Tages stand er auf, konnte gehen und ist jetzt ebenso flink und vergnügt wie die anderen Jungen, und keiner kann an seinen Beinen sehen, wieviel Sorge sie mir gemacht haben. Aber gerade weil ich so viel Kummer und Leid seinetwegen ertragen mußte, habe ich ihn besonders lieb."

Padan, aus dem indischen Dorf Nanpur, äußert sich als Betroffener, der mit seiner Behinderung leben muß. Er wehrt sich gegen Diskriminierung in seiner dörflichen Lebenswelt und weiß sich der Zuwendung seiner Eltern sicher. „Die Leute nennen mich Baman, Zwerg. Das verletzt mich, und ich bin sehr traurig. Aber was kann ich dagegen tun? Gott hat die Welt so gemacht. Nie habe ich deshalb meinen Eltern Schuld gegeben. Ich habe fünf Schwestern und drei Brüder. Ich bin der älteste der Söhne. Alle Schwestern sind älter als ich. Meine Eltern wünschten sich verzweifelt einen Sohn, beteten darum zu vielen Göttern und Göttinnen. Dann wurde ich geboren. Meine Eltern müssen völlig entmutigt gewesen sein, haben mich aber niemals weniger gern gehabt. Trotzdem denke ich, meine Mutter liebt mich mehr als mein Vater. Zwei böswillige Männer im Dorf sagen mir, ‚du bist ein Zwerg, warum gehst du nicht nach Puri, der Stadt von Lord Jagannatz. Dort könntest du vom Betteln leben und wärst den Göttern näher'. Ich antworte ihnen ins Gesicht, daß ich das Dorf niemals verlassen werde, um sonstwohin zu gehen. Ohne meine Eltern möchte ich nicht sein. Und sie sagen, ‚solange wir leben, wird unser Sohn bei uns bleiben. Aber danach wissen wir nicht, was geschehen wird.' Meine Eltern wollen, daß ich bei ihnen lebe."

Ein schönes, ja poetisches Zeugnis für die prinzipielle Gleichheit aller Kulturen formuliert der Arzt-Ethnologe Ludwig Kohl-Larsen in seinem Werk über die Tindiga bzw. Hadzabe im nördlichen Tanzania: „Ich höre, als der Abend still geworden und Dunkel und Nacht in jeden Busch gekrochen waren, zum erstenmal wieder Kindergeschrei, Freude und Jammern. Als ich dies vernahm, das Klagen und Weinen von Kindern, schien sich die weite Kluft zwischen Weiß und Schwarz mit einem Schlage zu verkleinern. Es gibt Formen und Äußerungen des Menschenlebens, sagte ich mir, wo die Unterschiede der Rassen wie wesenlos verschwinden: wenn Kinder in Träumen geängstigt nach ihrer Mutter rufen und nach ihrer Brust suchen. Es sind die Mütter aller Rassen gleich, wenn sie den Bissen an sich absparen, um ihn ihren Kindern zu geben, sie sind gleich als Kreatur der Schöpfung in der Stunde der Geburt, wenn sie in Wehen liegen, gleich erst recht in der Stunde des Sterbens, wenn sie von all dem gehen müssen, was ihnen lieb geworden ist."

Von Pädagogisierung heutiger Kindheit sprechen Kritiker, wenn sie gegen Tendenzen zur Überbetreuung durch die Eltern argumentieren wollen. Nicht selten bleiben bei Überbetreuung Selbstverständlichkeiten auf der Strecke. Aber auch Umarmung und Abküssen sind nicht genug. Verläßliche Liebe, Zuwendung und Achtung der kindlichen Persönlichkeit als etwas Eigenes sind gefragt! Nicht gefragt sind elterliche Vereinnahmung und Projektion eigener Bedürfnisse oder vermißter eigener Kindheitserfahrungen auf die Sprößlinge!

Dieter Baacke: Die 6–12jährigen. Einführung in Probleme des Kindesalters. Weinheim: Beltz 1999 – Bruder François: Die Kleinen Brüder am Orinoco. Sechs Jahre unter den Yequana. Freiburg i. B.: Herder 1973 – Ulrike Himmelheber: Schwarze Schwester. Von Mensch zu Mensch in Afrika. Stuttgarter Hausbücherei 1956 – Ludwig Kohl-Larsen: Auf den Spuren des Vormenschen. 2 Bände, Stuttgart: Strecker und Schröder 1943 – Janusz Korczak: Wie man ein Kind lieben soll. Göttingen: Vandenhoeck & Ruprecht 1967 – Prafulla Mohanti: My Village: My Life. Nanpur: A Portrait of an Indian Village. London: Davis-Poynter 1973 – Alexander S. Neill: Neill, Neill, Birnenstiel! Reinbek: Rowohlt 1973 – Don C. Talayesva: Sonnenhäuptling Sitzende Rispe. Kassel: Röth 1964

Lieder und Musik

→ Singen → Musizieren → ästhetische Erziehung

„Vom Segen der Musik“ titelt ein Pressebericht über ein Langzeit-Forschungsprojekt an Berliner Grundschulen mit ausgeprägter Musikerziehung. Musik habe eine außerordentlich positive Wirkung, vorausgesetzt sie werde in einem bestimmten Umfang (zweistündiger Unterricht, Erlernen eines Instrumentes, Musizieren im Ensemble) kontinuierlich und längerfristig unterrichtet. Musik mache Kinder intelligenter, sozial kompetenter und stärke ihre Konzentrationsfähigkeit, und das unabhängig von den Ausgangsbedingungen, fanden die Forscher heraus. Gleichzeitig fordern sie, Musikerziehung aus ihrer Randsituation zu befreien und in die Mitte des schulischen Geschehens zu rücken. In diesem Pressebericht wird die instrumentale Seite des Musik betont, vermutlich gehört die vokale Seite in den praktizierten zweistündigen Musikunterricht, während das Lernen eines Instrumentes und das Musizieren im Ensemble zusätzliche Zeitaufwendung mit sich bringt. Also kann man annehmen, denkt man das notwendige Üben zu Hause noch dazu, daß Musik und Musizieren bei den Kindern der musikorientierten Grundschulen irgendwie allgegenwärtig sein müssen. Musik und Musizieren werden auf diese Weise nebenbei zu einem Lebensthema und gewinnen eine sinnstiftende Wirkung für die Kinder und ihre Lebenswelt. Man sollte also nicht die Befürchtung hegen, die Inanspruchnahme der Musik als Mittel zur Leistungsverbesserung verhindere eine ästhetisch orientierte Sinnstiftung. Das Gegenteil dürfte der Fall sein, Sinnstiftung ereignet sich ganz einfach.

Überraschenderweise spielt die Musik, die vokale und instrumentale, im Leben vieler nicht-abendländischer Völker eine wirklich zentrale Rolle, gerade auch bei solchen, auf deren materielle Errungenschaften wir gerne mitleidig herabschauen.

Ein solches Volk sind die Pygmäen im zentralafrikanischen Urwald. Eines ihrer Lieder, zufällig im Radio gesendet, faszinierte den Amerikaner Louis Sarno derart, daß er sich mit wenigen Dollars nach Zentralafrika aufmachte, um die Musik der Pygmäen kennenzulernen und aufzunehmen. Seitdem lebt er bei den Pygmäen: „Die Singspiele der Kinder bezauberten mich immer wieder aufs neue. Kleinkinder lernten die Lieder und Spiele direkt von ihren älteren Gefährten. In Europa und Amerika hat man festgestellt, daß viele Kinderreime, wie sie etwa beim Seilspringen gesungen werden, jahrhundertealt sind, und ich vermute, daß die meisten Lieder, mit denen die Pygmäenkinder ihre Spiele begleiten, ebenso alt sind. (...)

In den nächsten Wochen nahm ich etwas auf, was eine der langanhaltendsten musikalischen Darbietungen gewesen sein muß, die es jemals auf der Erde gegeben hat. Am Nachmittag ging ich zu den geedal-Konzerten (geedal = Harfe), am Abend zu den gano-Rezitationen (gano sind gesungene Fabeln) und mitten in der Nacht zu élanda (Tanz der Jugendlichen). Wenn eine Gruppe von Pygmäen sich in einen Zustand der Erschöpfung hineinmusiziert hatte und sich ausruhte, nahm mich sofort eine andere in Anspruch. Ich schlief kaum noch. Ich staunte darüber, daß die Pygmäen bis zu dem Tanz mit den mokoondi (Waldgeister) einen solchen Reichtum an Musik vor mir hatten geheimhalten können.

Es waren aber nicht nur diese ‚Konzerte‘, die ich aufnahm; das ganze Leben in Amopolo war mit Musik unterlegt. Die geedal-Klänge verstummten kaum jemals, sie markierten unterschwellig den Fortgang des Tages. Am Abend, wenn die Männer sich um das Feuer versammelten, um zu reden und zu rauchen, wurde die geedal von Hand zu Hand weitergereicht. Nur wenn sie nicht mehr tönte, wurde man aufmerksam. Die Männer flöteten auch. In Minuten der Muße, wenn er etwa mit einem Kind auf dem Schoß da saß, flötete ein Mann manchmal eine langgezogene lyrisch Improvisation, die aus einer inneren Heiterkeit herauszukommen schien. (...)

Nachmittags, wenn das Pygmäen-Dorf Amopolo so gut wie leer war, fingen Gruppen von kleinen Kindern, von denen einige so jung waren, daß sie gerade erst sprechen gelernt hatten, zu summen an; ihre Stimmen verbanden sich zu einem zarten harmonischen Klang, der sachte vom ganzen Lager Besitz ergriff. Kinder, die weiter weg waren, hörten die Melodie und summten sie mit, so daß schließlich ringsum die Luft von feinem Geräusch, einer Art sanftem Geraune, erfüllt war. Die Zeit schien dann stillzustehen.

So sehr ich die Musik der Männer, das Harfenspiel und die gesungenen Fabeln mochte, und die musikalische Erfindungsgabe der Kinder bewunderte, bestand doch kein Zweifel daran, daß es die Frauen waren, die für jene Musik zuständig waren, derentwegen ich hierhergekommen war. Sie flößten mir Ehrfurcht ein. Sie waren so miteinander im Einklang, so vertraut miteinander, daß sie gleichsam zu einem mächtigen Kollektivwesen verschmolzen. Sie verwendeten dieselben Gesten, modulierten ihre Stimmen auf dieselbe Art und riefen oft zur selben Zeit dasselbe Wort aus. Wenn sie in den Wald aufbrachen, jodelten sie aus purer Freude. Oft hörte ich mit dem auf, womit ich gerade beschäftigt war, und lauschte, bis sie außer Hörweite waren ..."

Ein anderer Augen- und Ohrenzeuge, der englische Ethnologe Colin Turnbull, hat bei den Pygmäen im Ituriwald die „Legende von dem Vogel mit dem allerschönsten Gesang" aufgeschrieben: „Dieser Vogel wurde von einem Jungen gefunden, der einen so wunderbaren Gesang gehört hatte, daß er gehen und den suchen mußte, der so sang. Er brachte den Vogel zum Lager, um ihn zu füttern. Sein Vater ärgerte sich darüber, daß er einem Vogel zu essen geben sollte, aber der Sohn bat so sehr darum, daß er nachgab. Am nächsten Tag sang der Vogel wieder; er sang das allerschönste Lied des Waldes, und wieder ging der Junge zu ihm, nahm ihn mit und wollte ihn füttern. Der Vater war noch aufgebrachter als beim ersten Mal, aber noch einmal gab er nach und fütterte den Vogel. Am dritten Tage geschah das gleiche. Aber diesmal nahm der Vater dem Sohn den Vogel weg und sagte, er solle weggehen. Als der Sohn gegangen war, tötete der Vater den Vogel, den Vogel mit dem allerschönsten Gesang des Waldes, und mit dem Vogel tötete er das Singen überhaupt und damit auch sich selbst. So fiel er zu Boden und war vollständig und für immer tot."

Der Ausgang dieser Legende ist von erstaunlicher Konsequenz. Er bedeutet nichts weniger als die Unmöglichkeit menschlicher Existenz ohne das Singen, wobei die Pygmäen verständlicherweise ihre eigene Lebensweise als Mittelpunkt sehen, nämlich den Gesang des Waldes oder auch das Singen für die Geister des Waldes. Und Turnbull schreibt weiter:

„Es gibt noch andere Legenden über das Singen; alle drücken aus, wie lebenswichtig es ist, und ich hätte gern den Grund gekannt. Ich sah die Männer an, die mit mir um das Kumamolino (Hauptversammlungsort der religiösen Organisation der Männer) saßen. Die Flammen flackerten und beleuchteten ernste Gesicher und große, aufrichtige Augen. Einige starrten ins Feuer; andere lehnten sich beim Singen zurück und schauten in die Bäume. Einige lagen auf ihren Jagdnetzen; sie waren aber wach und sangen mit den übrigen. Makubasi hatte seinen kleinen Sohn auf dem Schoß; er hielt ihn mit seinen mächtigen Armen fest an sich und wiegte ihn hin und her. Er sang leise; dabei hielt er seinen Mund an das Ohr des Kindes. Das Lied hatte wie die meisten Molimo-Lieder nur wenige Worte: Sie sangen einfach: ‚Der Wald ist das Gute'."

Dieses eindrucksvolle Bild von der musikbesessenen Lebenswelt der Pygmäen ist zugleich ein Beispiel für die Intensität der Wirkung auf die Kinder. Nicht nur, daß die Kleinen in den Armen ihrer Väter den Wirkungen einer wohltönenden Klangkulisse ausgesetzt sind, der musikalisch-ästhetische Lebenssinn wird ihnen, wie es die zweite Situation illustriert, wie selbstverständlich ins Ohr eingetrichtert. Sinn und Ziel der Musik sowie Sinn und Ziel des Lebens sind ein und dasselbe.

Die nordskandinavischen Lappen oder Samen sind ein anderes ursprüngliches Volk mit variantenreicher vokaler Musik. Im Kontrast zum Singen der Pygmäen handelt es sich bei ihrer Juoigamdichtung und dem Juoiken jedoch um eine stärker individuell gestaltete Form der Vokalität: „Die Volksmusik der Sámit (Lappen), das Joiken, hat eine lange und reiche Tradition mit vielen regionalen Unterschieden. (...) Es ist eine rein gesangliche Musikinterpretation und in seiner Form einzigartig in Europa: Der Sänger singt nicht über einen Ort oder eine Person, sondern, wie man in der Sámi-Sprache sagt, er ‚singt sie', d. h., sein Lied ist der Ort oder die Person selber", sagt der samische Autor Odd Mathis Haetta. Der Schweizer Schriftsteller H. U. Schwaar kommt zu einer ähnlichen Beurteilung: „Der Joik hat etwas Magisches. Der Sänger identifiziert sich mit einem Berg, See, Baum, Tier oder einem bestimmten Menschen und beginnt zu joiken. Nicht über sie, sondern als sie selbst. Ich kenne diese Musik durch meinen Freund Nils-Aslak Valkeapää. Mikkos Joik gefallen mir. (...) Er joikt Naturstimmen, eine alte Frau, den Jungen, der zu einem Mädchen geht. Gedichte ohne Worte, nur Töne, manchmal voller Kraft, aber nie grob, nie gewaltsam. In vielen Joik spielt der Schalk mit, und manchmal hilft Iisakki-Matias. Dann tönt es wie eine polyphone Phantasie von Morley. Gut, daß ich kein Tonband dabeihabe. So muß ich ganz zuhören, ganz mit-sein."

Hugo A. Bernatzik, der völkerkundliche Forschungen aus vielen Kontinenten veröffentlicht hat, ist auch auf die musikalischen Talente der Lappen aufmerksam geworden: „Wie alle Kinder, lieben es auch die Kinder der Lappen, Geschichten zu hören. Trotz aller Arbeit finden Eltern, Großeltern und Geschwister immer Zeit, den Kleinen von Tieren und Menschen, von Zauberern und Stallos, von Bärenjagden und gefährlichen Abenteuern zu erzählen. Auch Lieder werden den Kleinen gelehrt, und sie singen zu jeder Tageszeit und bei den verschiedensten Gelegenheiten die alten lappischen Gesänge." Bernatzik beobachtet und belauscht ein Lappenmädchen, das er als Führerin engagiert hat, bei seinen vokalen Äußerungen: „Kristina, die erst sechzehn Jahre zählte, ging leicht wie ein Vögelchen und sang leise vor sich hin. Wir konnten nicht verstehen, was sie sang, es waren auch keine Worte, sondern meist nur Vokale, die sich immer wiederholten, langgezogene Töne, die anschwollen und verklangen. Ein inniger Jubel sprach aus dem Gesang. Es war gewiß kein Lied, das sie in der Lappenschule gelernt hatte. Sie hielt sich weder an eine bestimmte Tonfolge, noch an Worte, sondern versuchte, in wechselndem Rhythmus die Gefühle wiederzugeben, die sie empfand. Es war das alte Joiken der Lappen. Fremdartig und unverständlich ist dieser Gesang für den, der nie teilnahm an dem Leben dieses Volkes, nie das Brausen der Wasserfälle, nie den Sturm über den Bergen gehört hat. Ein schöner Schlitten, die Sprünge der jungen Kälber, eine steile Felsschlucht oder das Lachen des Schneehuhns werden ebenso besungen wie ein Mädchen, das gefällt oder ein Bursche, der einen reißenden Strom bezwingt. Eine Mutter erfindet für jedes ihrer Kinder einen eigenen Gesang. Auch verstorbene Menschen werden besungen und oft lernen Kinder und Kindeskinder die Weisen ihrer Vorfahren." Die DDR-Schriftstellerin Edith Klatt hat in zwei Jugendbüchern kindliche und jugendliche Lebensverhältnisse unter den Lappen kulturell authentisch geschildert, wenn sie auch manchmal gefühlsmäßig überzieht. Die Kennerschaft der Autorin zeigt sich in beiden Erzählungen nicht zuletzt durch die in Noten und Texten wiedergegebenen traditionellen Lieder und Gesänge der Lappen. Auch der über die DDR hinaus bekannte Reiseschriftsteller Erich Wustmann hat mit seinem Buch „Klingende Wildnis" der samischen Vokalmusik ein Denkmal gesetzt.

Die religiöse Kultur der Navajos in Arizona, New Mexico und dem südlichen Utah fasziniert unter anderem durch ihre Vokalität. Die gemeinhin als Medizinmänner bezeichneten Zeremonialspezialisten bei den Navajos heißen in der eigenen Sprache Sänger (háátalii). Wenn ein solcher Sänger eine Heilzeremonie durchführt, bedeutet und heißt es nichts anderes, als „er singt über jemanden". Und der Patient, für den die Zeremonie veranstaltet wird, ist derjenige, über den gesungen wird, in englischer Version „the one sung over". Die Zeremonien selbst, die teilweise neun Tage und neun Nächte dauern, bestehen aus einem sehr umfangreichen und anspruchsvollen System von Gebeten und Liedern, die ein Medizinsänger Jahre hat studieren müssen, will er sie anwenden, wenn er als Heiler arbeitet. Diese religiöse Tradition der gesungenen Rekonstruktion der Entstehung der Welt greift aber auch in alle Bereiche des alltäglichen Lebens hinein. Bereits Kinder lernen von ihren Eltern und Großeltern, mit überlieferten und mit selbstgemachten Liedern auf alle Begebenheiten des Lebens zu reagieren. Der Navajo Vergil Bedoni, den der Verfasser dieses Stichworts seit einem Jahrzehnt kennt, erinnert sich an Kindheitstage: „Während wir zu zweit auf einem Pferd ritten, lehrte Großvater mich die Lieder. Zuerst begann er mit ganz einfachen Liedern, die vielleicht nur eine Strophe hatten, nach und nach kamen dann auch die längeren Lieder an die Reihe. Ich lernte ziemlich schnell, was die Lieder bedeuteten, jedes Lied handelte vom Leben oder der Geschichte unseres Volkes. Und obwohl man auch einfach ein Lied erfinden konnte, so waren diese Lieder doch heilig und voller Bedeutung. Die meisten Lieder habe ich wieder vergessen, weil ich sie nicht oft genug wiederholt habe, aber immer wenn ich sie bei einer Zeremonie wieder höre, bringt das viele Erinnerungen zurück. Trotzdem ist es nie das Gleiche, weil mein Großvater die Lieder auf eine bestimmte Art sang, die nur ich verstehen konnte. (…)

Wenn ich mit meinem Großvater Schafe hüten war, sang er Lieder und die Texte dieser Lieder bedeuteten etwas. Manchmal sang er von der Vergangenheit, wie man damals anders lebte, aber die Zeiten waren sehr hart. Also sang er Lieder über die Taten der Leute. Viele waren traurig und dachten an die guten Zeiten zurück, die vergangen waren. Großvater brachte mir viel bei. Er lehrte mich, ein Pferd zu reiten und auch, wie man ein Pferd gefügsam macht. Er sang ein Navajo-Lied, das er das Pferdelied nannte. Wenn man dieses Lied singen konnte, war es leichter, ein Pferd zu zähmen, und es half, das ganze Leben über Pferde zu besitzen. Wenn man dieses Pferdelied singen konnte, half es einem bei vielen Dingen, die mit Pferden zu tun hatten."

Die Bedeutung des Singens ist auch in so mancher totalitären Gesellschaft ein Schwerpunkt der Erziehung und der davon mitgetragenen Repräsentation nach außen. Die an anderer Stelle erwähnte Forschungsgruppe der Yale Universität [→ Lernen] hat bei ihrem Bericht über das chinesische Erziehungswesen während der Kulturrevolution dafür einen interessanten Beleg geliefert. Bei der Darstellung des chinesischen Kindergartens heißt es unter dem Abschnitt „Singen und Tanzen“: Nichts, was wir im chinesischen Kindergarten beobachteten, war so beeindruckend wie die Geschicklichkeit der Kinder beim Tanzen und Singen. In jedem Kindergarten, den wir besuchten, wurde auf das Erlernen dieser Fähigkeiten allergrößten Wert gelegt. In den meisten Kindergärten werden mindestens zwei Stunden in der Woche für diese Beschäftigungen festgesetzt, und bei der Auswahl der Erzieher ist man bestrebt, Leute zu finden, die auf diesem Gebiet Erfahrung haben und ‚mit den Kindern gern tanzen und singen‘. In fast allen Einrichtungen, die wir besuchten, wurden wir zu einer offiziellen Vorführung der Kinder eingeladen. Diese Vorführungen waren offenbar Teil eines Programms, das nicht nur für die Besucher, sondern auch für die Eltern und für besondere Schulfeiern gedacht war. Gewöhnlich fand die Vorführung in einem besonderen Raum statt, in dem es eine Bühne oder eine relativ freie Fläche und ein Musikintrument gab.“

Eigentlich müßten es alle Bildungsexperten wissen, ob Pädagogen oder Politiker, zur Grundausstattung der Gattung Mensch gehört das Grundbedürfnis nach ästhetischen Erfahrungen. Diesem ästhetischen Bedürfnis kann auf musikalische, bildnerische, bewegungsrhythmische oder in kombinierter Weise Rechnung getragen werden. Ganz gleich, ob die Familien von sich aus hier etwas tun, die Schulen sollten geradezu verpflichtet werden, vielfältige und qualitätvolle ästhetische Erfahrungen zu ermöglichen. Ihr Einfluß auf Entwicklung und Erziehung und ihr Beitrag zur Sinnstiftung des Lebens ist durch nichts anderes ersetzbar.

Hugo A. Bernatzik: Lappland. Leipzig: Bibliographisches Institut 1935 – Odd Mathis Haetta: Die Sámit. Ureinwohner der Arktis. Karasjok: Davvi Girji o. s. 1995 – William Kessen: Kindheit in China. München: Hanser 1975 – Edith Klatt: Bergit und Andaras. Berlin: Altberliner Verlag Lucie Groszer 1958 – Edith Klatt: Neitah, ein Mädchen im hohen Norden. Berlin: Altberliner Verlag Lucie Grozer 1956 – Erich Renner: Die Suche nach Harmonie: Navajo-Versionen. Weinheim: Deutscher Studien Verlag 1996 – Louis

Sarno: Der Gesang des Waldes. Mein Leben bei den Pygmäen. München: dtv 1996 – Heike Schmoll: Der Segen der Musik. Musikerziehung in der Grundschule macht Kinder intelligenter und sozial kompetenter. Frankfurter Allgemeine Zeitung, Nr. 88, 13.04.2000 – H. U. Schwaar: Tundra, Sumpf und Birkenduft. Frauenfeld: Waldgut 1990 – Johann Turi: Erzählung vom Leben der Lappen. Frankfurt/M.: Eichborn 1992 – Colin M. Turnbull: Molimo. Drei Jahr bei den Pygmäen. Köln, Berlin: Kiepenheuer & Witsch 1963 – Erich Wustmann: Klingende Wildnis. Erlebnisse in Lappland. Eisenach und Kassel: Röth 1956

Medien

→ Medienwirkung (Bücher, Tonträger, Fernsehen[Kino], Computer)
→ Medienerziehung
→ Lernen mit Medien (Computer und Internet ~ neue Medien)

Das Thema Medien ist in aller Munde. Es reicht von der bangen Frage, wie schädlich die Glotze für die Kinder sei, bis zu der Behauptung, der Computer mache die Sprößlinge klüger. Wie so oft sind auch hier die in Schlagworte gefaßten Ansichten, sowohl die formulierten Befürchtungen als auch die daran geknüpften Hoffnungen, eigentlich unzulässige Vereinfachungen. Man kann aber immerhin sagen, die Erforschung der Medienwirkungen ist vorangekommen, während die Möglichkeiten eines positiven Einflusses auf das kindliche Leistungsvermögen eher vorsichtig einzuschätzen sind.

Jedenfalls, die Medienforscher haben die Vorstellung von der Allmacht der Medien, denen Kinder und Erwachsene ausgeliefert sind, längst aufgegeben. Eine andere Forschungstradition hat nach Kosten und Nutzen des Medieneinflusses gefragt. Eines ihrer wichtigen und sicher auch bleibenden Ergebnisse besagt, daß Fernsehkonsum im frühen Alter vor allem emotionale Spuren hinterläßt. Hertha Sturm spricht hier vom „emotionalen Streß“, der alle anderen Wirkungen übertreffe, während Inhaltliches sehr schnell vergessen werde. Einen Aspekt des Nutzens formuliert Gustav Meier: Fernsehen sei für das natürliche und notwendige Interesse der heranwachsenden Generationen das „Schaufenster in die Erwachsenenwelt“. Die aktuellen Forschungsfragen sind noch genauer, weil sie eine Wechselwirkung zwischen den persönlichen Vorgaben der kindlichen und jugendlichen Mediennutzer, ihren lebensweltlichen Bedingungen und den Medienprodukten voraussetzen. Einfache Antworten auf die Frage, ob das Fernsehen schädlich für Kinder sei, kann es deshalb nicht geben.

Der Schüler Andreas, Anfang der siebziger Jahre im Grundschulalter, als das Interesse am Fernsehen immer größer wurde, hat keinen unbegrenzten Zugang zum familiären TV-Gerät. Eines Tages erzählt er den Eltern, daß die anderen Kinder während der Pausen in der Schule immerzu nur über das Fernsehen redeten. Als die Eltern darauf meinen, da könne er doch wohl nicht so mithalten, antwortet Andreas, er könne da sehr wohl mithalten. Auf die erstaunte Frage wieso, gibt er folgenden Kommentar: „Ich lese in der Fernsehzeitung immer, was über die Sendungen geschrieben wird, und dann weiß ich meistens mehr als diejenigen, die diese Sendungen gesehen haben."

Diese kleine Fallbeobachtung scheint typisch für die Fähigkeit von Kindern zu sein, sich mit gegebenen Situationen aktiv zu arrangieren, eben auch mit Mediensituationen. Andreas hat ganz offenbar Unterschiede zwischen seinen Informationen durch die Lektüre der Fernsehzeitung und den Gesprächen seiner Klassenkameraden festgestellt. Diese Differenz wahrnehmend, hat er die Chance genutzt, den Mangel an originaler Fernsehbegegnung, den er sicher als solchen empfunden hat, für sich positiv zu wenden. Es scheint ihm dabei klar geworden zu sein, daß Beschreibungen und Kommentare zu bestimmten Sendungen den visuellen Erfahrungen seiner Freunde mindestens ebenbürtig, wenn nicht sogar überlegen sind. Außerdem brauchte Andreas sein Defizit an Fernseherfahrungen nicht einzugestehen.

„Schulen ans Netz" heißt ein bildungspolitisches Schlagwort, bei dem es um den aktiven Umgang mit Computer und Internet geht. Man hofft, mit dem Computer und dem Internet die Lernprobleme der Kinder auf einfache Weise zu lösen, ja man könne sie intelligenter und für das Leben fit machen. „So klug macht der Computer" heißt dann auch die aktuelle Schlagzeile eines Nachrichtenmagazins. Aber alles falsche Versprechungen, im Inneren des Heftes wird die Ankündigung wieder zurückgenommen, denn dort heißt es, „aber nur wenn die Software stimmt" und „der Computer allein ist nicht einmal die halbe Miete", wenn die Lehrer nicht die richtigen Unterrichtskonzepte haben. Damit ist gesagt: Information erzeugt nicht ohne weiteres Wissen und schon gar keine Bildung. Die durch das Internet schnell verfügbare Informationsvielfalt bedarf einer didaktischen Aufbereitung, eines Drehbuchs, soll sie in unterrichtlichen Konzepten überhaupt zur Wirkung kommen. Konkret heißt das, bevor Computer und Internet sinnvoll in der Schule einsetzbar sind, muß zuallererst sehr viel Arbeit in die Entwicklung von Programmen investiert werden, und zwar von Sach- und Lernexperten. Und das trifft gerade dann zu, wenn die Lernenden selbständig arbeiten sollen. Wer etwas von unterrichtlichen Grundproblemen versteht, wird bald merken, die schnell verfügbaren Daten des Internets haben die Lern- und Studierprobleme nicht wirklich verändert, sondern nur den Informationszugang. Ernüchterung wird sich einstellen. [→ Lernen]

Zurück zur Medienwirkung! Der Verfasser dieses Stichworts hat seit 1992 Biographieforschung bei den nordamerikanischen Navajos durchgeführt. Hauptanliegen war und ist die Frage, wie Individuen, die traditionell aufgewachsen sind, die gegensätzlichen Ansprüche des traditionellen und modernen Lebens in ihren Köpfen verarbeiten und was das für ihre heutige Existenz bedeutet. Besonders aufschlußreich sind die Erfahrungen der Befragten in den Internatsschulen (boarding schools). Sie erinnern sich an die permanente Berieselung durch Westernfilme mit negativem Indianerbild. Bei genauer Betrachtung handelt es sich hier um ein Paradebeispiel für gezielten Medieneinfluß und gezielte Medienwirkungen, wie die nachfolgenden Beispiele dann auch dokumentieren.

Aus seiner Zeit in der Kayenta Boarding School entsinnt sich der Navajo-Gewährsmann *Vergil Bedoni, Jahrgang 1953,* an das große Interesse für die in den Internatsschulen gezeigten Westernfilme: „Alle Kinder waren von den Filmen begeistert, und ich war eines davon, wenn man Cowboy- und Indianerfilme zeigte. Ich weiß nicht warum, aber ständig liefen solche Filme. Jeder von uns wollte dann Cowboy sein und niemand Indianer, obwohl 100% der Kinder Indianer waren, Navajos. Aber alle wollten die Hauptrollen spielen, alle wollten John Wayne sein, denn er war immer der Gute, während die Indianer die Bösen spielen mußten." Nach diesem überraschenden Einblick wurden weitere Informanten auf das Thema angesprochen.

Vincent Bedoni, Jahrgang 1952, Vergils älterer Bruder, erinnert sich ebenfalls an Cowboy- und Indianerspiele nach dem Vorbild der Kinofilme, die sie in der Schule gesehen hatten: „Wenn wir nach Hause kamen, wollte Vergil diesen Revolvermann mit zwei Pistolen spielen und ich war Tonto (sein indianischer Begleiter). Da wir alle Pferde hatten und reiten konnten, schnell mit weißen und gefleckten Pferden, ritten wir in der Wüste umher. (...) Vergil war Lone Ranger und ich war Tonto, so beschlichen wir unsere Brüder und Cousins, die die anderen Cowboys spielten. (...) Die anderen Cousins waren die Bösen."

Toney Lee Atene, Jahrgang 1956, Cousin und etwas jünger als Vergil und Vincent, bestätigt Vergils Version, im Spiel nicht Indianer sein zu wollen: „Indianer wollten wir überhaupt nicht spielen. (...) Selbst in den

Schlafsälen der boarding school, in die ich ging, sahen wir immer Cowboy- und Indianerfilme. Die Indianer waren immer die bösen Buben. Wir haben das in den Filmen so wahrgenommen, wir wurden damit gefüttert, daß die Indianer immer die Bösen waren. Und diese Indianer haben immer ein anderes Camp überfallen, sind immerzu herumgezogen und haben verschiedene Camps überfallen, bis am Ende die Kavallerie zur Rettung kam. Wenn die Kavallerie sich mit ihrer Trompete näherte, bejubelten wir, auf dem Boden sitzend auf die riesige Leinwand schauend, ihre Ankunft, denn sie kamen, um weiße Siedler zu befreien, bevor sie von Indianern ausgelöscht wurden. Wir wußten damals nicht viel darüber, ja, wir waren Indianer, aber man muß verstehen, daß wir so beeinflußt wurden. Und wir waren mehr oder weniger auf der Seite der Kavallerie, anstatt zu den Indianern zu halten. Aber, auf diese Weise – ich weiß auch nicht – auf diese Weise wurden wir erzogen."

Phil Atene, Halbbruder von Vergil und Vincent, *Jahrgang 1962,* hat eine andere Generation von Western in der boarding school per Fernseher kennengelernt, die Serien Bonanza, High Chapparal, Gun Smoke: „Ich glaube immer, wir spielten immerzu Cowboys und Indianer und versuchten jemand nachzuahmen (...) Meiner Meinung nach wußten viele Kinder nicht, wer sie sind; aber ich, ich war mir immer im klaren, wer ich bin (...), wenn die Indianer die Kavallerie angriffen, wurden alle ganz still; und dann, wenn neue Kavallerie ins Bild kam und feuerte, haben alle applaudiert. Also waren sie auf der Seite der Kavallerie, es wurde mir deutlich, auf welcher Seite sie waren. Aber ich war immer, ich wußte immer, woher ich kam ... daß ich ein Native American bin; es war, als wäre ich ausgezählt, die Majorität der Schüler war auf der Seite der Cowboys. Weil ich mit den anderen deshalb nicht streiten wollte, hielt ich mich einfach ruhig. Ich weiß nicht, ob man sie jemals darauf hingewiesen hat, wohin sie gehören (...) aber ich war immer, immer auf der indianischen Seite. So sehe ich auch die Rivalität zwischen den Washington Redskins und den Dallas Cowboys in der nordamerikanischen Football-Liga. Ich weiß, ich bin immer für die Redskins ..."

Irvin Tso, Medizinsänger, Jahrgang 1968: „Wenn ich an Cowboy- und Indianerspiele denke, fällt mir ein, daß mein Vater ein John Wayne-Fan gewesen ist. Er hat immerzu die John Wayne-Filme angesehen, ebenso die mit Clint Eastwood. Dabei hat er immer gesagt, wenn John Wayne schießt, fallen alle Indianer vom Pferd. So hat er darüber geredet. Und manchmal, wenn wir draußen waren, haben wir Cowboy und Indianer gespielt. Und ich weiß noch, daß alle Cowboys statt Indianer sein wollten. Das lag daran, daß in den Filmen immer die Cowboys gewonnen haben. Deshalb wollten wir immerzu Cowboys sein. Wir sagten, weil die Indianer immer verlieren, wollen wir keine Indianer sein, sondern die Cowboys – wenn ich schieße, mußt du dich fallen lassen. Deshalb wollten alle immer Cowboy und niemand Indianer sein. Ich weiß nicht, warum wir so dachten, nein, wahrscheinlich weil wir es im Fernsehen gesehen haben und mein Vater kommentierte, wenn John Wayne schießt, fallen alle vom Pferd. Ich denke, daran lag es. Und wenn wir dann spielten, alle waren dann Cowboys und nur ein einziger war Indianer, und für den war das wirklich eine harte Rolle.

Einmal wollten wir zu fünfen Cowboy und Indianer spielen. Zu fünft wollten wir spielen und alle wollten Cowboy sein. Ich weiß noch, einer meiner Cousins war einverstanden, Indianer zu sein, sagte, okay ich mache das, spiele Indianer. Gut, dann haben wir eingeteilt, die Cowboys leben hier und der Indianer dort drüben. Und wir kommen nachher und kämpfen mit dir. Bereite Bogen und Pfeile vor, Speere, alles, was du brauchst. Und wir werden unsere Pistolen und Gewehre herstellen. Es dauerte eine ganze Weile, bis wir uns über die Strategie geeinigt hatten, verstehst Du, wie wir mit diesem Indianerburschen kämpfen wollten. Schließlich war es so weit.

Wir schrien hinüber zu ihm, wir seien fertig und würden kommen, um mit ihm zu kämpfen.

Es passierte aber dann, als wir hinüber kamen, daß er sich versteckt hatte. Er versteckte sich vor uns. Und wir konnten ihn nicht finden. Wir haben überall herum gesucht, aber er blieb verborgen. Er versteckte sich unter dem Deckel einer befestigten Tonne, die in der Nähe in einer Mulde, in einem Graben war. Dort hat meine Mutter ihre Töpferwaren gebrannt. Wenn sie damit fertig war, hat sie die Tonne gesäubert, deshalb war die Tonne sauber. Er hat dann den Deckel über sich gezogen. Und einen nach dem anderen von uns hat er so besiegt. Immerzu hat er sich darin verborgen und so gespielt, als ob er einen Cowboy erstochen und einen anderen mit Pfeil und Bogen erschossen hätte. Als dann noch ein Cowboy übrig war, gab es eine Auseinandersetzung. Wir waren damit nicht einverstanden, sagten, so ginge das Spiel nicht. Das gehört nicht zu deiner Rolle. Wir müssen dich erschießen, du bist derjenige, der umkommen muß. Während dieser Diskussion sagte der Indianerspieler dann, wieso müssen wir immer die John Wayne-

Filme nachmachen oder die von Clint Eastwood. Warum können wir nicht unsere eigenen Handlungen erfinden. Ich weiß noch, daß wir uns seitdem mit der Idee beschäftigten, unsere eigenen Filmhandlungen zu erfinden. Zu Hause hatten wir ein kleines Fernglas, das meinem Vater gehört. Das haben wir wie eine Filmkamera benutzt. Dann haben wir ausgemacht, was jeder zu spielen hatte und haben wirklich unsere eigenen Cowboy- und Indianerfilme gemacht. An diesem Punkt erinnere ich mich, wie jener Bursche, der Indianer gespielt hatte, immer sagte, das sei sein Film. Ich werde diesen Film drehen, und darin werden die Indianer gewinnen. Und von nun an waren es die Indianer, die immer gewonnen haben. Nie mehr John Wayne, sagte er. Wir sollten nicht immer die Indianer umfallen lassen, diesmal gewinnen die Indianer, betonte er. Also begannen wir, so zu tun, als drehten wir Filme. Und bald danach, vielleicht einen Monat später, wollten alle Indianer sein. Es war schwierig, einen Cowboydarsteller zu finden. Es war sehr interessant, wie wir spielten und wie der Konflikt sich auswirkte, wie wir danach Filmemachen spielten, wie mein Cousin dabei unsere Ansichten änderte, immer Cowboy sein zu wollen, wie durch das Filmedrehen die Indianer gewinnen sollten. Das war wirklich interessant."

Nicht genug mit diesen Navajo-Beispielen, auch in anderen indianischen Selbstbiographien sind Westernfilme als medialer Einfluß ein wichtiges Thema.

Russell Means, geb. 1939, ein indianischer Aktivist vom Volk der Sioux-Lakota, schildert in seiner 1995 erschienenen Autobiographie Kindheitserfahrungen mit Western: „Wenn wir Cowboy und Indianer spielten, mein Bruder Dace und ich, dann haben immer die Indianer gewonnen. Schließlich wollten alle Kinder in der Nachbarschaft Indianer spielen. (...) Natürlich waren Dace und ich immer Sioux. Zeitweise wollte niemand die Kavallerie spielen, so daß ich sagen mußte, ‚du warst letzte Woche ein Apache, diesmal mußt du Kavallerie spielen.' (...)

Meine Kinderzeit zwischen 1940 und 1950 war der Höhepunkt der Westernfilme. Die Helden darin waren John Wayne, Randolph Scott, Roy Rogers und Gene Autry. In den allermeisten dieser Filme kommt am Schluß die Kavallerie und bringt alle Indianer um. Hunderte von Kindern stampften (im Kino) mit den Füßen und schrien, wenn sie das Signalhorn hörten, (...) Es machte mich wahnsinnig, und Dace lehnte es einfach ab, Filme anzuschauen, in denen die Indianer abgeschlachtet wurden. Ich wollte, daß er es ansieht, aber er verbarg sein Gesicht hinter dem Sitz und schloß die Augen. Kaum waren wir aus dem Kino, mußten wir kämpfen. Wir nahmen es mit allen auf – mit Weißen, Schwarzen, Mexikanern, Filipinos, Chinesen. Alle schrien, ‚da sind sie, die Indianer! Kommt nur her, ihr Burschen!'. Mein Bruder und ich kämpften Rücken an Rücken und nahmen es mit allen auf".

David Lee Smith, geb. 1950, Winnebago aus Nebraska, bringt, ohne Film und Fernsehen zu nennen, die Wirkung der Medien auf den Punkt: „Anfangs war ich überhaupt nicht stolz, ein Indianer zu sein, denn man sah auf uns herab. Man hat uns beigebracht, daß Cowboys besser sind als Indianer. Deshalb wollte ich, als ich zur Schule ging, immer ein Cowboy sein, niemals ein Indianer."

Alle Beispiele sind umfangreicheren selbstbiographischen Darstellungen entnommen. Medienerfahrungen bilden darin nur einen Faktor unter anderen. Aber diese echten Szenarien vom Indianersein und Indianerspielen belegen in vielen Einzelheiten die sehr unterschiedliche Wirkung von Medienerfahrungen auf Kinder und Jugendliche. Insoweit erscheinen sie geradezu als Modellfall für gezielten Medieneinfluß und für die Vielfalt in Wahrnehmung und Verarbeitung. Und es wird deutlich, auch dort, wo die Verarbeitung scheinbar wie Nachahmung aussieht, braucht es das Nachdenken über die Hintergründe, will man wirklich Verhalten und Handlungen der Mediennutzer verstehen. Bei der Beurteilung der Medienwirkung insgesamt muß in Rechnung gestellt werden, daß es sich um komplexe Wechselbeziehungen zwischen konkreten Medien, Mediennutzern und ihren indivduellen und lebensweltlichen Bedingungen handelt. Mediennutzer (Kinder, Jugendliche, Erwachsene) sind immer auch Handelnde, niemals nur Opfer. Vorstellungen über einfache Ursache-Wirkungs-Zusammenhänge entsprechen nicht der Wirklichkeit. Jeder hat seine eigene Medienbiographie.

Eine Art „identifikatorischen Rausch" bezüglich der westlichen Lebensart habe die jetzt gerade aktuelle Einführung des Fernsehens auf der polynesischen Insel Tonga ausgelöst, berichtet die Ethnopsychoanalytikerin Ute Meiser, als sie nach vierjähriger Abwesenheit 1996 wieder die Insel besuchte. Die ausgeprägte traditionelle Erzählkultur „po fananga" sei dadurch in Auflösung begriffen, befürchtet sie zurecht. Die Kontaktfamilie, von der die Forscherin einst in diese Erzählkultur eingeführt worden war, habe ihr in ihrem neuen Haus ein Wohnzimmer mit einem riesigen Fernsehapparat präsentiert, vor dem sie nun ihre Abende verbringe. Zwei christlich orientierte Kanäle, in denen die vermeintlich „reiche, heile und mächtige Lebenswelt der Weißen" ganz selbstverständlich sei, überfluteten nun die Tonganer. Auf den ersten Blick und zunächst scheinen sie dieser Botschaft hilflos ausgeliefert zu sein. Allerdings gäbe es auch eine Art Gegengewicht. Tonganische Migranten in den USA und Australien praktizierten ihre traditionellen Übergangsrituale auch in den Migrationsländern, nähmen sie auf Videobändern auf, um sie mit den Verwandten im Herkunftsland auszutauschen, berichtet Ute Meiser. Solche Videofilme belegten die Bedeutung der Traditionen in der Fremde und seien eine wechselseitige Stärkung der ursprünglichen Identität.

Die Einführung der sogenannten Green Card, mit der man indische Computer-Experten anwerben will, macht uns klar, es muß dort viele junge Leute mit besonderen Fähigkeiten für den Umgang mit elektronischen Medien geben. Und das trotz oder gerade wegen völlig anderer kultureller Bedingungen als den unsrigen! Offensichtlich geht man dort mit der elektronischen Technisierung anders um, wie sonst wäre eine solche Häufung technischer Intelligenz zu verstehen? Beunruhigend bleibt deshalb die Frage, wieso gibt es das nicht bei uns? Und noch wichtiger, machen wir bei der Erziehung, beim Schulunterricht etwas falsch? Wird bei uns falsch gelernt? Werden bei uns Computer zu spät im Unterricht eingesetzt? Antworten sind schwierig. Das Problem erinnert an jene Erfahrungen, die gerade uns Deutschen beim internationalen Vergleich des Schulwissens negative Schlagzeilen durch die Überlegenheit der asiatischen Schüler gebracht haben. Allerdings steht dort die Verwendung elektronischer Medien nicht im Vordergrund. [→ Lernen]

Niemand kann das Medienzeitalter zurückdrehen. Die Devise kann eigentlich nur lauten, positive Möglichkeiten der Medien zu nutzen, negative zu unterlassen, kurz: menschenwürdig damit umzugehen. „Familie als Gegengewicht" für die negative Seite in Anspruch nehmen zu wollen, ist eine zu einfache Formel. Niemand darf aus der Verantwortung entlassen werden, und schon gar nicht Wirtschaft und Gesellschaft. Aber auch die positiven Seiten bedürfen der familiären und gesellschaftlichen Begleitung im Kindes- und Jugendalter, solange sich die Hoffnung nicht erfüllt, es gäbe am Fernseher jenen geheimnisvollen blauen Knopf, den man nur zu drücken brauche, damit Christine Nöstlingers „TV-Karl" erscheine, mit dem die Kinder dann vertrauliche Dialoge führen könnten, um ihre Herzen auszuschütten.

Zur allgemeinen Lösung von Lernproblemen kann der Computer nur dann beitragen, wenn seine Möglichkeiten sachlich gut durchdacht und pädagogisch kompetent vermittelt sind. Technisches Jonglieren ist viel zu wenig. Der kalifornische Gehirnforscher Terrence Sejnowski antwortet in einem Interview auf die Frage, ob Schüler besser im Internet lernen als im Klassenzimmer: „Das Internet bietet viele Vorteile, doch es ist nicht die alleinige Lösung. Computer vermitteln nur Fakten, aber nicht deren Gefühlsbewertung. Ohne die kommt das Gehirn nicht aus. Denn es speichert eine Neuigkeit viel weniger nach deren Tatsachengehalt als danach, wie sie uns emotional anspricht. Darum braucht jedes Kind ein erwachsenes Gegenüber – all die Zwischentöne in der Stimme, die kleinen Gesten und die Mimik sind unverzichtbar." Aber, so fragt man sich erstaunt, gehört diese Erkenntnis nicht eigentlich zum Erfahrungsbestand aller Kulturen? Ist sie nicht ein gutes Stück humanes Weltkulturerbe? [→ Erzählen]

Focus: Titelthema Erziehung: So klug macht der Computer. Nr. 39, 25.09.2000, S. 182–194 – Stefan Klein: Training fürs Köpfchen. Wie Schulen lehren müßten. In: Die ZEIT, Nr. 24, 8. Juni 2000 – Ute Meiser: Das Ende der Symbolsprache? Erzählkultur, Video und Fernsehen in Tonga. In: K. Richter, S. Riemann: Kindsein in der Mediengesellschaft. Weinheim: Deutscher Studien Verlag 2001 – Gustav Meier: Fernsehen. In: K. Neumann, Kindsein, Göttingen: Vandenhoeck & Ruprecht 1981, S. 110–125 – Christine Nöstlinger: Der TV-Karl. Weinheim: Beltz&Gelberg 1998 – Hertha Sturm: Emotionale Wirkungen – das Medienspezifische von Hörfunk und Fernsehen. In: Fernsehen und Bildung 12, 1978, S. 158 ff.

Religion

→ Religion als menschliches Grundbedürfnis → Visionssuche
→ Religionsunterricht → religiöse Lebenswelten

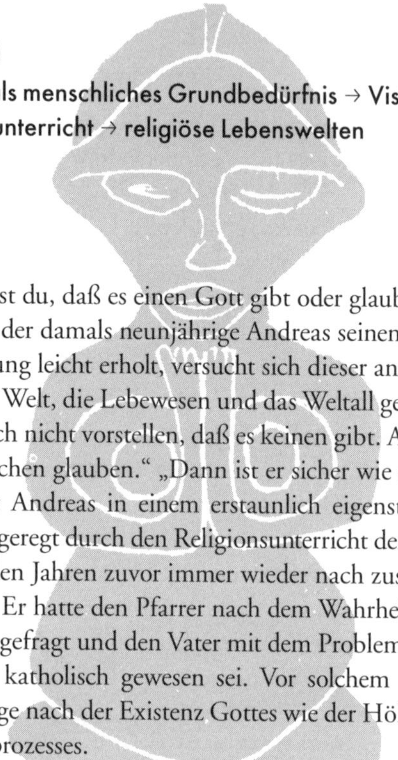

„Papa, glaubst du, daß es einen Gott gibt oder glaubst du, daß es ihn nicht gibt?“ fragte der damals neunjährige Andreas seinen verblüfften Vater. Von der Verblüffung leicht erholt, versucht sich dieser an einer Antwort: „Wenn man sich die Welt, die Lebewesen und das Weltall genauer betrachtet, dann kann man sich nicht vorstellen, daß es keinen gibt. Aber sicher ist er anders, als die Menschen glauben.“ „Dann ist er sicher wie alle Lebewesen zusammen“, meint Andreas in einem erstaunlich eigenständigen gedanklichen Entwurf. Angeregt durch den Religionsunterricht der Grundschulzeit, hatte Andreas in den Jahren zuvor immer wieder nach zusätzlichen Orientierungen gesucht. Er hatte den Pfarrer nach dem Wahrheitsgehalt der biblischen Geschichten gefragt und den Vater mit dem Problem befaßt, ob Jesus evangelisch oder katholisch gewesen sei. Vor solchem Hintergrund erscheint dann die Frage nach der Existenz Gottes wie der Höhepunkt eines längeren Bewußtseinprozesses.

Ein zweites Beispiel: Der sechsjährige Florian sitzt mit dem Vater beim Abendbrot. Als dieser ein Glas Gurken auf den Tisch stellt, fragt das Söhnchen: „Wie kommen denn die Gurken her?“ Vaters Antwort darauf: „Die hat die Oma aus dem Garten.“ Aber Florian beharrt: „Aber wie kommen sie her?“ Der Vater: „Oma hat Samen in die Erde gesteckt, daraus sind Pflanzen gewachsen, die bekommen Früchte und dadrin sind wieder Samen.“ Erstaunte Rückfrage Florians: „Papa, machst du Witze?“ Darauf kann dieser nur erwidern: „Nein, das ist wirklich so!“ Florian denkt nach und wiederholt dann mit fragendem Tonfall, was er gehört hat. Der Vater bestätigt: „So ist es!“ Weiteres Nachdenken des Sohnes, dann: „Und woher kommen die ersten Gurken, wie kommen die her?“ Auch hier Verblüffung des Vaters! Während er nachdenkt, wie er antworten könnte, folgt Florians prompte Reaktion: „Gell, das weißt du auch nicht!“ Die späteren, nicht ganz unkomplizierten Erklärungen des Vaters gehen dann irgendwie in dem kleinen Triumpf des Sohnes unter, den geliebten Erwachsenen in Denkschwierigkeiten gebracht zu haben. Andere Fragen nach Ursprung und Vergänglichkeit waren Florian in den Jahren davor immer mal wieder in den Sinn gekommen. Mit gut drei Jahren präsentierte er die Frage „Wo war ich denn, als ich noch nicht auf die Welt gekommen bin?“ Etwa zur gleichen Zeit erprobt er sich, angeregt durch ein Bilderbuch, am Thema Tod. [→ Denken] Viereinhalbjährig beschäftigt ihn das Problem „Kann man noch denken, wenn man tot ist? Was passiert mit dem Gehirn, wenn man tot ist?“

Man könnte vielleicht geneigt sein, diese Beispiele aus den 70er und 80er Jahren als Sonderfälle oder Ausnahmen abzubuchen. Jedoch, die autobiographische und die psychologische Literatur dokumentiert eine Fülle ähnlicher Äußerungen und Gespräche. Aber alle setzen voraus, daß in der Lebenswelt der Kinder, daß bei ihren Bezugspersonen weltanschauliche und religiöse Dinge ein Thema sind. „Ob Kinder in diesem Alter von sich aus dazu kommen würden, metaphysische Probleme, die Gott, Tod und Unsterblichkeit angehen, wenn auch nur in primitivster Form aufzuwerfen, das erscheint sehr zweifelhaft; aber sicher ist, daß sie ihnen nachgehen, nachdem der Erwachsene sie aufmerksam gemacht hat ...“, meinen die beiden Psychologen David und Rosa Katz. Sie haben die Gespräche mit ihren eigenen Kindern, zwei Jungen, geboren 1920 und 1922, zwischen Oktober 1925 und Oktober 1926 aufgezeichnet und gemäß dem damaligen Stand der wissenschaftlichen Diskussion kommentiert und veröffentlicht. „Jedes Kind beginnt – in deutlich erkennbarer Weise nach vollzogenem Erwerb der Muttersprache – sich auf seine Art eine ‚Weltanschauung‘ zu bilden. Sie mag noch so primitiv, noch so labil gezimmert sein, aber sie ist da. Sie wird bestimmt durch das, was das Kind aus dem ihm in seiner Umgebung zuwachsenden Material macht. Es kann doch nicht gleichgültig sein, wovon in den Unterhaltungen der Umgebung des Kindes beständig die Rede ist.“ Ein Beispiel aus den Aufzeichnungen des Ehepaares Katz. Der fünfeinhalbjährige Theodor fragt morgens beim Frühstück: „Ist Gott geboren?“ Die Mutter antwortet: „Ich erzähle es dir, wenn du größer bist.“ Der Junge: „Gott hat doch alle Menschen geschaffen, da muß er doch auch selbst geboren sein.“ Die Mutter: „Gott ist nicht geboren und Gott stirbt nicht, er ist unhörbar und unsichtbar, wie, das erzähle ich dir, wenn du größer bist.“ Theodor: „Wenn Gott nicht stirbt, dann sterben alle Menschen nicht.“ Die Mutter: „Das erzähle ich dir alles, wenn du größer bist.“ Darauf Theodor: „So etwas darf man nicht sagen, das ist ungezogen.“ Auch in diesem Gespräch bestechen das Interesse des Jungen an weltanschaulichen Dingen und seine glasklaren Schlußfolgerungen. Deshalb ist er über die Ausweichmanöver seiner Mutter auch ziemlich ungehalten. Man fragt sich, weshalb sie ihre Unsicherheit nicht einfach zugibt.

Kindliche Fragen nach Gott oder nach Ursprung und Vergänglichkeit der Dinge und des Selbst sowie eigenständige Versuche einer Antwort sind Hinweise auf ein ursprüngliches Interesse am Werden und Vergehen der Welt und der Menschen. Sie sind im Sinne des Wortes Versuche, die Welt anzuschauen, also Stücke auf dem Weg zu einer Weltanschauung oder auch Ausdruck eines religiösen Grundbedürfnisses. Inhaltlich bewegen sie sich logischerweise innerhalb der vorhandenen lebensweltlichen Bedingungen und Themen. In der Pädagogik hat sich in den letzten zehn Jahren das Thema „Philosophieren mit Kindern" etabliert. Dort werden viele Beispiele präsentiert und diskutiert, die Ausdruck religiös-weltanschaulicher Grundbedürfnisse der Kinder sind oder diese tangieren.

Was Karl Jaspers schon in den dreißiger Jahren des 20. Jahrhunderts im Hinblick auf die abendländische Kultur formuliert hat, „Religion fungiere nur selten noch als wirksame Lebensenergie", trifft für viele außereuropäische Völker nicht ohne weiteres zu.

Religion als Lebensenergie im wörtlichen Sinne leben und praktizieren die Buschleute der Kalahari. Sie haben die Technik entwickelt, durch Trommeln, Singen, Tanzen oder eine Kombination davon Trancezustände zu erreichen, die ihnen Zugang zu Num verschaffen. Num ist die Trance-Energie, die Zutritt zur Welt der Geister ermöglicht. Von dort aus ist es dann möglich, den Menschen zu helfen oder sie zu heilen. Die Buschfrau Nisa berichtet, wie ihr Vater seine Trancekraft benutzt, um seine Familie zu schützen: „Wir gingen an die Stelle, wo die (von den Löwen gerissenen) toten Gnus lagen, schlugen ein Lager auf und lebten dort eine Zeitlang. Am ersten Tag wurden die Tiere enthäutet, wir fanden Wasser und aßen Fleisch. (...) In der Nacht (danach) kamen die Löwen zurück. Sie suchten die Tiere, die sie getötet hatten – sie hatten nur eines der drei Gnus gefressen. Die Löwen kam dicht an unser Lager heran, aber sie blieben außerhalb des Feuerkreises. Wir konnten ihre Augen in den dunklen Büschen leuchten sehen. (...) Es waren viele Löwen. Sie wollten uns töten. Mein Vater fiel in Medizintrance. Während der Körper in Trance war, flog sein Geist in die Welt der

Geister, um mit den Göttern zu sprechen. Zusammen mit den Geistern vertrieb er die Löwen. Sie machten sich bald davon und gingen zu einem anderen, weit entfernten Wasserloch. Als mein Vater aus der Trance erwachte, kehrte er zu uns zurück. Dann schliefen wir."

In einer Episode aus der Kindheit schildert Nisa, wie ihre Spielgefährten ganz selbstverständlich die Technik der Trance nachzuahmen versuchen. Als Nisa und ihre Freunde in einem Wasserloch mit einer Schildkröte spielen, wird Nisa von ihr in den Finger gebissen: „Ich setzte mich und ruhte mich aus, während die anderen die Schildkröte töteten. Ich saß da und starrte auf meinen Finger. Er schmerzte, er brannte. Die anderen Kinder tanzten einen Trancetanz für mich. Sie gaben mir den Glauben, daß sie mich heilten, und legten mir die Hände auf. Sie tanzten um mich herum und versuchten, meinen Finger zu heilen. Die Jungen fielen in Trance und versuchten, die Krankheit und den Schmerz aus meiner Hand zu ziehen." Nicht genug damit, Nisa hat selbst die Trancetechniken erlernt und zählt damit zu jenen 30% der Buschfrauen und etwa 50% der Buschmänner, die sie beherrschen: „Ich war eine junge Frau, als meine Mutter und ihre jüngere Schwester mich die Trommelmedizin lehrten. Es gibt eine Wurzel, die einem hilft zu lernen, sich in Trance zu versetzen. (...) Aber als ich erst einmal wußte, wie man richtig in Trance fällt, trank ich die Medizin nicht mehr. Ich brauchte sie nur am Anfang. (...) Num – die Kraft zu heilen, ist etwas Gutes. Es ist eine Medizin, die deiner Medizin sehr ähnlich ist, denn sie ist sehr stark. Wie deine Medizin den Menschen hilft, so hilft auch unser Num den Menschen. Aber um mit Num heilen zu können, muß man wissen, wie man sich in Trance versetzt. Denn in der Trance beginnt die Heilkraft, die im Körper des Heilers liegt – das Num –, zu wirken. Männer und Frauen lernen, wie man damit heilt, aber nicht alle wollen das lernen. Trancemedizin tut weh! Am Anfang einer Trance heizt das Num dich innerlich auf und zieht an dir. Es erhebt sich, bis es dein Inneres packt und dir die Gedanken raubt. Dein Verstand und deine Sinne verlassen dich, und du kannst nicht mehr klar denken. Die Dinge werden seltsam und verändern sich. Du kannst nicht mehr hören oder verstehen, was die Menschen sagen. Du siehst sie an, und plötzlich werden sie winzig. Du denkst: ‚Was ist los? Tut Gott das?' Nur noch das Num ist in dir. Mehr fühlst du nicht. Du berührst die Leute, legst ihnen die Hände auf und heilst, wen du berührst. Am Ende halten dich andere und blasen ihren Atem um deinen Kopf und dein Gesicht. Plötzlich wachen deine Sinne wieder auf und kommen zu dir zurück. Du denkst: ‚Eh – hey, hier sind Leute', und du siehst wieder wie zuvor. (…) Num ist machtvoll, aber es ist auch unberechenbar. Manchmal hilft es, und manchmal hilft es nicht, denn Gott will nicht immer, daß ein kranker Mensch gesund wird. Manchmal sagt er einem Heiler in Trance: ‚Heute will ich diese Kranke. Morgen auch. Aber wenn du am übernächsten Tag versuchst, sie zu heilen, werde ich dir helfen. Ich gebe sie dir für eine Weile.' Gott beobachtet die Kranke, und der Heiler versetzt sich für sie in Trance. Schließlich sagt Gott: ‚Gut, ich habe sie nur etwas krank gemacht. Jetzt kann sie wieder aufstehen.' Wenn es ihr bessergeht, denkt sie: ‚Oh, wenn dieser Heiler nicht hiergewesen wäre … ich wäre sicher gestorben. Er hat mir das Leben wiedergegeben.'"

Diese Details aus Nisas selbst erzählter Lebensgeschichte werden durch viele fremde Quellen bestätigt. Erstaunlich und neu ist jedoch, daß alle Buschleute die Möglichkeiten haben, sich aktiv zu beteiligen, daß ein großer Teil der Frauen und Männer auch in die Tancerituale involviert sind, während Trance als Zugang zur Welt des Jenseitigen sonst zumeist nur Spezialisten, den Schamanen, vorbehalten ist. Kein Wunder, daß die Kinder in diese Variante von Religiosität hineinwachsen und auch imitativ-eigenständig damit umgehen.

Der heute 55jährige Leonard Crow Dog verkörpert eine lange Tradition der Sioux-Lakota-Spiritualität, die vier Generationen bis zur Geburt des Urgroßvaters, des ersten Crow Dog (Jerome Crow Dog), eines echten Büffeljägers, ins Jahr 1832 zurückreicht. Großvater John und insbesondere Vater Henry Crow Dog haben das religiöse Erbe ihrer Kultur erhalten und weitergelebt, so daß es zur Bestimmung des Enkels/Sohnes Leonard werden konnte. Die Eltern haben ihn bewußt von weißer Schulerziehung ferngehalten und ihn nur im Geist der Lakotakultur erzogen. Als spiritueller Mann bekannt geworden ist Leonard Crow Dog, damals 21jährig, durch seine Teilnahme an der Belagerung des Handelspostens Wounded Knee in South Dakota des Jahres 1973. Seither hat er sich zu einer Leitfigur für das kulturelle Erbe der Sioux-Lakota entwickelt. Des Lesens und Schreibens nicht mächtig, hat Leonard Crow Dog dem Künstler und mehrfachen Sioux-Lakota-Biographen Richard Erdoes seine Lebensgeschichte und die seiner Vorfahren erzählt: „Mit dreizehn besuchte ich die Schwitzhütte, initipi, und erlebte mein erstes Erwachsenen-Schwitzbad. Viermal an jeweils vier Tagen hintereinander praktizierte ich es. Als ich mir danach unglaublich verwirrt vorkam, sagte ich meiner Mutter, ‚Mom, da sprach jemand zu mir. Man redete mit mir. Sie verlangten, einen Ort vorzubereiten, an dem sie mit mir kommunizieren könnten'. Meine Mutter antwortete, ‚mein Sohn, das alles ist heilig. Du wirst dahin gelangen, wo vor langer Zeit dein Großvater gewesen ist. Du bist dabei, ein Mann zu werden. Du mußt den Stimmen gehorchen, die zu dir gesprochen haben'.

Zu dieser Zeit unternahm ich auch meine erste hanbleceya, meine erste Visionssuche. Ich verbrachte vier Tage und Nächte auf unserem Visionshügel. Dabei aß und trank ich nicht. Ein riesiger Schatten stand hinter mir. Am dritten Tag sprach er zu mir: ‚Ich bin das Leben der Generationen, und ich bin der Baum. Ich bin die Medizin, ich bin alles, was du erfahren kannst. Ich werde immer zu dir sprechen. Ich werde dir einen Altar übergeben. Wenn du diesen Altar aufbaust, mußt du dich an mich erinnern. Du mußt die Pfeife benützen und die vier Winde der Erde. Das ist die Botschaft, die ich dir überbringe. Von jetzt an wirst du ein Sprecher für dein Volk sein. Öffne dein Herz dafür. Dein Großvater spricht von jetzt an zu dir. Ich werde in dir sein, und meine spirituellen Worte werden in dir wachsen. Das ist die Botschaft.'

Im Alter zwischen zwölf und dreizehn spürte ich diese spirituelle Macht immerzu. Eine Stimme sagte immer wieder, ‚mein Name ist Sitzender Fels. Das ist der indianische Altar, den ich dir überreiche. Du wirst zu jedem anderen sprechen durch den Adler und du wirst zum Adler sprechen. Nun bist du so weit, daß du mit den Hauptfedern umgehen kannst. Ich bin Fliegender Adler. Ich werde für dich sprechen'."

Bei Leonard Crow Dog handelt es sich um eine gezielte religiös-spirituelle Erziehung, abgeschottet gegen die Einflüsse der amerikanischen Mehrheitskultur, wie sie durch Schulerziehung repräsentiert wird. Die Eltern und Großeltern befürchten nicht zu unrecht, Schulerziehung hätte seine geistig-religiöse Assimilierung zur Folge. Charakteristisch für diese Art der geistigen Deformierung in nordamerikanischen Schulen mag die Erzählung des Navajo Toney Lee Atene sein. Einer der Lehrer habe den Navajokindern immer wieder gesagt, was man ihnen zu Hause gemäß dem traditionellen Glauben über die Entstehung der Welt erzähle, sei alles nicht wahr. Wahr sei, die Navajos, die Indianer überhaupt, seien über die Beringstraße auf den Kontinent gekommen und hätten sich dann überallhin zerstreut. Es gäbe Bücher, die anhand der Sprachen das genau belegten. Ob er, Toney, denn auch ein Buch vorzeigen könne als Beweis. Toney und die Navajokinder hatten natürlich keinen. Besonders schlimm bei solcher Art der Umerziehung ist der bewußt unzulässige Vergleich zwischen traditioneller Schöpfungsgeschichte und wissenschaftlichen Theorien, während ein Vergleich mit der Schöpfungsgeschichte der Bibel eigentlich angebracht gewesen wäre. Toney bezeichnet dies im Nachhinein als Gehirnwäsche, die ihre Wirkung getan habe, denn viele Schüler hätten sich dadurch von den Traditionen abgewandt. Bei Leonard Crow Dog kommt hinzu, daß er aufgrund besonderer Konstellationen für seine zukünftige Rolle als auserwählt gilt. In den Worten des Vaters Henry Crow Dog: „Mein Sohn Leonard besaß seit seiner Geburt die Kraft. Sogar schon vorher. Wenn wir während der Schwangerschaft meiner Frau trommelten und sangen, so tanzte er in ihr. In ihrem Leib. Deshalb kannte ich seine Bestimmung. Und es war mir klar, daß er nicht in die Schule gehen sollte. Hätte er des Weißen Mannes Schule besucht, er hätte Chirurg oder Anthropologe werden können, aber das hatte der Große Geist nicht für ihn vorgesehen." Daß der Junge, während er heranwuchs, intensiv in die Zermonien eingebunden war, erklärt sich aus dieser Einstellung des Vaters. Der zitierte Textausschnitt erwähnt neben der Schwitzhütte die Visionssuche, die bei den Sioux-Lakota zentrale Bedeutung hat. Die dort erlangten Visionen erhalten ihre Lebensbedeutung durch dic Interpretation der betreuenden traditionellen Fachleute.

Die in der Region Danzig als Kind einer jüdischen Familie großgewordene Charlotte Popper erzählt von frühen Erfahrungen beim Religionsunterricht: „Zurück zu meiner Heimatstadt und dem wichtigsten Kapitel: der jüdischen Erziehung. Die Vordringlichkeit dieser Aufgabe erkennend, hatte der Gemeindevorstand einen Lehrer engagiert, der zweimal wöchentlich, am Mittwochnachmittag und Sonntagvormittag, die Jugend zum Hebräischunterricht um sich versammelte. Den Nachmittag waren wir bereit zu opfern, aber den Sonntag suchten wir durch die üblichen Ausreden zu retten. Wenn ‚Kopfschmerzen' und ‚Übelkeit' schon genügend und wochenlang ausgeschlachtet waren, mimten wir Vergessen und plötzliches Erinnern, wenn Mutter am Sonntag mahnend ins Kinderzimmer kam. Sie half uns schnell auf den Weg, und wenn wir zu spät kamen, so war dies nur das Übliche und wurde nicht etwa geahndet. Herr R., der an der städtischen Volksschule angestellt war und seinem mageren Gehalt und seiner zahlreichen Familie durch den Nebenverdienst an der Gemeinde aufhelfen wollte, wußte genau, wem er diese Vergünstigung zu verdanken hatte, und behandelte die Kinder der Wohlhabenden dementsprechend. Er hängte, um das Wohlwollen perfekt zu machen, ein ‚chen' an jeden Namen. So gab es ein Lilienthalchen, ein Ullendorfchen usw. Die Zuspätgekommenen wurden höflich auf ihre Plätze in den vordersten Reihen gewiesen. Hinten saßen die Armen und hatten nichts zu lachen. Mein Bruder, der einmal mitten in der Stunde seinen Kopf auf die vorderste Bankreihe fallen und sanfte Schlummertöne hören ließ, veranlaßte Herrn R., den Unterricht im Flüsterton weiterzuführen und diesen Ton durch ein Kopfnicken zu dem Schlafenden hin auch von den Schülern zu verlangen.

Wie R. es fertigbrachte, uns innerhalb eines Jahres die hebräischen Buchstaben und fließendes Lesen beizubringen, ist mir ein Rätsel, zumal sämtliche Jahrgänge in einem Klassenraum und zur selben Zeit zusammengelegt waren. Aber nach dem ersten Jahr und in den sieben folgenden Schuljahren gab es nur das Übersetzen der wichtigsten Gebete in gleichbleibender, nie geänderter Folge. Das Übersetzen ging Wort für Wort vor sich und wurde rigoros zugunsten der deutschen Sprache und auf Kosten der hebräischen vorgenommen. Das Hauptgebet, die Schemone Esre, begann: Adonai = Herr, Sfossai = meine Lippen, Tiftach = öffne, ‚Herr, öffne meine Lippen.' Die Langeweile wurde angenehm unterbrochen durch das Zuspätkommen und Früherweggehen der bevorzugten Klasse und durch die Bestrafungen bis zum Prügeln der hinteren Schülerreihen. Herr R., durch das dauernde Kommen und Gehen vor ihm irritiert, dem er aus den erwähnten Rücksichten nicht Einhalt gebieten wollte, konnte plötzlich, Schaum vor dem Mund und einen Stock in der Hand, auf einen Schüler der letzten Reihen vorstoßen, wobei sich seine Stimme heiser überschlug und ein Sprühregen sich über uns Vordere ergoß."

Charlotte Poppers Erinnerungen muten wie eine Karikatur religiöser Unterweisung an. Mit kritischem Unterton beurteilt sie Unterrichtsmethoden und soziale Diskriminierung der Kinder durch den Lehrer. Erstaunlich für sie selbst bleibt dennoch, daß dieser eigentlich unmögliche Unterricht tatsächlich die Grundlagen geschaffen hat, für die er eingerichtet worden ist, nämlich hebräisch lesen zu lernen, eine Basis, ohne die jüdisches religiöses Leben undenkbar ist. Daß der Lehrer die Kinder aus reichen Familien bevorzugte, verweist auf die vorhandene soziale Schichtung und ihre Bedeutung innerhalb der Gemeinde. Charlotte Poppers jüdische Erziehung wird dann in der Höheren Töchterschule durch einen Rabbiner fortgesetzt. Dieser versucht die Schüler zionistisch zu beeinflussen, was ihm aber damals nicht gelingt, nicht bei den Schülern aus reichen und auch nicht bei denen aus armen Familien. Als der Rabbiner aber nicht nachläßt, für den Zionismus zu werben, verbietet ihm der jüdische Gemeindevorstand jede Amtshandlung, obwohl man wegen seines unkündbaren Vertrages das Gehalt weiter zahlen muß. Der Rabbiner habe, so berichtet Popper, aufgrund dieser Entlassung auch anderswo keine neue Anstellung mehr bekommen. Es sei wie eine Verfemung gewesen. Die konservative Haltung der jüdischen Gemeinde bezieht sich klar auf das Leben in der Diaspora, nicht auf ein mögliches in Israel. Man fühlt sich als Deutsche jüdischen Glaubens. Interessant bleibt allerdings die Frage, ob die zionistische Beeinflussung jenes Rabiners nicht doch Spuren hinterlassen hat, wenn man weiß, daß die Erzählerin später als Studentin der Mathematik in Königsberg eine führende Position im zionistischen Jugendverband eingenommen hat und 1936 nach Palästina ausgewandert ist.

Eine sehr kultivierte, bis in letzte Details gestaltete religiös-familiäre Lebenswelt spiegeln die Erinnerungen der Tibeterin Rinchen Dolmar Taring an ihr Elternhaus: „Das Tsarong-Haus, in dem wir Kinder allesamt geboren wurden, war ein dreigeschossiges Steingebäude. Im ersten Stock des Ostflügels lag die Zimmerflucht meiner Mutter: ein kleiner Gebetsraum, Wohnzimmer, Schlafzimmer, Ankleideraum, Toilette und eine Halle, in der sich die Diener aufhielten. Vom Ankleideraum führte eine Geheimtreppe zur Schatzkammer. Im Zentrum des Gebäudes – das wie alle tibetischen Häuser nach Süden, zur Sonne ausgerichtet war – lag der private Gebetsraum meines Vaters, in dem er gewöhnlich Besucher empfing. An der Westseite gab es eine weitere Zimmerflucht, das *Gonkhang* (das Haus der Götter), noch ein Besuchszimmer und eine kleine Halle, von der aus eine Treppe zum Boden führte. Die Haupttreppe gabelte sich im zweiten Stock, in dem die Gästezimmer, die Unterkünfte der Dienstboten, eine Küche, eine Teeküche, Vorratsräume und eine große Halle lagen. In der Halle, *Tsomchen* genannt, ausgestattet mit einem riesigen Abbild des Tsongkhapa, wurden

Neujahrszeremonien, Hochzeitsfeste und andere wichtige Feiern abgehalten. Buddhisten glauben, daß die Gebete heiliger Menschen stets erhört werden, und deshalb luden wir Mönche der verschiedenen Klöster ein, die in dieser Halle Gebete sprachen, um Glück und Wohlstand für das Haus zu sichern.

Im Gebetsraum meines Vaters stand an der den Fenstern gegenüberliegenden Wand ein großer Altar, dessen Mittelpunkt eine Buddha-Statue bildete, vor der den ganzen Tag über Weihrauch brannte. Die Regale zu beiden Seiten waren gefüllt mit Büchern über den Buddhismus; vor dem Altar trug ein kunstvoll geschnitzter Tisch aus Walnußholz schwer an einhundertundacht Silberbechern mit Wasseropfern und etlichen silbernen Butterlampen. Der einen halben Meter hohe Sitz meines Vaters – an der Wand, der Tür gegenüber – war drapiert mit einem herrlichen rechteckigen tibetischen Teppich, in dessen Mittelteil ein quadratisches Stück Satin eingewebt war. Vor dem Sitz standen auf einem geschnitzten Lacktisch, auf kleinen weißen Deckchen, ein silberner Spucknapf, eine Tischglocke und eine Teetasse aus Jade im silbernen Ständer mit Deckel. Auf einem Beistelltisch befanden sich das silberne Tintenfaß meines Vaters und ein lackierter Federkasten. Unter dem Fenster, an der Wand entlang, lief eine Sitzbank, die etwa dreißig Zentimeter hoch, neunzig Zentimeter tief und fünfeinhalb Meter lang war. Man hatte Mattengeflecht mit Haaren von Moschustieren ausgestopft und die Bank mit kostbaren Teppichen bedeckt; satinbezogene wurstförmige Kissen dienten als Polster. Davor standen drei kleinere Lacktische, auf denen stets wenigstens eine Tasse im silbernen Ständer mit Deckel stand, damit man Gästen sofort Tee servieren konnte. Die Wände schmückten erlesene *thangkan* (Tempelbanner, die Mönche mit religiösen Themen bemalten). Der stets glänzende Fußboden, der aus besonderen Steinen zusammengesetzt war, wurde jeden Tag gründlich gereinigt. In der Mitte lag ein Teppich. An diesen Raum schloß sich eine kleine Halle an, in der sich die Zimmerdiener aufhielten; der Erste Diener mußte sofort erscheinen, wenn die Glocke ertönte.

Jeden Morgen bei Sonnenaufgang betete mein Vater etwa eine Stunde lang, dann wurde ihm das Frühstück serviert. Danach kamen Besucher, um Geschäfts- oder Staatsangelegenheiten zu besprechen. Die Teetasse, die mein Vater in seinem Gebetszimmer benutzte, mußte immer bereitstehen; …"

Daß ein solches Ambiente und das religiöse Vorbild der Eltern kindliche Einstellungen nicht unberührt lassen können, illustriert die Erzählerin im Andenken an ihre verstorbene Mutter: „Von früh bis spät strömten die Besucher in den Jokhang (bedeutendster Tempel Tibets, im Zentrum von Lhasa). Während der religiösen Festlichkeiten und am Tage des Vollmonds bildeten sich lange Schlangen, und ungeachtet des Ranges mußten alle warten, bis sie an der Reihe waren und vor den Schreinen beten konnten.

Als Schulmädchen legte ich im alten Tempel im Angesicht Buddhas den Schwur ab, niemals zu lügen oder jemandem wehzutun. Ich tat dieses Gelübde als Dank dafür, daß mir meine Mutter das Leben geschenkt hatte, in Erinnerung an die Liebe, die sie uns gegeben und an die Sorgen, die sie sich um uns gemacht hatte. Ich legte das Gelübde an ihrem Todestage ab, am achten Tag des dritten Monats, und ich erneuere es jedes Jahr am gleichen Tage."

Das Spektrum der fremdkulturellen Beispiele ist mit den zitierten eigentlich nur angedeutet. Die Vielfalt illustriert aber immerhin, daß Sinnorientierungen in der Regel religiösen Charakter haben. Wie Erwachsene in unseren Breiten mit den Bedürfnissen ihrer Kinder nach einer Anschauung der Welt, nach Weltanschauung, umgehen, ist in unserer pluralistisch orientierten Gesellschaft offen. Eltern müssen sich darüber im klaren sein, daß sie das Interesse ihrer Sprößlinge an der Welt, ihr Bedürfnis nach Weltanschauung auch dann beeinflussen, wenn sie die entsprechenden Themen ausklammern oder bewußt vermeiden. Warum also die Sinnorientierung des Lebens außerfamiliären Einflussen überlassen, statt sich mit den Kindern gemeinsam darum zu bemühen?

Leonard Crow Dog, Richard Erdoes: Crow Dog. Four Generations of Sioux Medicine Men. New York: HarperCollins 1995 – Peter Dinzelbacher: Europäische Mentalitätsgeschichte. Stuttgart: Kröner 1993 – David und Rosa Katz: Gespräche mit Kindern. Berlin: Julius Springer 1928 – Monika Richarz: Bürger auf Widerruf. Müchen: C. H. Beck 1989 – Helmut Schreier: Nachdenken mit Kindern. Bad Heilbrunn: Klinkhardt 1999 – Marjorie Shostak: Nisa erzählt. Das Leben einer Nomadenfrau in Afrika. Reinbek: Rowohlt Tb 1982 – Rinchen Dolma Taring: Eine Tochter Tibets. Hamburg: Marion Schröder 1972

Schule

→ Lehrer → Mitschüler → Lehrstoff

Schulprobleme werden im folgenden Text satirisch auf den Punkt gebracht. Genauer gesagt, sie erscheinen als eine Art rotierendes System: „Manche Lehrer überstehen unbeschadet und unverbraucht alle Reformen. Sie gehen auf Tauchstation und warten, bis ihre Methode wieder dran ist. Manche Schüler überstehen unbeschadet und unverbraucht alle Lehrer. Sie verhalten sich ebenso, warten allerdings auf etwas Besonderes. Manchmal überstehen sogar Eltern die Schulen ihrer Kinder unbeschadet und unverbraucht: wenn sie die Schüler und die Lehrer haben, von denen eben die Rede war." Die Grunderfahrung, die ein Insider hier ironisch präzisiert, heißt doch wohl, in der Schule geht es darum, Schule zu überleben. Verwundert stellt man aber fest, gemeint ist nicht in erster Linie das Überleben der Schüler, sondern das Überleben der Lehrer und schließlich dann auch das der Eltern. Und die Schüler hängen irgendwie mittendrin. Interessanterweise behält die Satire den Schülern ein Merkmal vor, das den anderen Beteiligten fehlt oder abhanden gekommen ist. Sie hoffen auf etwas unbestimmt Besonderes, eine glücklicherweise altersgemäße Haltung. Doch manchmal ziehen auch Schüler ihre Hoffnungsfühler ein, um zu überleben. Denn – für Schüler besteht Schule aus nichts anderem als aus dem Lehrer oder den Lehrern. Programme, Methoden, Reformen sind nicht ihr vorrangiges Problem. Schüler wissen intuitiv, das wichtigste Curriculum überhaupt ist die Person des Lehrers selbst, denn niemand kann einem Schüler etwas wichtig machen, was ihm selbst nicht wichtig ist, wie der Pädagoge Hartmut von Hentig in einem oft zitierten Kommentar treffend vermerkt.

Schulgeschichten und Schülerbiographien, in denen Erwachsene sich an ihre Schulzeit erinnern, sind Teil vieler Autobiographien, vieler belletristischer und auch ethnologischer Texte. Die Rückblicke fremdkultureller Autoren, die als Kinder und Jugendliche mit den Aufgaben und Zwängen westlich orientierter Schulsysteme konfrontiert wurden, berichten nicht selten von mißlungenen Schulerfahrungen, von Unterdrückung, vom Aushalten und manchmal auch vom puren Überleben. Andere Beispiele aus dem ostasiatischen Kulturraum spiegeln uralte eigenständige Schultraditionen. Unterricht und Lernen sind darüber hinaus in allen Kulturen ein wichtiges Thema, wobei die Übergänge zu systematischem Schulunterricht, wie wir ihn kennen, eher fließend sind. [→ Denken → Einweihung → Erziehung → Lernen → Religion]

Die Zeitungen waren aus Anlaß der Olympischen Sommerspiele in Sidney voll mit Berichten über die Diskriminierung der australischen Aborigines. Die farbige Sprinterin Cathy Freeman, Anwärterin auf eine Goldmedaille, die sie dann auch gewonnen hat, personifizierte dieses Medieninteresse. Fraglich bleibt, ob dieses Thema für die Presse ohne sie auch so wichtig gewesen wäre. Unter dem Titel „Die gestohlenen Kinder" berichtet eine Zeitung, wie es häufige Praxis der australischen Behörden war, den Aborigines-Eltern die Kinder wegzunehmen, um sie in christlichen Kinderheimen und Schulen sprach- und kulturfremd umzuerziehen. Als Beleg wird eine Studie angeführt, in der die Aussagen von 1535 Aborigines ausgewertet worden sind. Tatsächlich zeichnen die originalen Quellen ein düsteres Bild dieser schulischen Umerziehungspraxis. Sie öffnen vor allem die Augen dafür, was in Kindern vorgehen muß, denen man ihre „Minderwertigkeit" ständig verbal vorhält und per Strafe physisch in den Leib prügelt. Das gilt im übrigen generell, wenn auch die beiden zitierten Beispiele besonders drastisch sind. Aber in großen Einwanderungsländern wie Australien stellen sie leider keine Ausnahme dar.

Der halbblütige James Barker, 1900–1972, mit einem deutschen Vater namens Bocher und einem schottischen Großvater mütterlicherseits, die sich nie um ihren Nachwuchs kümmerten, erzählt von seinen Schulerfahrungen in der Missionsstation:

„Die Schule begann Anfang Februar, und ich werde niemals den ersten Tag vergessen. Billy (der Bruder) und ich saßen nebeneinander und waren sehr nervös. Es war jener Tag, an dem ich lernte, wie unerträglich wir Aborigines für andere Menschen waren. Der Schulleiter sagte uns rundheraus, daß wir eigentlich soviel wie ‚nichts' wären. Immer wieder ließ er sich ausführlich darüber aus, daß die australischen Ureinwohner als niedrigster Typ der heute lebenden menschlichen Rasse gelte. Er sagte, es mache wenig

Sinn, uns zu unterrichten, womit er klarmachen wolle, es sei vollkommen vergeudete Zeit. Eine derartige Grausamkeit und Brutalität, wie sie mich hier umgab, war mir vorher nie begegnet. Und es war ein Schock zu erfahren, daß sowas geschehen konnte.

(...) dieser jetzige Schulleiter war ein Mann namens Keogh. Gesagt zu bekommen, wir seien in sozialer und mentaler Hinsicht minderwertig, hat mir sehr zugesetzt, es war außerdem schwer zu begreifen. In Mundiwa und Milroy hätte ich mir so etwas nicht einmal vorstellen können. Aber da man es uns täglich viele Male eintrichterte, wie sehr die Weißen uns Aborigines verachteten, mußten wir es glauben. Wir mußten annehmen, was uns Mr. Keogh und sein Assistent, der Pfarrer und Lehrer, beibrachten. Mr. Keogh wiederholte ständig, er spreche Hindustani und andere Fremdsprachen, aber er wolle niemals irgendein Wort einer Aboriginalsprache hören, sie wären alle viel zu gemein. Der Priester, Mr. Forster, hatte eigentlich die Aufgabe zu predigen, aber es bedeutete, daß uns diese zwei Männer unsere Minderwertigkeit einhämmerten, immerzu und jeden Tag."

Arthur Corunna, 1893–1950, erzählt aus eigener Erfahrung, wie man vor allem die halbblütigen Kinder abgeholt und in Missionsstationen kaserniert hat: „Manchmal habe ich mir gewünscht, ich wäre so schwarz geboren wie ein Pikas, dann hätten sie mich nicht mitgenommen. Sie nahmen nur die Halbblütigen mit. Sie holten Albert (Bruder) und mich und Katie, unsere Freundin. Doch sie wurde nach Parkerville gebracht. Sie nahm eine große Puppe mit, als sie fort mußte, Albert hatte mich. Andere mußten auch. Ich war etwa elf, zwölf Jahre alt. (...) Meiner Mutter sagten sie, wir kämen bald wieder. Es wäre nicht für lange, sagten sie. (...) In meinem vierten Jahr auf der Missionsstation wurden ich und andere Jungen von dem Aufseher Coulson außerhalb der Begrenzungen der Station gefangen. Wir hatten in einem Picknick-Areal nahe des Flusses gespielt. Es war ein beliebter Platz, und wir hofften, eine paar Münzen zu finden, die die Leute dort verloren hatten. Als er uns dort antraf, geriet er wirklich außer sich. Er befahl uns zurück in den Schlafsaal, denn er wolle uns dort bestrafen. Man kann sich vorstellen, wie sehr wir erschraken. Er war so zornig, wie wir ihn nie gesehen hatten, und wir fürchteten uns vor dem, was er uns androhte.

Deshalb gingen wir nicht zurück zum Schlafsaal, sondern rannten nach Midland zur Polizeistation. Man bedenke, die Polizei wurde damals Beschützer der Aborigines genannt, also hofften wir auf Schutz. Wir rannten darum zur Polizeistation und erzählten dem Polizisten, was uns Coulson angedroht hatte. Wir hofften, daß er uns hilft, weil wir doch noch Kinder waren. Er hörte uns zu und sagte: ‚Geht zurück zur Mission! Was dort mit euch geschieht, geht mich nichts an!' Wir waren ratlos.

Als wir zurück zur Station kamen, sahen wir Coulson auf seinem Fahrrad die Straße herunterkommen. Er entdeckte uns, trieb uns zusammen zurück zur Station. Dabei schäumte er vor Wut. Dann jagte er uns ins in den Schlafsaal, schloß die Tür und befahl, unsere Kleider auszuziehen. Dann, als wir nackt waren, rannte er wie ein Verrückter im Saal hin und her und schlug uns mit einem langen Stock auf Kopf und Körper. Es war ihm egal, wo er uns traf, er schlug und schlug, bis wir bluteten. Überall war Blut. Alle weinten, manche Jungs schrien, ‚aufhören, aufhören. Aufhören, Chef!' Er wollte, daß wir ihn Chef nannten.

Der einzige, der nicht weinte, war ich. Er kam zu mir, griff mich und sagte, ‚Arthur, bisher habe ich dich noch nie geschlagen, aber bei Gott, diesmal werde ich dirs geben.' Er schlug mich und schlug mich, aber seinetwegen weinte ich nicht. Dann schlug er mich fester und fester, daß an meinen Oberschenkeln das Blut nur so rann, aber ich weinte dennoch nicht. Er war sehr sehr zornig, aber ich ließ ihm nicht die Befriedigung, wegen der Prügel zu heulen.

Danach entschloß ich mich zu fliehen, sobald meine Wunden geheilt waren und ich wieder laufen konnte. Albert sollte bleiben, wenn er wollte, aber ich wollte nicht noch einmal gehäutet werden und voller Striemen sein. Obwohl ich nun wirklich alt bin, kann man noch die Narben von jenen Schlägen sehen. Meine Wunden brauchten lange, bis sie geheilt waren. Ich war in einem schlimmen Zustand. (…)

Pinjarra Frank and Tommy wollten mit mir fliehen. Ich wollte auch Albert mitnehmen. Er hatte aber zu große Angst, von Coulson wieder eingefangen und so wie ich geprügelt zu werden. Wir erzählten den anderen Missionsschülern, wir würden Richtung Geraldton flüchten, weil das auch andere gemacht hatten. Aber wir verschwiegen, daß wir in Richtung der Goldfelder fliehen wollten. Das war gut so, denn dann mußten unsere Freunde, wenn man sie fragte, nicht lügen. Und wir sind dann wirklich weggelaufen, ich muß damals etwa fünfzehn oder sechzehn Jahre alt gewesen sein. Coulson blieb hinterher nicht mehr lange in der Mission. Er wurde entlassen. Ich glaube, das anglikanische Gesindel, das die Mission leitete, hat gemerkt, daß all die Jungen wegliefen, weil Coulson sie so behandelt hat. Vielleicht haben auch die anderen Kinder berichtet, was Coulson mir angetan hatte.“

Ähnliche Zustände waren auch in anderen Einwanderungsländern wie den Vereinigten Staaten durchaus gang und gäbe, wenn es darum ging, die dort schon immer lebenden Minderheiten mit allen Mitteln umzuerziehen. Missionsschulen bildeten gewissermaßen die vorderste Front bei dieser Umerziehung. Für die Lakotafrau Mary Crow Dog war „die Missionsschule St. Francis (in der Rosebud-Reservation, South Dakota) seit Generationen ein Fluch für die Familie. Meine Großmutter war dort, dann meine Mutter, meine Schwestern und schließlich ich. Irgendwann versuchte jeder von uns wegzulaufen. Großmutter hat mir einmal von den schlimmen Zeiten erzählt, die sie in St. Francis erlebt hatte. Damals durften die Schüler nur für eine einzige Woche in jedem Jahr nach Hause. Die Fahrt dauerte zwei Tage, so daß sie also gerade fünf von dreihundertfünfundsechzig Tagen bei ihrer Familie sein konnte. Und das war schon ein Fortschritt. Vor Großmutters Zeit durften in vielen Reservaten die Schüler vor Beendigung ihrer Schulzeit überhaupt nicht nach Hause. Jeder, der den Nonnen nicht gehorchte, wurde streng bestraft. Das Gebäude, in dem meine Großmutter untergebracht war, hatte drei Stockwerke, nur für Mädchen. Oben, im Dachgeschoß, gab es kleine Zellen, ungefähr fünf mal fünf mal zehn Fuß groß. Einmal war sie in der Kirche und spielte Karten statt zu beten. Zur Strafe steckte man sie in eine dieser kleinen Kammern, in der es dunkel war, weil man die Fenster vernagelt hatte. Man ließ sie eine volle Woche dort drin, nur bei Brot und Wasser. Als sie herausgekommen war, lief sie prompt mit drei anderen Mädchen weg. Sie wurden entdeckt und zurückgebracht. Die Nonnen zogen sie nackt aus und schlugen sie mit einer Pferdepeitsche. Und dann wurde Großmutter wieder in das Dachgeschoß gebracht – für zwei Wochen. Meine Mutter machte sehr ähnliche Erfahrungen, wollte aber nie darüber sprechen. Und dann war ich dort, am gleichen Ort. Jetzt wird die Schule vom BIA – dem Büro für Indianerangelegenheiten – unterhalten, allerdings erst seit etwa fünfzehn Jahren. Als ich dort war, in den sechziger Jahren, unterstand sie noch der Kirche. Jesuitenpater leiteten die Jungenabteilung, und die Schwestern vom Heiligen Herzen Jesu kümmerten sich um uns – mit Hilfe des Lederriemens. Nichts hatte sich seit Großmutters Tagen geändert.

Kürzlich hat man mir erzählt, daß sogar noch in den siebziger Jahren an dieser Schule die Kinder geschlagen wurden. Alles, was mir in der Schule beigebracht wurde, war, wie man richtig betet. Ich lernte rasch, daß man geschlagen wird, wenn man es an Frömmigkeit fehlen läßt oder – Gott behüte! – falsch betet, etwa auf indianisch zu Wakan Tanka, dem indianischen Schöpfer. Der Mädchenflügel war wie ein F gebaut und wurde wie eine Strafvollzugseinrichtung geführt. (...) Ich habe kleine Mädchen ankommen sehen, Schulanfänger, die direkt von zu Hause kamen und vollkommen unvorbereitet waren auf das, was sie erwartete, kleine Mädchen mit hübschen Zöpfen, und das erste, was die Nonnen taten, war, ihnen die Haare abzuschneiden und den Rest hinter den Ohren festzustecken. Danach tauchten sie die Kinder in Zuber mit Alkohol, eine Art Waschalkohol, ‚um die Keime wegzukriegen'. Viele Nonnen waren deutsche Einwanderer, einige aus Bayern, und wir fragten uns manchmal, ob Bayern so eine Art Dracula-Land ist, das von Ungeheuern bewohnt wird."

Die Zahl wissenschaftlicher Arbeiten, die Verhältnisse untersuchen, wie sie die vorangegangenen Beispiele dokumentieren, ist Legion. Unter den Stichworten Assimilation, Akkulturation, Kulturwandel geht es darin auch um die Frage systematischer Umerziehung. Häufige Merkmale solcher Umerziehung sind: räumliche Trennung von Familien und Gruppen; Dauer der Trennung; Änderung der Namen; Änderung des Aussehens; Verbot der Muttersprachen; rigorose Disziplin und Strafen; kulturfremde Lerninhalte. Trotz des über Jahrzehnte außerordentlichen wissenschaftlichen Aufwandes und der dabei investierten Mittel haben derartige Untersuchungen nur wenig Durchschlagskraft für die Änderung der Verhältnisse erzeugt. Die untersuchten Völker, so kritisiert der Lakota-Rechtsanwalt Vine Deloria jr., wären nur dazu benutzt worden, den Forschern wissenschaftliche Meriten zu verschaffen. Wenn es um Rechte der Eingeborenen ging, hätten sich die Anthropologen zumeist herausgehalten.

Gesellschaftliche Ausgrenzung durch schulische Diskriminierung ist jedoch keine Spezialität europäischer Kolonisatoren oder Einwanderer. Die Praxis des indischen Kastensystems und die Ächtung breiter Bevölkerungsschichten als Parias, als Unberührbare, hat ähnliche Konsequenzen. Muli, ein Kind der Unberührbaren, erfährt mit anderen Leidensgenossen täglich in der Schule, was es bedeutet, in der Vorstellung der anderen Kasten absolut minderwertig zu sein. Und er rebelliert dagegen, indem er den Schulbesuch verweigert. Aber die Eltern protestieren nicht etwa gegen die Behandlung ihres Sohnes in der Schule oder gegen die dafür verantwortlichen religiös-gesellschaftlichen Verhältnisse, sondern bestrafen statt dessen ihren Jungen: „Als ich neun Jahre alt war, verlangte Großvater von mir, in die Schule zu gehen. Er bot an, die hohen Unterrichtsgebühren von sechs anna pro Monat zu bezahlen. Ich weiß nicht, woher er das Geld bekam. Das Schulhaus war eine Lehmhütte mit Strohdach in der Nähe des Dorfteiches. Die Dorfbewohner vergaßen nie, noch ließen sie es uns vergessen, daß wir Unberührbare sind. Kinder der höheren Kasten saßen im Schulgebäude und etwa zwanzig von uns saßen außerhalb der Veranda und hörten zu. Die beiden Lehrer, ein fremder Brahmane und ein Tempeldiener, lehnten es ab, uns zu berühren, selbst nicht mit einem Stock. Um uns zu strafen, warfen sie mit Bambusrohren. Die Kinder der höheren Kasten bewarfen uns mit Dreck. Weil wir schwere Bestrafungen befürchteten, wagten wir nicht, uns zu wehren.

Zwei Monate nach Schulbeginn feierten die Kinder eine Zeremonie für die Göttin des Wissens (saraswati puuja). Die meisten Schüler brachten Kokosnüsse als Opfergabe für die Göttin in die Schule, die Lehrer betrachteten die Nüsse als Bezahlung. Weil meine Familie kein Geld hatte, konnte ich nichts mitbringen. Drei Tage nach der Zeremonie ging die Schule weiter. An diesem Tag schlugen mich die Lehrer so böse, daß ich am ganzen Körper Striemen hatte. Schlugen sie mich, weil ich so schlecht lernte oder weil ich keine Kokosnüsse brachte?

Danach weigerte ich mich, in die Schule zu gehen. Vater und Großvater aber wollten, daß ich zur Schule gehe, also schlugen sie mich mit einem Stock. Ging ich zur Schule, schlug mich der Lehrer, blieb ich zu Hause, wurde ich von Vater geschlagen. Also lief ich mitten im Unterricht weg und versteckte mich. Wenn Vater und Großvater zur Arbeit gegangen waren, kehrte ich nach Hause zurück, wo Mutter und Großmutter mir zu essen gaben. Bevor Vater wieder nach Hause kam, lief ich wieder weg und schlief nachts in einem anderen Haus."

Die Frage nach den Lerninhalten, nach der Zweckmäßigkeit systematischen Lernens und des Schulunterrichts aus der Sicht eigener Lebensaufgaben steht bei den Rentierlappen selbstverständlich im Vordergrund. Sie ist aus der Angst und Erfahrung geboren, daß die Inhalte der für sie eingerichteten Schulen sich um die Lebens- und Arbeitswelt der Lappen nicht gekümmert haben, sondern dazu führen, daß sich die Schüler ihrer Herkunft entfremden.

„Fünfjahresschulen sind gut für arme Lappen, da die Kinder zu der Zeit in der Schule sind, wo sie noch nicht arbeiten können. Und es ist auch dies, daß sie schreiben und lesen und rechnen lernen und dann nicht überall von Kaufleuten und Bauern betrogen werden, welche früher so viele mit Abrechnungen und Trinkereien betrogen haben. Aber es verdirbt auch die Kinder der Lappen, sie kriegen wohl eine gute Gelehrsamkeit, aber sie lernen viel Unnützes, so daß sie soviel Bauernnatur bekommen, und sind während der Lernzeit fort von den Lappen, und dann lernen sie nur Bauernleben, und Lappenleben lernen sie nicht, ganz und gar nicht. Und die Natur verändert sich auch, die Lappennatur geht verloren, und die Bauernnatur kommt statt dessen. Und viele von den Regierungsschulkindern sind brustkrank (...).", schreibt der Lappe Johan Turi in seinem Buch vom Leben der Lappen.

Sein Stammesgenosse Siri Matti hat vierzig Jahre später noch immer das gleiche Thema, obwohl er ihm aus seiner Sicht auch etwas Positives abgewinnen kann, nämlich eine gewisse Vorrangstellung unter den Spielkameraden: „Aber wenn ich auch später kein Lehrer wurde, sondern Berglappe blieb, zu Hause in Kautokeino war ich, wenn wir Kinder zusammen spielten, immer der Lehrer, und sie waren die Schulkinder. Wir bauten uns eine Mauer, die die Schule sein sollte. Ich spielte Schule mit ihnen, und bei diesem Spiel vergaßen wir oft, an andere Kurzweil zu denken. Immer dachte ich dabei: ‚Ich will ordentlich lesen und schreiben lernen; mir soll es nicht so gehen wie den Alten in Kautokeino, die einen Holzstab nahmen und ihn mit vier Kerben versahen, wenn einer dem anderen vier Taler schuldete. Ich will so gut schreiben lernen wie die Norweger, damit ich alles das verstehe, was sie sagen und schreiben'."

Andererseits ist Siri Matti aber auch ein Beispiel dafür, daß ursprüngliche Lebensweisen, hier als Rentiernomade in seiner Familie, sehr stark prägen können. Nach sehr gegenläufigen Erfahrungen, als Missionarshelfer in Amerika, als Fischer und als Händler, läßt er schließlich alles hinter sich. Das „Heimweh nach den Renen und den Bergen" habe ihn wieder zum Rentiernomaden gemacht, erzählt er dem Ethnologen Ludwig Kohl-Larsen.

Die bolivianische Quetschua-Frau Domitila mahnt eine andere Komponente schulischer Erziehung an: „In der Schule lernte ich lesen und schreiben und mich verteidigen. Aber ich kann nicht sagen, daß die Schule mir geholfen hätte, das Leben zu verstehen. Sie geben weiterhin eine lebensfremde Erziehung." Liest man den weiteren Kontext ihrer Lebensgeschichte, dann wird deutlich, daß sie damit nicht nur allgemeine Lebensaufklärung, sondern auch das Verstehen der gesellschaftlich-politischen Verhältnisse in ihrem Lande meint.

Die Lebensverhältnisse der Sudanesin Farida illustrieren nicht nur die in der islamischen Welt noch übliche Zurücksetzung der Mädchen und Frauen, sondern auch die damit verknüpfte Bürde, die den Jungen und Männern auferlegt wird. „Meine Kusine und ich, wir waren Pioniere. Wir waren die ersten Mädchen in unserer Familie, die sich nach der Grundschule weiterbilden durften. Es war wirklich eine große Entscheidung für unsere Eltern. Mein Onkel, der Vater meines späteren Mannes, war Lehrer, und er bestand darauf, daß wir weiterhin zur Schule gehen sollten. Es gab in unserem Dorf keine weiterführende Schule. Die nächste Oberschule für Mädchen war in einer entfernten Stadt, und wir wohnten im Internat der Schule. Danach bestanden wir die Aufnahmeprüfung für die Universität Khartoum. Nach zwei Jahren Studium habe ich geheiratet. Mein Mann bekam ein USA-Stipendium, und ich bin mit meinem Mann nach Los Angeles gegangen. Dort habe ich mein Studium beendet und eine Tochter bekommen. Meine Kusine hat zuerst ihr Studium beendet, dann geheiratet und fünf Kinder bekommen. Sie ist heute Bankangestellte.

An dem folgenden Beispiel möchte ich erklären, daß auch Jungen unter dem Druck der Gesellschaft zu leiden haben. Während meine Kusine und ich die Oberschule besuchten, war einer unserer Vettern ebenfalls auf der Oberschule. Seine Familie drängte ihn die ganze Zeit, besser zu sein als die Mädchen. Als Junge mußte er besser sein. Er war dadurch so unter Spannung, daß er die Aufnahmeprüfung für die Universität nicht bestand. Er hätte sie im nächsten Jahr wiederholen können. Aber er verließ die Schule und ging nach Libyen. Er ist heute noch dort. Es war eine sehr schwere Niederlage für ihn. Er hatte versagt. Das konnte weder er noch seine Familie akzpetieren. Deshalb verließ er den Sudan und veränderte sein Leben vollständig."

Der ostasiatische Kulturraum kann auf eine Jahrtausende alte systematische schulische Lerntradition zurückblicken. Lernen und Schulunterricht sind deshalb etwas würdevoll Selbstverständliches, für die man jede Mühe in Kauf nimmt. Man spricht deshalb von der Würde des Lernens, und niemand käme auf die Idee, wie es bei uns nicht selten ist, den Kindern zu Hause mit der Schule zu drohen – in der Hoffnung, dort könne die daheim versäumte Erziehung nachgeholt werden. Aber es ist nicht nur die würdevolle Tätigkeit des Lernens, sondern auch die außerordentliche Hochachtung, die man den Lehrenden, den Gelehrten entgegenbringt. Gelehrsamkeit war und ist ein hohes menschliches Ideal. [→ Lernen]

Der Koreaner Mirok Li erzählt in seiner Lebensgeschichte von frühen ganz selbstverständlichen Lern- und Schulerfahrungen, die zunächst damit beginnen, daß der Vater ihn und seinen Cousin privat unterrichtet, um die Kinder auf das schulische Lernen vorzubereiten. Als die beiden dann den Unterricht besuchen, wird deutlich, daß sie in dieser Hinsicht keinen Einzelfall darstellen: „Fast alle Schulkinder waren älter und deshalb auch im Lernen fortgeschrittener als wir beide. Einige lasen sogar schon Gedichte der größten Dichter der Tangdynastie und übten sich im Reimen, weshalb sie von den anderen beneidet wurden. Da war immer von Blumen, Regen, Mondschein oder Weinbechern die Rede. Die meisten andern lasen aber in dem großen Geschichtswerk, das ‚Tongam' hieß und fünfzehn Bände umfaßte. Da ging es sehr spannend zu. Staaten kämpften gegeneinander, Dynastien wurden gestürzt und andere kamen an ihre Stelle. Wir beide, Suam und ich, und einige andere kleine Kinder lasen noch in dem bescheidenen Knabenbuch, in dem die sogenannten fünf Moralgesetze und eine kurz zusammengefaßte koreanische Geschichte gelehrt wurden. Wir waren froh, als auch wir endlich diese Fibel hinter uns hatten und den ersten Band des großen Geschichtswerkes in die Hand bekamen.

Jedes Kind machte eine feierliche und tiefe Verbeugung vor dem Lehrer, wenn er morgens im Schulzimmer erschien. Dann wurde man geprüft, ob man noch auswendig wußte, was man gestern gelernt hatte. Hatte man sich's gemerkt, dann bekam man eine neue Aufgabe, hatte man es aber vergessen, so mußte man den gestrigen Stoff noch einmal lernen. Wenn alle Kinder geprüft waren, suchte jedes sich einen Tuschreibstein heraus, rieb Tusche darauf, bekam von dem Lehrer eine neue Vorlage und übte sich im Schönschreiben. Dann kam eine kurze Pause und danach lasen wir im neuen Pensum, das wir für heute gelernt hatten. Da alle Kinder laut lasen und jedes Kind aus einem anderen Buch und an einer anderen Stelle, summte das ganze Schulzimmer wie ein Bienenschwarm."

Von einer Art tibetischer Ganztagsgesamtschule handelt die nachfolgende Erinnerung: „Der Unterricht begann im Morgengrauen, und wir durften in derselben Reihenfolge heimgehen, in der wir angekommen waren. Einige Kinder erschienen deshalb bereits im Mondenschein und schliefen auf der Straße, bis die Tür geöffnet wurde. In den Straßen bellten uns die großen, furchterregenden Hunde an, aber wir adligen Kinder wurden zum Glück stets von einem Diener begleitet. Nachdem wir viele Gebete auswendig kannten, lernten wir die Gesetze und die Regeln der Grammatik, Astrologie und Medizin; dann gingen wir nach Hause, um zu frühstücken: *tsampa*-Teig mit geriebenem Käse und Zucker, *thukpa* (dicke Suppe), manchmal gekochte Eier und hin und wieder Omelettes. Nach der Rückkehr übten wir Schönschrift, wobei wir mit gekreuzten Beinen auf der Erde saßen. Die hölzernen Tafeln wurden mit weißem Kalkstaub bedeckt und mit einem Faden liniiert, der durch einen kleinen Wollsack mit Kreidestaub gezogen worden war. Mittags wurde die Anwesenheitsliste verlesen, und nach dem Essen lernten wir weiter bis Sonnenuntergang.

Es gab zwei untere Klassen, in denen auf Tafeln geschrieben wurde und zwei höhere, in denen man Papier benutzte. Zweimal im Monat, am 14. und am 29. Tage, wurden wir geprüft. Der Lehrer verteilte Zensuren und Plätze, und dann mußten wir uns alle der Reihe nach aufstellen; der Junge mit den besten Zensuren schlug alle übrigen Jungen mit einem flachen Bambusstock auf die aufgeblähten Wangen. Der zweite Junge schlug alle, die schlechtere Zensuren hatten als er – und so weiter. In einer Reihe von zwanzig Schülern erhielt der letzte also neunzehn Schläge, und diese Züchtigung veranlaßte alle, in Zukunft eifriger zu lernen. Der Klassenletzte mußte auf eine leere Blechdose schlagen, um damit die Aufmerksamkeit auf seine Schande zu lenken. Mädchen erhielten Schläge auf die Handflächen."

Beide Beispiele, das koreanische und das tibetische, illustrieren die Selbstverständlichkeit, mit der anspruchsvolle Dinge wie Gebete, Moralgesetze, literarische und historische Texte, Grammatik, Astronomie, Medizin schon sehr früh auswendig gelernt werden müssen. Die Schüler müssen sich deshalb intensiv mit Texten befassen. Schließlich werden sie zu Experten des

Auswendiglernens, wobei die Sinndeutung der eingeprägten Inhalte nicht im Vordergrund steht. Sie bleibt einem späteren Alter vorbehalten. Und sie unterliegt, gemäß traditioneller Vorstellungen, auch einer gewissen Eigendynamik des Gelernten. „Hundertmal lesen enthüllt dir den Sinn", formuliert ein japanischer Gelehrter. Außerdem besteht eine enge Wechselbeziehung zwischen Auswendiglernen, Lesen und Schreiben, d.h. eigentlich Schönschreiben. Dieser Zusammenhang dürfte nicht unwichtig für die Lern- und Schulerfolge ostasiatischer Kinder sein.

Man kann es drehen und wenden, wie man will, die eingangs zitierte These, Lehrer seien das Wichtigste in der Schule, wird durch die hier präsentierten sehr unterschiedlichen schulischen Erscheinungsformen nicht widerlegt. Die Lehrenden sind, gewollt oder ungewollt, für die Schüler die Personifizierung des Unterrichtsprogramms. An der Spitze dieses Programms muß die Anerkennung der Schüler stehen, ganz gleich, woher diese kommen. Lehrer, die ihre Schüler mißachten, haben ihren Beruf verfehlt, ganz gleich, woher sie selbst kommen und welches Fach sie vertreten. Fachliche Qualifikation ist eine wichtige Vorausssetzung für persönliche Qualifikation der Lehrenden. Nur diejenigen können positiv ihre Persönlichkeit einsetzen, die sich ihrer Sache sicher sind. Fachliche und persönliche Qualifikation müssen ein Anliegen der Gesellschaft sein, und zwar unabhängig von den Schulstufen.

Mary Crow Dog, Richard Erdoes: Lakota Woman. München: dtv 1994 – Ellen Ismail, Maureen Maki: Frauen im Sudan. Afro-arabische Frauen heute. Wuppertal: Hammer 1999 – Mirok Li: Der Yalu fließt. Eine Jugend in Korea. München: Piper 1946 – Janet Mathews: The two worlds of Jimmie Barker. The life of an Australian Aboriginal 1900–1972 as told to J. M., Canberra: Australian Institute of Aboriginal Studies 1980 – Sally Morgan: My Place. The Autralian Roots. Boston: Little Brown 1990 – Erich Renner: Das Leben des Rentierlappen Siri Matti, von ihm selbst erzählt. Aufgezeichnet von Ludwig Kohl-Larsen. Frankfurt/M., New York: Campus 1994 – Erich Renner: Sozialisation in zwei Kulturen. Analyse autobiographischer Texte. Frankfurt/M., New York: Campus 1986 – Artur Schütt: Die Löcher im Stundenplan. Heidelberg: Quelle & Meyer 1981 – Susanne Schütz: Die gestohlenen Kinder. In: Die Rheinpfalz, Nr. 210, 9.09.2000 – Rinchen Dolma Taring: Eine Tochter Tibets. Hamburg: Schröder 1972 – Johan Turi: Erzählung vom Leben der Lappen. Frankfurt/M.: Eichborn 1992 (1912)

Spielen

→ Spiele → Spiel oder Arbeit

Kinder hätten heutzutage keinen Raum, keinen Ort zum Spielen, klagen fortschrittliche Eltern. Also lassen sich viele Gemeinden und Städte darauf ein, Spielplätze zu bauen. Dazu werden Gutachten von Fachleuten finanziert und pädagogisch wertvolle Spielgeräte angeschafft – eben viel Geld für Kinder ausgegeben. Auch viele Schulen verplanen das letzte unverplante Areal auf ihrem Gelände, nachdem sie den Schulträger von der Notwendigkeit überzeugt haben, Finanzmittel in eine pädagogisch sinnvolle Umgestaltung der Pausenhöfe zu investieren. Dahinter verbirgt sich nicht allein ein schlechtes Gewissen über mangelnde Zuwendung, sondern auch die Vorstellung, Kinder würden ohne gezielte pädagogische Anreize spielerisch nur Chaos hervorbringen. Die englische Anthropologin Charlotte Hardman läßt sich bei ihrem Experiment im Pausenhof der Schule St. Barnabas/Oxford von der Wahrnehmung solcher Einstellungen bei Eltern und Lehrern leiten. „Sind sie nicht einfach wie kleine Wilde?“, kommentiert eine Lehrerin das Spielverhalten der Schüler im Schulhof von St Barnabas. Hardmans Experiment besteht in dem Versuch, als Erwachsene die Schülerinnenrolle einzunehmen, um besser zu verstehen, wie das scheinbare Chaos im Schulhof tatsächlich ist. Allerdings brauchten die Kinder einige Zeit, um zu begreifen, daß da jemand, ohne Privilegien als Erwachsene in Anspruch zu nehmen, sein wollte wie sie. Aber sie ließen sich darauf ein: „Welche Stellung ich auch hatte, das Gefühl der Neuartigkeit und der Furcht war schnell abgebaut, weil ich weder den Ton angab noch Vorwürfe machte. (...) Bald fand ich heraus, daß das Urteil ‚Chaos‘ nur die Reaktion eines Außenstehenden, Nicht-Dazugehörigen sein kann, der die Sprache des Schulhofs und die Art von Ordnung, die hier herrscht, nicht versteht. (...) Alle Spieler sind einig, welche Bedeutungen ihr Umfeld in einer gedachten Situation annimmt. Vieles wurde so oft wiederholt, daß sich automatisch bestimmte Verhaltensregeln einstellen. Alle wissen, wenn du beim ‚Kriegsspielen‘ auf andere zielst, mußt du auch manchmal umfallen und eine Weile tot daliegen, bevor du wieder aufstehen und weitermachen kannst. Du mußt ein

Mindestmaß der Details beherrschen, wenn du richtig mitspielen möchtest. Ich bekam einen Rüffel, weil ich jemanden ‚überfahren' hatte, als wir (hintereinander auf den umgedrehten Bänken sitzend) Armeelaster spielten. Benji fuhr und ich war Passagier. Als Benji erschossen wurde und aus dem Laster fiel, übernahm ich das Steuer. Benji schrie empört, daß ich ihn überfahren würde, wenn ich weiter führe. Er hatte natürlich recht, denn er lag vor der Bank. Die zum Spiel gehörenden Kriterien muß man kennen, sie haben aber nichts Absolutes. Wie bei den Schwestern, die Schwestern spielen, betonen auch die Spiele auf dem Schulhof die selbstverständlichen Gesetze des realen Lebens."

Auf die Schwierigkeit der Bewertung rauher, scheinbar aggressiver Spiele unter Schülern durch Außenstehende hat auch Hans Oswald mit seinen Untersuchungen über Kampf- und Tobespiele hingewiesen. Er kann zeigen, daß es von der Deutung der Beteiligten abhängt, ob solche Spiele in Ernst umschlagen oder nicht. Deshalb wird ihnen große Bedeutung für die Entwicklung sozialer Fähigkeiten zugemessen.

Spielen und Spiel bei Kindern und Jugendlichen scheint offensichtlich anders zu sein als das, was Erwachsene gemeinhin darunter verstehen. Aber müßten Erwachsene nicht eigentlich Experten mindestens ihrer eigenen Kindheitsspiele sein?

Spieltheorien gibt es zuhauf – mindestens seit Schiller, en masse seit den 30er Jahren des 20. Jahrhunderts. Das hohe Ansehen des Spiels für das Nachdenken über das Wesen des Menschen „steht in krassem Mißverhältnis zur Anzahl wissenschaftlicher Studien über alltägliche Spielphänomene", meint Bernhard Fuhs. Ein Standardwerk kulturvergleichender Betrachtung des Spiels stammt von dem Niederländer Johan Huizinga. Unter dem Titel „Homo Ludens" diskutiert er die These „Vom Ursprung der Kultur im Spiel". Unsere kulturvergleichende Behandlung des Themas greift aus der großen Vielfalt der Spielformen und des Spielverhaltens interessante Varianten heraus – im Sinne eines Erfahrungsaustausches, der dem Verstehen dient.

Wie eine völkerkundliche Bestandsaufnahme des Spiels liest sich der ‚Roman' von Michael Roes über seine eigene und eine historische Reise im südarabischen Jemen.

„In einer der vielen Sackgassen (von Sanáa), die uns immer wieder zwingen, denselben Weg zurückzugehen, sprechen wir zwei ältere Jungen an. Ibrahim ist siebzehn Jahre alt und spielt allenfalls noch Fußball, Ali hingegen, Ibrahims jüngerer Bruder, spielt fast täglich mit den Gleichaltrigen auf der Straße. – Sie zeigen uns ihre Spiele, von denen mir einige bereits aus anderen Stadtvierteln bekannt sind: qufaîqif (nach hinten), zurqeîf (Murmeln) oder jachtaba (Verstecken). Folgenden Spielen begegnen wir hier zum ersten Mal:

Halqat al-Maût (Ring des Todes). Die Kinder stehen mit gespreizten Beinen im Kreis. Ein Ball wird in die Mitte des Kreises geworfen. Derjenige, durch dessen Beine der Ball aus dem Kreis rollt, ist der Jäger. Er muß den Ball aufnehmen, während die anderen Kinder davonrennen. Der Jäger versucht, einen der Mitspieler mit dem Ball zu treffen, doch darf er immer nur von der Stelle werfen, wo er den Ball aufgenommen hat. – Der getroffene Mitspieler gilt als ‚tot' und scheidet aus.

Qasij-a (Holzschüsseln, Schiffsrümpfe; nach Auskunft der Kinder: Büchsen). Die Spielgruppe teilt sich in zwei Mannschaften. Die Feldmannschaft errichtet einen Turm aus alten Konservendosen. Die Ballmannschaft steht hinter einer Linie in einigen Metern Abstand zum Turm. Ein Spieler der Ballmannschaft nach dem anderen versucht, von der Linie aus den Büchsenturm einzuwerfen. Ist der Turm zusammengebrochen, dürfen die Werfer mit dem Ball Jagd auf die Turmbauer machen.

Die Feldmannschaft bemüht sich unterdessen, den Büchsenturm wieder zu errichten, ohne sich vom Ball der Jäger treffen zu lassen. Steht der Turm, müssen sich die Schützen wieder hinter ihre Linie zurückziehen und zunächst den Turm zum Einsturz bringen. Getroffene Mitspieler der Turmmannschaft scheiden aus. Sind alle Feldspieler abgeworfen, tauschen die Mannschaften ihre Positionen.

Baîdah (Eier). Ein etwa fünf mal fünf Meter großes Spielfeld wird mit Kreide auf das Pflaster oder mit einem Stock in den Sand gezeichnet. Die Spielgruppe lost zwei Jäger aus, die sich außerhalb des Spielfelds postieren und einander den Ball zuwerfen. Die übrigen Spieler halten sich innerhalb des Spielfelds auf und dürfen die Linien nicht übertreten. Werden sie vom Ball der Jäger getroffen oder aus dem Spielfeld gedrängt, sind sie ‚verbrannt' und scheiden aus.

Das Spiel heißt ‚Eier', weil der Ball von den Feldspielern aufgefangen werden darf, bevor er den Boden berührt hat. Andernfalls ‚explodiert' das Wurfgeschoß; nun rufen alle Mitspieler ‚baîdah', und der Fänger darf mit dem Werfer tauschen.

Adschûal (Wandernde, Reisende; nach Auskunft der Kinder: Tore). Eigentlich heißt das Fußballtor im Arabischen ‚marman' (Ziel, Zweck) oder ‚hadâf (zielen, als Zielscheibe dienen; Scharfschütze). Doch ist ‚dschûl', das Tor, offenbar eine Verballhornung des englischen ‚goal'.

In dieser Fußballvariante spielen nicht zwei Mannschaften miteinander, sondern jeder gegen jeden. Jeder Teilnehmer hat ein eigenes, etwa einen Meter großes Tor zu hüten. Zugleich muß er versuchen, selber Tore zu erzielen. Er ist also Torwart, Verteidiger und Stürmer zugleich.

Wenn ein Spieler eine zuvor vereinbarte Zahl von Toren hat einstecken müssen, scheidet er aus.

Stub (Übernahme des englischen ‚stop'). Die Spieler stehen im Kreis. Der erste Werfer wird ausgelost. Er schleudert einen Ball in die Höhe und ruft den Namen eines Mitspielers, der den Ball auffangen muß, während die anderen Kinder davonrennen. Hält der Aufgerufene den Ball in seinen beiden Händen, ruft er stop. Die flüchtenden Mitspieler müssen sofort anhalten. Vom Ort der Ballaufnahme versucht der Aufgerufene, einen von ihnen abzuwerfen, ohne daß der Ball zuvor den Boden berührt. Trifft er den gewählten Mitspieler, scheidet dieser aus. Der Werfer darf in der nächsten Runde nun seinerseits jemanden aufrufen. Trifft sein Wurf aber nicht, scheidet er selber aus.

Mumkin (möglich, denkbar). Durch Los oder Auszählen wird ein Sprecher bestimmt. Die anderen Mitspieler stellen sich in einer Reihe auf. Diese Spieler fragen den Sprecher der Reihe nach: ‚kam', wieviel? Der Sprecher gibt nach eigenem Ermessen eine Distanz an, zum Beispiel fünf Schritte. Die Spieler fragt: Darf ich? Der Sprecher antwortet: ‚mumkin', vielleicht.

Die Spieler beginnt mit dem Vormarsch und versucht, mit den erlaubten Schritten möglichst weit zu kommen. Ruft der Sprecher unterdessen stop, muß der Spieler unverzüglich stillstehen. Bewegt er sich noch, wird er vom Sprecher in die Reihe zurückgewiesen. Erreicht ein Spieler aus der Reihe den Sprecher, löst er diesen ab.

Mit diesem Spiel (mumkin) vertreiben sich sowohl die Jungen als auch die Mädchen ihre Zeit. Einige Mädchen haben sich zu unseren ‚Informanten' gesellt. Auch die älteren, vielleicht zwölf- oder dreizehnjährigen sind, für Sanáa eher ungewöhnlich, nicht verschleiert. Die gewachsenen Viertel der Altstadt sind nach wie vor traditionelle Trutzburgen. Doch gibt es diese festgefügten sozialen Strukturen in Al-Qa' noch nicht. Vielleicht auch ein Grund für die vielen Spiele, die Jungen und Mädchen hier kennen: die Summe der aus unterschiedlichen Städten und Regionen in diesen Stadtteil mitgebrachten Überlieferungen.

Die Mädchen begleiten das Spiel der Jungen mit Spott und Störmanövern. Offenbar sind sie eifersüchtig auf ihren Status als ‚Informanten'. – Zunächst ignorieren die Jungen sie einfach. Doch diese Mißachtung provoziert sie nur noch stärker. Nun drängen sie sich offen zwischen uns und die beiden Brüder: Ob wir uns nur für die blöden Raufereien der Jungen interessierten, fragen sie uns. Sie wüßten viel interessantere Spiele.

Ibrahim: ‚Nichts wißt ihr außer waqal, hinkeln, und tahti bahti, sich blöde im Kreise drehen.' Bevor es zum offenen Geschlechterkampf kommt, frage ich die Mädchen, was denn ihr Lieblingssspiel sei. Ohne zu zögern, antworten sie einstimmig: Fußball. Ali und Ibrahim lachen laut. Und alle anderen Spiele, von denen euch die Brüder berichtet haben, kennen wir auch, spielen sie aber wesentlich geschickter und vergnüglicher. Doch selbstverständlich ohne die Beteiligung irgendeines streitsüchtigen Jungen.

Als die höhnischen Kommentare der Jungen kein Ende nehmen, geschieht etwas, das wohl nur in diesem Viertel möglich ist: Wardah, die Wortführerin der Mädchen, fordert Ali zum musabaqah, zum Wettrennen auf. Sie ist, obwohl um einiges jünger als Ali, sicher eine Handbreit größer und wesentlich kräftiger gebaut als der sehnige Junge. – Ali antwortet, er renne nicht mit Mädchen um die Wette. Nun sind es Wardahs Freundinnen, die die Jungen mit Hohn und Spott überziehen. Der rhetorische Schlagabtausch erreicht eine darstellerische Größe, daß sich nun auch die ersten Erwachsenen unter das Publikum mischen. Von einem Wettlauf der Geschlechter kann nun allerdings keine Rede mehr sein."

Die Kommentare des Spielesammlers Michael Roes stellen nicht nur einen allgemein menschlichen Zusammenhang her, also einen anthropologischen, sondern sie versuchen auch einen kulturellen Vergleich.

Zum einen: „Die meisten der hier gesammelten und alle in Al-Qa' hinzugekommenen Spiele der Jungen sind Ballspiele. Entweder ist der Ball das einzige notwendige Spielzeug oder das weitere Material (Büchsen, Stökke ...) leicht zu besorgen. Alle Spiele beruhen vor allem auf körperlicher Geschicklichkeit oder Kraft. Immer handelt es sich um eine Jagd, bei der der Ball die Waffe repräsentiert. Manchmal offenbart sich der Jagdcharakter der Spiele bereits im Namen: Ring des Todes, Fischfänger ... Bei anderen Spielen verbirgt sich die Dramatik des Spielablaufs hinter nahezu läppischen Alltagsbegriffen: Büchsen, Eier, Steine, Loch. Beide Namensgebungen, die übertriebenen martialischen wie die banal einfallslosen, stehen für die komplexe Haltung der Kinder zu ihrem Spiel: In ihren Augen sind sie alltäglich, einfach, selbstverständlich und außergewöhnlich, vielschichtig und phantastisch zugleich. Derselbe harmlose Zeitvertreib kann binnen weniger Sekunden zum fesselnden Kampf auf Leben und Tod werden.

Der Grund für diese extremen, doch einander nicht ausschließenden Haltungen liegt in unserer Fähigkeit, eine Beziehung zur Welt aktiv herzustellen, zu entwickeln und zu verändern. Im Spiel sind wir frei, je nach Stimmung oder Wunsch verschiedene Haltungen, von kühl und gelassen bis leidenschaftlich engagiert bewuß einzusetzen."

Man merke, der Verfasser unterscheidet hier nicht zwischen Kindern, Jugendlichen und Erwachsenen! Dieses jemenitische Beispiel zeigt aber auch, wie die typisch islamische Geschlechtertrennung in der städtischen Übergangsgesellschaft bis ins Jugendalter nicht stattfindet. Sie zeigt sich eher als Konkurrenzverhalten, wobei die Jungen sich deutlich konservativ verhalten. Es ist eigentlich schwer vorstellbar, daß sich die hier auftretenden selbstbewußten Mädchen später unter einen Schleier zwingen lassen. Man könnte von der emanzipatorischen Funktion konkurrierender Spiele zwischen Mädchen und Jungen sprechen.

Zum anderen: „Jemeniten spielen überwiegend im Freien, während sich der Spielraum der westlichen Kultur zunehmend ins Haus verlagert hat. Fast könnte ich von einer Domestierung des Spiels sprechen: Das Kinderspiel im Haus muß, den Umständen entsprechend, ruhiger und disziplinierter sein. Weder kann sich hier physische Kraft entfalten, noch können unbegrenzt Mitspieler teilnehmen. Und natürlich lassen sich die Spiele im Haus von Erwachsenen besser beaufsichtigen."

Der jahreszeitliche Verlauf der Kinderspiele wurde bei vielen Völkern beobachtet. Ein interessantes Beispiel stammt von den damals deutschen mikronesischen Palau-Inseln. Raymund notiert, wie sich die Jungen eine Zeitlang nur mit Blasrohr und Pfeil beschäftigen und auf alles Bewegliche schießen, wobei sie überall herumsitzen, um ihre Pfeile zu schnitzen. Danach folgt der spielerische Umgang mit verschiedenen Formen des Speers. Schließlich kommt eine Spielphase, in der Jungen und Mädchen ausschließlich mit einem würfelförmigen Blätterball spielen. Bei den Mädchen taucht dann unerwarteterweise das Fadenspiel auf: „… in wenigen Tagen trug jedes Mädchen, jede jüngere Frau eine dünne Bastschnur oder einen langen feinen Streifen eines dürren Pandanusblattes mit sich, um überall, sobald nur die Hände frei waren, auf dem Wege, im Hause, auf dem Kanu, im Tarofeld zum Spiel die Fäden zu schlingen.“ Nach etwa zwei Monaten wurde das Spiel dann durch ein anderes ersetzt.

Vom nahtlosen Übergang des Kinderspiels in die Tätigkeiten der Erwachsenen bei den Ituri-Pygmäen berichtet Colin Turnbull: „Wie die Kinder in aller Welt lieben auch die Pygmäenkinder, ihre erwachsenen Vorbilder nachzuahmen. Damit beginnt für sie die Erziehung; die Erwachsenen werden sie immer ermutigen und ihnen helfen. Was gibt es sonst für sie zu lernen, als daß sie zu guten Erwachsenen werden? (…) Für Kinder ist das Leben ein langes Fest, das hier und dort durch eine gesunde Tracht Prügel unterbrochen wird. Manchmal erscheinen die Prügel unnötig hart, aber sie bilden einen Teil ihrer Erziehung. Eines Tages entdecken sie, daß aus ihren Spielen wirkliche Beschäftigungen geworden sind, denn nun sind sie erwachsen. (…) Zuerst bemerken sie die Veränderungen kaum, denn selbst wenn sie schon stolze und berühmte Jäger sind, ist ihr Leben voll von Spaß und Lachen.“

Fritz Seidenfaden hat in einer vergleichenden Studie anhand von Beispielen aus Neuguinea, Nordamerika und Afrika die Frage rein nachahmender Kinderspiele diskutiert. Er kommt zu dem Ergebnis, man könne von hundertprozentiger Nachahmung eigentlich nicht sprechen, weil Kinder immer spielerisch eigene Elemente hinzufügen. Nachahmung sei vielmehr selektiv, habe häufig karikierenden Charakter: „Es handelt sich um eine freie Nachahmung des Erwachsenenlebens, die auch Raum läßt für ironische Distanz.“

Daß Erwachsene bei bestimmten Spielen durchaus Augenmerk darauf haben, daß die kindliche Nachahmung einer Zeremonie möglichst exakt gelingt, belegt ein Beispiel aus den Erinnerungen von Charles James Nowell, eines Kwakiutl von Vancouver Island an der kanadischen Westküste. Das besondere Interesse der Erwachsenen ist gleichzeitig ein Hinweis auf die besondere Bedeutung dieses Rituals in der traditionellen Lebenswelt.

„Als ich ein kleiner Junge war, haben wir oft Potlatches mit kleinen Booten ausgerichtet, um die Potlatches der Erwachsenen zu imitieren. Ich hatte kleine Kanus, die man für mich gemacht hatte und die wie die richtigen aussahen. Mein zweiter Bruder hatte einige gemacht, und er gab einigen älteren Leute Tabak, damit sie welche für mich schnitzten. Als ich genug für einen Potlatch beisammen hatte, besuchte ich alle Jungens der anderen Stämme in Fort Rupert. Die Jungens aus meinem eigenen Stamm bat ich, vor unserem Haus alle kleinen Kanus zu zählen und sie, gemäß der Rangfolge ihrer Väter, in einer Reihe aufzustellen. Damit habe ich einen wirklichen Potlatch mit Kanus nachgeahmt, wie ihn Erwachsene praktizierten. Dann hielten die älteren Jungens meines Stammes Reden wie jene, die die Männer bei ihren Potlatches halten. Während meines Potlatches wurden Reden gehalten, die kundtaten, daß ich diese kleinen Kanus verschenken werde und daß ich deshalb von jetzt an den Namen ‚Teufelsfisch' trage.

Während dieser Jungen-Potlatches bekamen alle den Namen verschiedener Fische. Und so nannten wir uns während dieser Potlatches. Die Jungens, die während dieses Spiel-Potlatches die Häuptlingsreden gehalten hatten, sangen dann mein Lied für diesen Potlatch. Ältere Jungens praktizieren Spiel-Potlatches mit Gefäßen, Hemden oder anderen Dingen, wodurch sie damit zusammenhängende Namen bekamen. Aber es sind keine echten Potlatches. Meinen Potlatch habe ich ausgerichtet, bevor ich nach Alert Bay zur Schule ging.

Unsere Väter und Brüder brachten uns bei, wie man solche Potlatches ausrichtet und sie halfen uns, sie durchzuführen und sagten uns, worauf man achten müsse, damit alles richtig sei. Auf diese Weise lehrten sie uns, was wir tun sollten, wenn wir erwachsen sind, um dann echte Potlatches auszurichten.

Mein älterer Bruder war es, der mich unterrichtete, aber er kam nicht dazu und beobachtete uns, als wir ihn durchführten. Er hörte nur davon und wußte, was wir danach gemacht hatten. Als ich nach Hause kam, sagte man mir, alles sei gut gewesen. Sie hatten es angeregt – ich hätte das sonst nie gemacht – und sie unterstützten mich immer bei meinen Spiel-Potlatches. (...) Derjenige, der am meisten verschenkt, wird als höherrangig angesehen."

Daß Kinder und Jugendliche die Enttabuisierung aller bisherigen gesellschaftlichen Werte wahrnehmen, sich in ihrem Verhalten so darauf einstellen, daß sie die allgemeinen Tendenzen im negativen Sinne noch übertrumpfen wollen, illustriert ein Erinnerungsstück aus der Autobiographie der Chinesin Chen Danyan während der Kulturrevolution:

„Es gab in jenen Jahren einen schrecklichen Zeitvertreib: Die Jungen spielten ‚Katzen morden'. Wenn nachmittags kein Unterricht war, strolchten sie bandenweise durch Straßen und Gassen und machten Jagd auf streunende Katzen.

Unter unserem Balkon gab es einen Lüftungsschlitz, der den Zwischenraum zwischen Fundament und Fußbodenbrettern im Erdgeschoß trocken halten sollte. Im Laufe der Zeit war der Lattenrost vor dem Lüftungsschlitz verfault, so daß die Katzen in den Zwischenraum hineinschlüpfen und ihn zu ihrer Behausung machen konnten. Kaum war es Frühling, hörten wir die ganze Nacht hindurch das Liebesgeschrei der Katzen, das wie Babyweinen tönt.

Die größeren Jungen bewaffneten sich mit langen Bambusstöcken und jagten damit die Katzenfamilien aus ihrem Unterschlupf heraus. Wenn diese dann panisch durch den Hof rannten und zu fliehen versuchten, liefen die Jungen schreiend hinter ihnen her. Einige versperrten ihnen den Fluchtweg, andere trieben sie von hinten, und die dritten fingen sie in gebrauchten Pappkartons ein. Die Jungen wirkten bei dieser Aktion wie durchtrainierte, fanatische Soldaten.

Hatten sie eine Katze gefangen, so hängten sie sie an einen Baum und schlugen sie, oder sie fesselten Vorder- und Hinterbeine, setzten ihr einen hohen Papierhut auf den Kopf und warfen sie von der Dachterrasse hinunter. Oder sie gruben ein Loch unter dem Baum, steckten die lebende Katze hinein, schütteten das Loch zu und sprangen abwechselnd darauf herum. Das Miauen der Katze unter der Erde und das Siegesgeheul der Jungen klang markerschütternd durch den Hof.

‚Eine Katze hat neun Leben' heißt ein Sprichwort. Damals hörte ich den Satz von einem der Jungen, der an den Katzenmorden teilnahm. ‚Eine Katze stirbt nicht so schnell', sagte er. ‚Weder stirbt sie, wenn man sie lebendig begräbt, noch wenn sie vom Dach des Wohnblocks herunterfällt. Man muß sie an einen Baum hängen, damit sie sieben Tage lang keinen Kontakt zur Erde hat. Wenn man sie dazu noch schlägt und hungern läßt, dann stirbt sie.'

Der Junge kam sich mit seinen Gewalttaten genial vor. ‚Umbringen!' rief er und machte ein unerschrockenes, kaltblütiges Gesicht wie ein Killer im Kino.

Damals gab es viele Kinder, die sich als Katzenmörder wichtig machten. Auf den Straßen sah man oft tote Katzen. Ihre gemarterten Körper lagen unter den Bäumen in der Straße, durch die unser Schulweg führte. Wenn der Wind durch das Laub wehte und die Schatten sich über den toten Katzen bewegten, dann konnte man meinen, das neunte Leben der Katze sei zurückgekehrt und habe sie wieder lebendig gemacht.

Und erst die Stimmen! Die Schmerzensschreie der geschundenen Tiere klingen hartnäckig in meiner Erinnerung nach. Ich kann seither keiner Katze mehr ins Gesicht schauen, ohne in den klugen und tiefgründigen Augen ein Warten zu erkennen. Warten auf den Augenblick, da die Katzen sich an unserer grausamen Kindergeneration rächen werden.

Einmal waren Lao Ying und ich unterwegs zur Schule, als uns ein paar Jungen aus einer anderen Klasse entgegenkamen. Kaum hatten sie uns gesehen, vesperrten sie uns den Weg, blickten dabei verstohlen nach allen Seiten. Sie führten offenbar etwas Böses im Schilde.

Ich sah, daß sie einen Bambusstock hinter dem Rücken hielten, an dem etwas Schwarzes hing. Gleichzeitig bemerkte ich den kleinen Laden an der Ecke. Als sie plötzlich ihren Stock hochhoben und das Schwarze, das daran hing, in unsere Richtung schleuderten, flüchtete ich mich mit einem Satz in den Laden und warf die Tür hinter mir zu. Im gleichen Moment stieß Lao Ying einen Entsetzensschrei aus.

Vor der Ladentür stand ein altertümliches Bonbonglas mit bunten Zukkerkugeln, sechzig Stück für einen Fünfer. Jetzt flog eine tote Katze gegen das Glas und plumpste zu Boden. Der Hals der Katze war aufgeschunden, ihr Kopf baumelte nur noch an der Luftröhre. Ihre weit aufgerissenen Augen hatten noch immer diesen klugen, wissenden Ausdruck.

Draußen liefen die Jungen kreischend vor Begeisterung davon. Lao Ying schrie aus Leibeskräften. Weil aber die Katze direkt vor ihr lag, blieb sie wie angewurzelt stehen. Dann erbrach sie sich weinend. Wahrscheinlich hatte sie am Morgen Mohrrüben gegessen, denn über den Bürgersteig spritzten rotgoldene Krümel, die aussahen wie die Bonbons im Glas. Ich stand noch im Laden, und auch mir wurde schlecht. Der alte Mann, dem der Laden gehörte, öffnete die Tür und jagte mich brummend hinaus.

Tränenüberströmt sah Lao Ying mich an. Ihre Augen waren dick geschwollen und sahen durch die Tränen noch größer aus als sonst. In der Ferne war noch immer das Siegesgeschrei der Jungen zu hören. Unwillkürlich mußte ich daran denken, wie Lao Ying Kampfparolen gegen meinen Vater an unsere Wohnungstür geschrieben hatte. Wenn dann mein großer Bruder wütend die Tür aufriß, stoben Lao Ying und die anderen Kinder mit ähnlich begeistertem Siegesschrei auseinander."

„Am meisten erschüttert jedoch die Verstrickung der Kinder in dieses Spinnennetz von Repressalien und Anpassung: Sie gebärden sich wie Abziehbilder der Erwachsenen.", formuliert eine Rezensentin dieser Autobiographie. Die Details dieser Situation sprechen eher dafür, daß die Kinder die Erwachsenen hier nicht nur nachahmen, sondern an Grausamkeit noch zu übertreffen suchen. Man muß mit Erschrecken wahrnehmen, wie scheinbar spielerische Handlungen in monströse Wirklichkeit umschlagen. Das grausame Spiel wird zum Spiegelbild der gesellschaftlichen Zustände.

Niemand wird ernsthaft bestreiten wollen, daß Kinder Gelegenheit zum Spielen haben müssen. Ihre gesunde Entwicklung hängt davon ab. Niemand wird auch ernsthaft bestreiten dürfen, daß Spielen für Kinder sowohl Lust als auch Ernsthaftigkeit bedeutet. In jedem Fall sollte der lebensweltliche Rahmen dafür offen sein. Es sollte auch in Erinnerung bleiben: „Mit bestimmten Dingen zu spielen, heißt, ihr Wesen und ihre Bedeutung zu verändern, sie in eine andere Wirklichkeit zu transformieren." Deshalb macht es auch keinen Sinn, das Spielen immer nur pädagogisch initiieren zu wollen. Kinder sind sehr kreativ bei der spielerischen Gestaltung der vorfindbaren lebensweltlichen Bedingungen.

Chen Danyan: Neun Leben. Eine Kindheit in Shanghai. Zürich, Frauenfeld: Nagel & Kimche 1995 – Bernhard Fuhs: Spielen oder gleich „was Richtiges machen"? Zur sozialen Bedeutung des Spielens im Kindesalter. In: E. Renner u. a.: Spiele der Kinder. Weinheim: Deutscher Studien Verlag 1997, S. 19–41 – Charlotte Hardman: Kinder auf dem Schulhof. Unterwegs zu einer Anthropologie der Kindheit. In: M-J. van de Loo, M. Reinhart: Kinder. Ethnologische Forschungen in fünf Kontinenten. München: Trickster 1993, S. 60–77 – Johan Huizinga: Homo Ludens. Vom Ursprung der Kultur im Spiel. Reinbek: Rowohlt Tb. 1956 – Hans Oswald: Zur sozialisatorischen Bedeutung von Kampf und Tobespielen. In: E. Renner u. a. : Spiele der Kinder. Interdisziplinäre Annäherungen. Weinheim: Deutscher Studien Verlag 1997, S. 154–167 – Heinrich Ploß,

Barbara Renz: Das Kind in Brauch und Sitte der Völker. Band 2, Leipzig: Grieben's Verlag 1911 – Michael Roes: Leeres Viertel. Invention über das Spiel. Frankfurt/M.: Gatza bei Eichborn 1996 – Fritz Seidenfaden: Imitation, Identifikation und ironische Distanz – über einige Funktionen des Kinderspiels in traditionellen Gesellschaften. In: E. Renner u. a.: Spiele der Kinder, Weinheim: Deutscher Studien Verlag 1997, S. 181–193 – Sigrid Seuß: Wolfsmilchkinder. Eine Kindheit während der chinesischen Kulturrevolution. In: Die Zeit, Nr. 42, 13.10.1995

Strafen

→ Autorität und Strafe → Drohung/Beschämung
→ Strafe und Resozialisierung

In der autobiographischen Schrift „Meine Kinderjahre“ erzählt Theodor Fontane eine Episode, die sich an einem Heiligabend zugetragen und ihm die Weihnachtsfreude gründlich verdorben habe. Nachdem er und sein Bruder bei der Bescherung endlich vor dem Weihnachtsbaum die Geschenke aufdecken dürfen, finden sie zuerst die ersehnten Spielsachen und wollen sich voller Aufregung bei der Mutter bedanken, ihr die Hände küssen. Doch diese drängt, auch die letzte Umhüllung wegzunehmen. Voller Spannung rätseln die Kinder, was es wohl jetzt noch geben könnte. Beim Wegnehmen des Papiers finden sie einen „aus weißem und rotem Leder geflochtenen Kantschu“, eine nach russischem Vorbild gefertigte kurze dicke Peitsche. Völlig außer sich flüchtet der kleine Theodor in den Garten. Im Rückblick auf dieses Ereignis meint er, selbst wenn es ein Scherz gewesen sein sollte, hielte er sowas für unangebracht, denn „es lag diesem Einfall (der Mutter) eine volle Wesens- und Charakterverkennung zugrunde“. Ob ein derartiges Geschenk für andere Kinder angemessener sein könnte, darüber hegt er gewisse Zweifel. Und er erinnert sich an das „Buch der Kindheit“ eines gewissen Bogumil Goltz, der doch tatsächlich von dem Glück berichtet habe, wenn „die Peitsche seiner Mutter mit aller Macht über ihn gekommen sei“, und es sei um jeden Schlag schade gewesen, der vorbeigegangen ist. Vermutlich hätte das Peitschen-Geschenk für einen solchen Menschen gepaßt, meint Fontane. Und er zieht durchaus in Betracht, es gäbe „nun mal verschiedene Naturen“, die möglicherweise in ihrer charakterlichen Entwicklung zu stählen und zu kräftigen wären. Einen derart eindeutigen Hinweis auf die Notwendigkeit solcher Erziehungsmethoden hält er beim Fest der Liebe in jedem Falle für völlig unangebracht.

Immerhin, die Peitsche als Symbol der Autorität und als Mittel der Charakterbildung schließt Fontane zwar für sich völlig aus, aber ihre teilweise Berechtigung hält er doch für möglich. Obwohl man den berühmten Erzähler Fontane in einem Lexikonartikel als „unbestechlich in seinem Sinn für das Menschliche" bezeichnet, in dieser Hinsicht bleibt er doch ein „Kind seiner Zeit". Eine Fundgrube für prügelnde Autoritäten europaweit stellen im übrigen Autobiographien aus der Zeit um die Jahrhundertwende dar. Und es hat seine Zeit gebraucht, bis man sich auch in Deutschland endgültig auf ein Verbot der Prügelstrafe geeinigt hat. Aber noch in den 90er Jahren des 20. Jahrhunderts diskutierte man in England öffentlich und ernsthaft über die Frage, ob die Prügelstrafe denn nun abgeschafft werden sollte oder nicht.

Nachdem die europäischen Kolonialmächte sich 1885 auf der Berliner Kongo-Konferenz über die Verteilung der Welt geeinigt hatten, nahmen sie sich auch in einer Generalakte, Artikel 6, das Recht, „... alle religiösen, wissenschaftlichen und wohlthätigen Einrichtungen und Unternehmungen (zu) schützen und (zu) begünstigen, welche zu jenem Zwecke geschaffen und organisirt sind, oder dahin zielen, die Eingeborenen zu unterrichten und ihnen die Vorteile der Civilisation verständlich und werth zu machen." Diese Formulierung spiegelt die Haltung der europäischen Kolonialstaaten gegenüber den kolonisierten Völkern. Das Gefühl einer kulturell-zivilisatorischen Überlegenheit begründete gegenüber den Kolonisierten eine Art Erwachsenen-Kind-Verhältnis, aus dem selbstverständlich Erziehungsmaßnahmen abgeleitet werden mußten. Ebenso selbstverständlich gehörte zur Erziehung auch die Prügelstrafe, jenes Mittel zur Festigung der Autorität und zur Charakterbildung, wie es auch europäischen Kindern zugute kam. Wie ernst es gerade den Deutschen damit war, belegt die Diskussion deutscher Kolonialbeamter um die Frage, ob die Nilpferdpeitsche (Kiboko) oder das Tauende das angemessene Züchtigungsmittel für die Schwarzen sei. So geschehen in der Zeitschrift „Koloniale Gesetzgebung" des Jahres 1909. Deshalb finden sich darin genaue Angaben über Material, Machart, Länge und Stärke beider Züchtigungsinstrumente. Eine Belegstelle aus der kolonialen Wirklichkeit: „nach vielen theoretischen Überlegungen über Eingeborenenbehandlung und Erfahrungen aus der Praxis ist für mich auch die Lösung die, wenigstens für den ostafrikanischen Neger, daß ein Hieb zur rechten Stunde, gerecht verteilt, wahre Wunder wirkt, wie auch jeder Schuljunge bei uns eine Ohrfeige, mit Recht im rechten Augenblick verabfolgt, als ganz in Ordnung in Empfang nimmt."

Die entsprechende koloniale Realität spiegelt auch die von dem Ethnologen Diedrich Westermann aufgezeichnete Selbstbiographie eines Buschmannes: „Wir wurden von unseren Eltern nicht geschlagen; wenn wir heute unsere Kinder schlagen, so haben wir das von den Weißen gelernt, die sogar erwachsene Buschmänner prügeln. (...) Ich selber wurde von einem Farmer mitgenommen und mußte seine Kälber hüten. Ich sah viele neue Dinge und hörte Laute, die ich nicht verstehen konnte. Wenn einer so mit mir redete, mußte ich immer lachen, aber das war nicht gut für mich, denn jedesmal bekam ich dann Schläge mit dem Stock oder Riemen. Beim Viehhüten mußte ich immer an all das Neue denken, aber noch mehr an unseren Busch in Namutoni (Heimatregion). Ich vergaß darum oft meine Kälber und bekam wieder Schläge mit dem Riemen. So mußte ich mir das Denken und Nachsinnen über die Heimat abgewöhnen und das lernen, was man von mir verlangte. Als ich das verstand, bekam ich nicht mehr so viele Schläge." Nach der Umsiedlung aus dem angestammten Jagdgebiet in die Wohngebiete der Deutschen erfolgte die Umerziehung durch Prügel. Um genau zu sein, Prügel bei der Arbeit erzwangen Anpassung an die Forderungen der Weißen, Prügel verhinderten eine Rückbesinnung auf die ursprüngliche Lebensweise.

Eine Erzählung des Afrikaners Ferdinand Oyono zeigt Prügelstrafe auch als Methode zur Bewahrung und Herstellung afrikanischer Autorität, hier in einem satirischen Wechselbezug zu Bekehrungsversuchen eines Missionars: „‚Du, Tundi, bist schuld an dieser ganzen Geschichte. Deine Schlecklust richtet uns noch zugrunde. Als ob du hier nicht genügend zu essen hättest! Was mußt du da am Vorabend deiner Initiation einen Bach durchschwimmen, um diesem weißen Weib-Mann (Hochwürden Vater Gilbert), den du nicht einmal kennst, ein Zuckerstück abzubetteln?'

Ich kannte ihn, meinen Vater. Er hatte den Prügelzauber. Wenn er sich damit an meine Mutter oder an mich heranmachte, brauchten wir mindestens eine Woche, um uns zu erholen. So hielt ich gebührenden Abstand von seinem Rohrstock, den er durch die Luft surren ließ, während er auf mich zuschritt. Ich ging rückwärts.

‚Willst du wohl stehenbleiben? Ich habe zwar nicht mehr die Beine, dir nachzulaufen, aber du weißt, wenn ich auch hundert Jahre warten muß, du kriegst deine Strafe doch. Komm her, dann hast du's schnell hinter dir.'

‚Aber ich habe doch nichts gemacht, Vater', protestierte ich. ‚Aaaaaaaaaakieeeeee!' rief er aus. ‚Du wagst zu sagen, daß du nichts getan hast? Wenn du nicht so ein Schleckmaul wärst, wenn du nicht das Blut der Schleckmäuler hättest, das schon in den Adern deiner Mutter umgeht, wärst du nicht nach Fia gegangen, um dich wie eine Ratte um dieses Zuckerzeug da zu balgen, das euch dieser verfluchte Weiße hinwirft. Niemand hätte dir den Arm verrenkt, deine Mutter hätte sich nicht geprügelt, und ich hätte dem alten Tinati nicht den Schädel einschlagen wollen. Ich rate dir, bleib stehen! Wenn du noch einen Schritt tust, dann betrachte ich das eine Beleidigung, als wärst du imstande, mit deiner Mutter zu schlafen ...'

Ich blieb stehen. Er stürzte sich auf mich und ließ mir den Rohrstock über die nackten Schultern tanzen. Ich krümmte mich wie ein Wurm in der Sonne. ‚Dreh dich um und hebe die Arme! Ich will dir schließlich kein Auge ausschlagen.'

‚Verzeih mir, Vater", flehte ich, „ich will's nicht wieder tun ...' ‚Das sagst du immer, wenn ich anfange, dich zu schlagen. Deshalb muß ich dich heute so lange schlagen, bis meine Wut verraucht ist.'

Ich konnte nicht einmal schreien, denn das hätte die Nachbarn herbeigelockt, meine Kameraden hätten mich als ein Mädchen behandelt und mich aus unserer Gruppe ausgestoßen, der Gruppe der ‚Jünglinge-die-bald-Männer-werden'. Mein Vater gab mir noch einen Schlag, dem ich flink auswich. ‚Wenn du noch einmal ausweichst, so heißt das, daß du imstande wärst, deine Großmutter zu beschlafen, meine Mutter!' Um mich am entschlüpfen zu hindern, gebrauchte mein Vater stets solche Drohungen, die mich zwangen, mich seinen Schlägen freiwillig auszuliefern

‚Ich habe dich nicht beleidigt, und will auch nicht meine Mutter beschlafen und auch nicht deine. Ich will nur keine Prügel mehr kriegen, das ist alles.'

‚Du wagst es, in diesem Tone mit mir zu reden! Ein Samentropfen von mir, der so mit mir spricht! Bleib stehen, oder ich verfluche dich!' Mein Vater röchelte. Nie habe ich ihn so außer sich gesehen. Ich ging immer noch rückwärts, und er folgte mir bis gut hundert Meter hinter die Hütten.

‚Gut!' stieß er hervor. ‚Sieh zu, wo du die Nacht verbringst. Ich werde deiner Mutter sagen, daß du uns beleidigt hast. Der Rückweg ins Vaterhaus führt für dich durch das Loch meines Hintern.' Damit wandte er mir den Rücken."

Tundi flüchtet vor den Prügeln seines Vaters zu Vater Gilbert, dem Missionar, dessen Boy er wird. Nach dem Tod des Paters avanciert er zum Boy des Kommandanten. Ferdinand Oyonos Erzählung kritisiert mit den Mitteln der Satire nicht nur das Verhalten der Weißen gegenüber den Schwarzen, sondern auch, wie der zitierte Ausschnitt belegt, das der Schwarzen unter sich. Wir erleben den Vater des Ich-Erzählers als jemand, der vom „Prügelzauber" befallen ist. Mit diesem Begriff und dem Verhalten des Vaters wird verdeutlicht, hier begegnet uns nicht etwa eine im Volk der Ndjem gängige, kulturell begründete Prügelpädagogik. Offensichtlich handelt es sich um einen individuellen Tick des Vaters, der prügelt, bis seine „Wut verraucht" ist. Der Text ist Beleg dafür, daß erzieherische Methoden auch in anderen Kulturkreisen eine „persönliche Note" haben.

Die kulturelle Vielfalt der Völker hat auch eine Vielfalt an Strafmethoden hervorgebracht. Erwachsene zeigen sich dabei recht einfallsreich. Vor allem wird man von dem Irrtum bekehrt, als seien rigorose Maßnahmen, um bestimmte Normen durchzusetzen, anderswo selten. Nachfolgend stehen zufällig ausgewählte Berichte und Auszüge aus selbstbiographischen Texten nebeneinander. [→ Autorität]

Gusii in Kenia: Im Alter zwischen drei und neun bei Mädchen sowie zwischen drei und zwölf bei Knaben wurden Vergehen durch Schlagen mit der Rute auf Beine und Gesäß, Nahrungsmittelentzug, Vertreiben aus dem Haus während der Nacht, Vorenthalten der Kleider, Strafarbeit und Tadel bestraft.

Indien: Im indischen Madras bestrafen Mütter ihre unartigen Kinder durch Einreiben der Augen mit Pfeffer. Das soll außerdem die Sehkraft stärken.

Alt-Mexiko: Stechen mit Dornen, Peitschen mit Nesseln und Räuchern mit Aji in Nase und Auge waren die gewöhnlichen Strafen des Ungehorsams.

Havasupai, südwestliche USA: Eine eher drastische Strafe besteht aus einem Klacks kindlicher und tierischer Fäkalien, in denen man den Kopf der Ungehorsamen bis fast zur Bewußtlosigkeit hineinhält. Wird ein gehänseltes Kind wütend, nimmt ein Erwachsener es mit in die Schwitzhütte und droht in ebenfalls neckender Weise, es bis zum Sonnenuntergang festzuhalten, daß die Hitze es umbringt. Hat das Kind dies überstanden, dann verspricht es, sich zu benehmen.

Creek, südöstliche USA: Die Creek bestrafen ihre Kinder, indem sie ihnen mit einer Nadel das Bein oder den Schenkel aufritzen, daß es blutet. Das habe verschiedene positive Wirkungen, es halte die Kinder nicht nur davon ab, Unheil anzurichten, es lockere auch die Haut und mache die Glieder biegsam, sei also gesund. Außerdem lernten die Kinder, daß Blutverlust nicht ohne weiteres gefährlich sei, was bei Kriegern den Mut verstärke.

Ein Aurakaner aus Südchile: Ein Kind sollte nicht durch Vorenthalten des Essens bestraft werden, denn es hat ein Recht auf Nahrung. Eltern müssen sich Zeit nehmen, ihre Kinder anzuleiten und zu beraten. Bei Fehlverhalten habe er seine Kinder ermahnt, aber kein zweites Mal. Dann habe er sie verhauen.

Ein Eskimo aus Nord-Alaska: „Ich war kaum acht Jahre alt, als ich mit dem Rauchen anfing. Einmal qualmte ich mit einigen anderen zusammen im alten Treppenhaus, als wir von einem älteren Jungen erwischt wurden. Er verpetzte mich bei meinen Eltern, und mein Vater lief mit seinem Gürtel in der Hand hinter mir her. Ich versuchte alles, ihm zu entkommen, aber es half nichts – er holte mich schließlich doch noch ein und gab mir eine ordentliche Tracht Prügel. Als er mich nach Hause brachte, mußte ich wie ein Strafgefangener vor ihm herlaufen. Natürlich war es mein Fehler, weil ich nicht lernen wollte, ein sündhaftes Leben zu meiden.

Meine Mutter ließ mich danach jeden Samstag meine Kleider selber waschen. Ich hatte sechs Schwestern, aber ich mußte meine Wäsche selber waschen! Mein Vater sagte meinen Schwestern, daß sie mir nicht helfen sollten, bis ich gelernt hatte, ein anständiger Junge zu sein. Manchmal war ich so wütend, daß ich meine Sachen bloß in den Bottich stopfte, einmal durchspülte und gleich zum Trocknen aufhing. Ich trug also immer noch schmutzige Kleider, nachdem ich sie angeblich gewaschen hatte."

Ein Moqui, Arizona: „Ich steckte voller Unfug und war schwer zu lenken. Aus diesem Grunde wurde ich gescholten, mit kaltem Wasser begossen, im Schnee gewälzt und aufs schlimmste ‚geneckt'. Aber wir Kinder wurden nie mit Hunger bestraft, im Dunkeln eingesperrt, ins Gesicht geschlagen oder in die Ecke gestellt – das ist nicht Moqui-Art. Manchmal warnten uns die Alten, daß unser Leben nur kurz sein würde, wenn wir uns schlecht gegen sie benähmen; daß uns der Bauch, wenn wir die Schlangentänzer nachäfften, aufschwellen und platzen oder daß ein böser Wind kommen würde, wenn wir ein flaches Holz an einer Schnur herumwirbelten, um ein summendes Geräusch zu machen. Unsere Verwandten warnten uns, daß die Katschinas ungezogenen Jungen keine Geschenke brächten; daß uns das Riesenvolk packen und auffressen oder das Spinnenweib in seinem Netze fangen würde. Meine Eltern drohten mir oft, daß sie mich in die Finsternis hinausstecken würden, wo mich ein Coyote oder ein böser Geist erwischen, ein Navaho wegschleppen oder die Weißen in ihre Schule mitnehmen könnten. Gelegentlich drohten sie mir auch, mich ins Feuer zu werfen, oder warnten mich, daß Masau'u, der Feuergott, in der Nacht erscheinen und mir den Tod bringen werde. Auf diese Weise wurden wir dazu gebracht, auf uns zu achten und uns zu benehmen."

Beschämen als Strafmethode ist ein anderes Erziehungsmuster, das bei den Minangkabau in West-Sumatra malukan genannt wird: „Während meines Aufenthaltes erlebte ich in der unmittelbaren Nachbarschaft häufig mit, wie Kinder im Fall von Fehlverhalten von ihren Eltern vor anderen, d. h. öffentlich ausgelacht und somit beschämt wurden. Hinter malukan steht das Erziehungsziel, die Anpassung der Kinder an Verhaltensregeln zu fördern, die entsprechend der Ethik und Moral der Gesellschaft akzeptierte Norm sind. ‚Korrektes' beziehungsweise ‚richtiges' Verhalten anderen Menschen gegenüber, außerhalb des Familienverbandes stehender Personen, soll und kann durch malukan erreicht werden. ‚Die Einprägung des Schamgefühls soll das Verhalten als eine Art Gewissen kontrollieren. Scham ist das Gefühl der Angst und Besorgnis um die eigene Darstellung, Angst, Kritik zu erwecken oder ausgelacht zu werden.' Malukan stellt somit auch ein Mittel zur Selbstbeherrschung dar. Das Gefühl der Scham kann einerseits zu Rücksicht und Respekt den Mitmenschen gegenüber führen, denn durch die Bereitschaft, sich an die kulturellen Spielregeln anzupassen, erfahren Kinder Lob und positive Reaktionen der Umwelt." Aber Verinnerlichung von Schamgefühl könne auch zu Minderwertigkeitskomplexen führen, meinen die Beobachter.

Hoebel und Wallace berichten von einer vergleichbaren Erziehungspraxis bei den texanischen Comanche: „Wenn (bei den Comanche) ein älterer Junge unbeherrscht, respektlos oder unverschämt war, wurde er von den älteren Männern mit beißendem Spott verfolgt. Gewöhnlich konnte sich der Betroffene solchen Gelegenheiten nicht entziehen oder sein Gesicht wahren. Diese Art der Strafe war zumeist erfolgreich."

Die Notwendigkeit, auch bei schweren Normverstößen und den daraus folgenden Strafen, den Übeltätern eine soziale Wiedereingliederung zu ermöglichen, belegen zwei Beispiele aus Nordamerika. Aufmerksamkeit verdient hier, daß die Öffentlichkeit daran beteiligt ist. Der dadurch erzeugte soziale Druck scheint für Übeltäter besonders heilsam zu sein. Insoweit stimmen diese Fälle mit einer Bestrafung durch Beschämung überein. Aber in beiden Beispielen gehen die Strafenden einen Schritt weiter, indem sie die Bestraften nicht isolieren, sondern wieder in ihre Mitte aufnehmen.

Der Cheyenne Stump Horn erzählt die Geschichte einer Büffeljagd, bei der zwei junge Männer, entgegen den Anweisungen der Shield-Kriegergesellschaft, mitten in die Herde ritten und so das ganze Unternehmen riskierten. Darauf umkreisten die Shield-Krieger die beiden Übeltäter, töteten ihre Pferde, zertrümmerten die Gewehre und peitschten sie aus. „Ihr wißt nun, was wir machen, wenn jemand sich unseren Anweisungen nicht fügt, und ihr wißt jetzt auch, daß wir es ernst meinen, wenn wir etwas anordnen“, sagte einer der Shield-Krieger. Dann wurden sie freilich milder und sagten: „Seht wie diese Jungen nun in unserer Mitte dastehen. Sie haben weder Pferde noch Waffen. Männer, was wollt ihr nun tun?“ In der Folge werden die beiden Übeltäter nach der Sühne ihrer Strafe durch Geschenke in Gestalt von Pferden und Waffen wieder resozialisiert.

Der Sioux-Lakota John Fire Lame Deer berichtet, wie er als Neunjähriger seiner vierjährigen Schwester die Ohren durchsticht und Drahtohrringe einzieht, weil er beobachtet hat, daß andere Familien damit viel Aufhebens machen und Geschenke an den Operateur verteilen. Diese wichtige Zeremonie für Mädchen hat jedoch einen religiösen Kontext, deshalb handelt es sich um einen schweren Verstoß gegen zeremonielle Normen. Johns Vater holt als Medizinmann diese Zeremonie für seine Tochter nach und verschenkt dabei das heiß geliebte Pferd seines ungehörigen Sohnes samt Sattel. Drei Tage läßt er ihn danach leiden, dann schenkt er ihm ein anderes Pferd, ebenfalls mit Sattel.

Heranwachsende dazu zu bringen, daß sie Regeln und Normen eines humanen Zusammenlebens im familiären und gesellschaftlichen Bereich kennen und einhalten, war und ist eine wichtige Aufgabe für alle Erziehenden. Grundvoraussetzung sind vor allem Beispiel und Glaubwürdigkeit der Verantwortlichen selbst. Man sollte nicht etwas fordern, was man selbst nicht einhält. Strafen bei nicht zu akzeptierenden Regelverstößen sollten Gewalt ausschließen. Sie sollten auf die Einsicht der Bestraften angelegt sein, und sie müssen konsequent sein. Die Bestraften sollten danach wieder eine Chance haben, akzeptiert zu werden.

Theodor Fontane: Meine Kinderjahre. Berlin 1894 – Irene Hardach-Pinke, Gerd Hardach: Kinderalltag. Deutsche Kindheiten in Selbstzeugnissen 1700–1900. Reinbek: Rowohlt 1981 – E. Adamson Hoebel: Das Recht der Naturvölker. Olten, Freiburg: Walter 1968 – Anton Markmiller: „Die Erziehung des Negers zur Arbeit". Berlin: Reimer 1995 – Ute Marie Metje: Sozialisation: Kinder- und Jugendwelten in einer matrilinearen Gesellschaft. Die Minangkabau in West-Sumatra. In: D. Drackle, Jung und Wild. Zur kulturellen Konstruktion von Kindheit und Jugend, Berlin: Reimer 1996, S. 183–201 – Ferdinand Oyono: Flüchtige Spur Tundi Ondua. Düsseldorf: Progress 1958 – Erich Renner, Fritz Seidenfaden: Kindsein in fremden Kulturen. Band 2. Weinheim: Deutscher Studien Verlag 1998 – Diedrich Westermann: Afrikaner erzählen ihr Leben. Essen: Essener Verlagsanstalt 1938

Trennung

→ Getrenntsein → Scheidung → Adoption
→ getrennte Erziehung (Ammen/Kindermädchen)

Aus einem Schulpraktikum mit Studenten erzählte ein Kollege folgende Geschichte: „Im zweiten Schuljahr kommt ein Mädchen zu spät zum Unterricht. Deshalb quetscht es sich bei dem gerade stattfindenden Morgenkreis zwischen die Lehrerin und das neben ihr sitzende Kind. ‚Ich bin zu spät, weil meine Eltern sich scheiden lassen, gestern haben sie das gesagt', entschuldigt es sich. ‚Aber ich habe es schon lange gewußt. Immer wenn ich nach Hause gekommen bin und die Matte lag schief, bin ich nicht hineingegangen, sondern zur Oma. Aber sie haben es nicht gemerkt.'" Erstaunlicherweise beschäftigt das Kind vor allem die Tatsache, daß die Eltern glauben, es habe ihre Trennungsabsichten nicht wahrgenommen. Ein Beleg für die häufig anzutreffende Einschätzung, Kinder seien noch zu klein, um „etwas" zu merken. Jedoch ist es hier, und häufig auch anderswo, genau umgekehrt, die Eltern merken nicht, wie sehr ihre Probleme, ihr Zerwürfnis das Kind beschäftigen, so sehr, daß es ihnen ausweicht und zur Oma flüchtet. Unbekannt bleibt, wie dieses Mädchen mit der Verwirklichung der Ankündigung seiner Eltern hat leben können. Aber nicht nur in dieser Weise täuschen sich geschiedene oder scheidungswillige Eltern sehr häufig über die Bedeutung der Trennung für ihre Kinder. Gerne glaubt man, daß Kinder im jugendlichen Alter leichter darüber hinwegkommen. Eine Langzeitstudie, in der 131 Scheidungskinder über 15 Jahre begleitet worden sind, belegt genau das Gegenteil. „Die Wunden der Kinder nach der Trennung der Eltern heilt die Zeit nicht", resümiert eine Rezensentin die Publikation. „Dabei brauchten gerade Kinder Trost. Denn sie erleben die Scheidung der Eltern nicht wie diese auch als Chance zu neuem Glück, sondern nur als Verlust. Und das in jeder Altersphase."

Vergleicht man die wichtigsten menschlichen Entwicklungsbereiche Motorik, Wahrnehmung, Sprache, Sozialverhalten nach ihrer Sensibilität, nach ihrer Anfälligkeit für Störungen, dann gebührt dem letzteren, dem Sozialverhalten, die höchste Aufmerksamkeit. Darüber gibt es in der wissenschaftlichen Diskussion keine Kontroversen. Diese Störanfälligkeit wird im lebensweltlichen Zusammenhang gerne übersehen. Doch sie zeigt sich bei fehlender Verläßlichkeit und Zuwendung, bei Trennung, und sei sie nur zeitweise, bei Scheidung und nicht selten auch bei bestimmten Formen der Fremderziehung wie bei Betreuung durch Ammen und Kindermädchen.

Daß bereits Kleinkinder bei geliebten Bezugspersonen Trennungsgefühle antizipieren können, spricht für eine sehr früh sich entwickelnde soziale Sensibilität. Der nachfolgend erzählte Fall ist ein Beleg dafür.

Florian war ein „pflegeleichtes" Kind, wie es einmal eine gute Bekannte der Familie im Vergleich zur Widerspenstigkeit ihrer eigenen Sprößlinge ausdrückte. Jedenfalls, was den Besuch des Kindergartens anging, war der Junge völlig unproblematisch. Strahlend und munter verließ er morgens das Elternhaus und ließ sich zur Mittagszeit wieder abholen. Auch aus den Kindergruppen und von den Betreuerinnen kamen keine Klagen, eher das Gegenteil, denn Florian kam gut mit den anderen Kindern aus, war munter, freundlich und beteiligte sich gern an allen Aktivitäten.

Völlig unerwartet und wie aus heiterem Himmel änderte sich sein Verhalten. Eines Tages kam die Mutter, der Junge mochte ein halbes Jahre den Kindergarten besuchen und war etwa dreieinhalb Jahre alt, völlig irritiert nach Hause zurück und berichtete, es sei ihr nur mit großer Mühe gelungen, das Kind dort zu lassen. Es handele sich wohl um eine momentane Unpäßlichkeit, vertrösteten sich die Eltern. Doch dem war nicht so. Von nun an war der Kindergartenbesuch ein Problem. Die Mutter hatte zunehmend größere Schwierigkeiten, es Florian recht zu machen, denn es war nicht so, daß er sich weigerte zu gehen, sondern je näher der Kindergarten kam, und es war nur drei Ecken weit, desto widerspenstiger wurde das Kind. Blieb die Mutter dann stehen und wollte ihn wieder mit nach Hause nehmen, gab es die gleichen Symptome: Florian weinte und sträubte sich. Vor die Alternative gestellt, ob er nun in den Kindergarten wolle oder nicht, antwortete er, daß er wolle. Und dennoch gelang es nur mit Mühe, ihn dortzulassen. Die erfahrenen Kindergärtnerinnen bekamen das ganze Theater, wie es genannt wurde, natürlich mit. Und eine besonders erfahrene gab der Mutter den zuverlässigen Rat, man solle ihm mal kräftig den Hintern versohlen. Doch die Mutter konnte, obwohl sie hin und wieder, je nach situativen Gegebenheiten, gewisse zornige Anwandlungen verspürte, sich zu der angeratenen Tat nicht durchringen. Und so rätselten die Eltern gemeinsam über dieses für sie nicht verständliche Verhalten ihres Söhnchens. Als sich kein Ausweg mehr zeigte, sah sich der Vater in der Pflicht, das Hinbringen in den Kindergarten auch mal zu übernehmen.

Aber nur anfangs hatte es den Anschein, daß sich die Situation dadurch bessere. Nach kurzer Zeit verstärkten sich die bekannten Symptome und näherten sich dann eher dramatischen Abläufen zwischen Wohnung und Kindergarten. Und wie gesagt, das Zuhausebleiben wurde von Florian auch nicht akzeptiert. Wochen danach, der Vater hatte es wiedermal geschafft, das Kind bis zur letzten Ecke zu bringen, von der es bis zum Eingang des Kindergartens nur fünfzig Meter weit war, eine Distanz, die Florian früher, selbstbewußt seine Umhängetasche schlenkernd, allein zurückgelegt hatte, kam es zur Eskalation. Er schrie und weinte und weigerte sich zu gehen. Der Vater, irgendwo zwischen Unglück und Zorn, versuchte alles, aber es nützte nichts. Er merkte kaum noch, wie andere Eltern ihn im Vorbeigehen mitleidig belächelten. Und auf die Frage des Vaters, ob er nicht in den Kindergarten wolle, antwortete Florian wieder einmal „doch!". Die nachfolgende Frage, weshalb er dann nicht gehe, löste nur heftiges Weinen aus. Auch die Aufforderung, wieder mit nach Hause zu gehen, hatte das gleiche Resultat. In einer eher verzweifelten Anwandlung ging der Vater in die Kniebeuge und erklärte Florian Gesicht an Gesicht, er könne doch nicht gleichzeitig in den Kindergarten wollen und sich dann doch weigern zu gehen. Und er forderte das Kind auf, ihm zu sagen, warum es weine. Darauf erhielt er diese Antwort: „Wenn du arbeiten gehst, und ich bin im Kindergarten, und dann ist die Mami immer allein, und dann ist sie doch traurig!"

Um seine innere Fassung ringend, erklärte der Vater, die Mutter wäre deshalb nicht traurig, weil sie wisse, daß Florian ja zu Mittag wieder zu Hause sei. Und daran habe sie sich schon gewöhnt. Von diesem Moment an war der Bann gebrochen. Der Vater konnte seinem Söhnlein gerade noch die Tränen abtrocknen, bevor es sichtlich erleichtert und ohne weitere Aufforderung die wenigen Meter eher hüpfend zurücklegte. In der Folgezeit gab es mit Florian nie mehr derartige Probleme.

Trennungsprobleme seien in traditionellen Gesellschaften weniger brisant als in unserer Gesellschaft, so glaubt man gerne, denn diese seien zumeist in Großfamilien, erweiterten Familien oder Clans organisiert. Unbestritten ist sicher, daß in traditionellen Kulturen häufig ein dichteres Netz an Verantwortung gegenüber dem Nachwuchs besteht. [→ Liebe] Dazu gehört die Verteilung der Erziehungsfunktionen auf verschiedene Personen innerhalb des Beziehungsnetzes. Im Gegensatz dazu sind in Kleinfamilien alle Erziehungsfunktionen bei wenigen oder nur einer Person gebündelt. So hat in matrilinear organisierten Gesellschaften in der Regel ein Bruder der Mutter die Funktion strenger aufgabenorientierter Erziehung. Den mütterlichen Großeltern gehört der emotional-erzieherische Part, gekoppelt mit der Vermittlung und Weitergabe des wichtigen kulturellen Wissens. Man täusche sich jedoch nicht, auch in einem derart dichteren Netz an Verantwortlichkeit hängt die Wirkung der erzieherischen Einflußnahmen entscheidend von den Persönlichkeiten ab, die sie vermitteln.

Eine solche matrilinear organisierte Großfamilie hat der Verfasser dieses Stichwortes bei den Navajos im südlichen Utah untersucht. Die selbsterzählten Lebensgeschichten von insgesamt fünfzehn Mitgliedern des Familienverbandes Bedoni-Atene geben interessante Einblicke in ein komplexes Beziehungsgeflecht. Dessen traditionelle Grundlagen sind jedoch durch Instabilität der Erwerbsmöglichkeiten, durch Schulbildung und Berufsausbildung und durch Einflüsse der christlichen Missionen unter Druck geraten.

Clanmutter Kitty Atene hat bis wenige Jahre vor ihrem Tod im Jahr 1993 Verantwortung für den gesamten Familienverband getragen. Dazu gehörten, neben den Nachkommen ihrer Tochter Lilly Atene, auch die Linien ihrer anderen vier Töchter, in kritischen Situationen auch die ihrer Söhne. Die Trennung Lillys von ihrem ersten Ehemann Lamar Bedoni, der sich mit der älteren Schwester seiner Frau verbindet, und Lillys Heirat mit Ben Atene haben zu erheblichen Belastungen geführt. Es bleibt unklar, von wem Trennung und neue Bindungen ausgegangen sind. Die Bedoni-Söhne nehmen die Veränderungen sehr unterschiedlich wahr. Vincent, der Älteste, spricht von Konflikten wegen des Unterhalts und von seiner selbst gewählten Flucht in eine Boarding School nach Brigham City/Utah. Vergils Anmerkungen zur Trennung sind widersprüchlich und harmonisierend zugleich: Sein Vater habe die Mutter und vier Kinder verlassen, doch an anderer Stelle „meine Mutter hat einen anderen Mann getroffen, der ihr besser gefiel". Für die Kinder sei das unproblematisch gewesen, denn der leibliche Vater habe ja in der Nähe gelebt und sei mit einer Schwester der Mutter verheiratet gewesen. Man habe es als Erweiterung der Familie erlebt. Vernon, der jüngste Bedoni-Sohn, erlebt die Neuorientierung der Mutter als massiven Betreuungsverlust, wobei nur auf die Großmutter Verlaß gewesen sei: „Ich wußte immer, wo meine Großmutter war, auch mein Großvater, aber ich wußte nie, wo Mutter war oder mein Stiefvater und schon gar nicht, wo mein leiblicher Vater sich aufhielt." An anderer Stelle charakterisiert sich Vernon so: „Ich bin nicht so, wie ich eigentlich bin". Er meint damit: zweimaliges Scheitern seiner Ehe, alkoholische Exzesse, ruheloses und zielloses Umherziehen. Seine Selbstanalyse enthält zwei Merkmale: Verlassensein während der Kindheit, als jüngster der Bedoni-Linie gewissermaßen zwischen den Ehen seiner Mutter; den Verlust des Großvaters, der als einziger etwas von ihm erwartet hat, „nur er machte mir einen Vorschlag", nämlich die Schule zu beenden und dann Medizinmann zu werden. Diese Option glaubt er auch als Erwachsener noch offen für sich. Gravierendste Erfahrung ist die siebenjährige Trennung von seiner Familie. Zwischen dem 10. und 17. Lebensjahr lebte er, ohne Kontakt mit Zuhause, bei einer mormonischen Pflegefamilie in Blanding/Utah.

Unbestritten bleibt, die Bedoni-Brüder sind in der frühen Kindheit vor allem bei den Großeltern (Kitty und Jack Atene) aufgewachsen und mit ihnen Cousin Toney Lee Atene. Gefragt, wieso er nie bei den mütterlichen Großeltern gelebt habe, antwortet er: „Der Grund, weswegen wir nicht bei ihnen leben wollten, sie waren ziemlich alkoholabhängig".

Die matrilineare Clan-Großfamilie, orientiert an den Großeltern, vor allem an der Großmutter, wie sie uns hier begegnet, fungiert als Auffangbecken vieler Schwierigkeiten und kann viele, wenn auch nicht alle Belastungen ausgleichen. Scheidung, Tod, Alkohol sind Ursachen, die häufig miteinander verknüpft sind. Das Scheitern ehelicher Verbindungen scheint die beteiligten Männer zumeist kaum zu belasten, weil die Frauen mit ihren Kindern in die mütterliche Familie zurückkehren können. Erfahrungen damit haben Vernon, den zwei Frauen mit Töchtern verlassen haben; Phil, dessen Söhne mit der Mutter bei deren Familie leben; Toney, der in zweiter Ehe den mitgebrachten Sohn akzeptiert, während die Tochter aus erster Heirat bei ihrer mütterlichen Familie heranwächst. Gibt es jedoch Ausfälle im mütterlich-verwandtschaftlichen Betreuungsnetz, ist das Scheitern des Nachwuchses programmiert. Vernon ist Beispiel dafür.

Die Hausafrau „Baba of Karo“ aus Nigeria wächst in einer Gesellschaft auf, in der „Kinder zur Adoption oder zur zeitweiligen Versorgung an Verwandte abgegeben werden“. Eigentlich sollen dadurch die Beziehungen unter Verwandten gestärkt werden, „wobei das Aufziehen der Kinder als Leistung gilt, die durch Gegenleistung später vergolten werden muß“. Die Mädchen werden zumeist von einer Person adoptiert, die zur Großelterngeneration gehört, und deshalb auch so genannt wird, die Jungen von Personen der Elterngeneration. Baba wird einer solchen Großmutter zur Adoption gegeben: „Ich lebte glücklich zwei Jahre lang (nach dem Abstillen) in der Hütte der Mutter, dann kam meine Großmutter A'i und bat meine Eltern, mich adoptieren zu dürfen. Sie war die Schwester meiner Großmutter Cibi, die bereits meine älteste Schwester Dije adoptiert hatte. Meine Mutter wußte, daß A'i übellaunig war, aber als sie kam, um mich zur Adoption zu erbitten, war meine Mutter vor den Verwandten meines Vaters, die mich an A'i geben wollten, ängstlich, so sagte sie nichts (...) A'i nahm mich mit zu sich, sie schlug mich und sie machte mich mit ihrer Schimpferei ganz elend. Sie nahm mich, als ich vier Jahre alt war, und ich blieb zwei Jahre bei ihr.“

Obwohl die Mutter merkt, wie schlecht es ihrer Tochter geht, daß sie nicht richtig ernährt, schlecht angezogen und dann auch noch geschlagen wird, traut sie sich nicht, ihrem Mann davon zu erzählen. Erst die leibliche Großmutter kann das Elend nicht mehr mit ansehen und beeinflußt die Männer ihrer Familie, daß das Kind wieder zur Mutter zurückkommt.

Was hier von den Hausa berichtet wird, gehört auch zur kulturellen Tradition anderer westafrikanischer Völker. Aber die wenigen Auszüge aus der Lebensgeschichte der Hausafrau Baba zeigen doch auch, daß solche Systeme, die einer Stärkung der Verwandtschaftsbindungen dienen sollen, von den Eigenschaften der Personen abhängen, die in ihnen leben. Deshalb wird durch das Verhalten von Großmutter A'i für die kleine Baba aus einer Adoption eine Trennung, die die Entwicklung ihres Sozialverhaltens erheblich beeinträchtigt.

Fremderziehung durch Adoption oder Weggabe ist ganz offensichtlich eine weit verbreitete Sitte überall in der Welt: „Bei den Buguis auf Celebes geben die Eltern ihr Kind, um es nicht etwa zu verzärteln, einem Freunde. Bei den Osseten im südlichen Kaukasus wird der Knabe, sobald er den Namen erhalten hat, in ein fremdes Haus zur Erziehung gegeben, und er sieht seine

Mutter nicht vor dem siebenten Jahr (...). Die Banar (in Kambodscha) beachteten den auch den Mishmis und den ihnen benachbarten Stämmen bekannten Gebrauch einer spartanischen Erziehung der Knaben, die schon frühe von ihren Familien getrennt werden."

Kindermädchen und Ammen als Betreuer des Nachwuchses sind bei vielen Völkern selbstverständlich: „Eine wesentliche Rolle bei der Erziehung fast jeden Kindes spiele in der Gusii-Gesellschaft (Kenias) das Kindermädchen (omoreri - sich sorgen um). Dieses Kindermädchen war meistens etwa sechs bis zehn Jahre alt. Sie betreuten das Kleinkind intensiv, so daß es niemals allein gelassen wurde (...)." Eine derartige Betreuung spielt sich jedoch im Rahmen der Familien ab, so daß hier keine Trennungswirkungen zu erwarten sind.

Das sogenannte Ammenwesen war vom Mittelalter bis in die Neuzeit auch in Europa weit verbreitet. Adlige und später das prosperierende Bürgertum übergaben die Aufzucht ihrer Kinder, sofern sie es sich leisten konnten, einer Amme oder Kinderfrau. Ganz aus der Mode dürfte diese Einrichtung bis heute nicht sein. Auch bei den ostasiatischen Völkern, bei den privilegierten Chinesen, Koreanern, Japanern vor allem war die erzieherische Betreuung durch Ammen und Kinderfrauen üblich. Selbstbiographische Erzählungen aus diesen Ländern dokumentieren die Probleme, die Kinder, die unter solchen Bedingungen aufwachsen, mit dieser Art von Trennung haben. Die Chinesin Chow Chung-Chen erzählt ausführlich über ganztägige Betreuung durch eine Kinderfrau, „sie hat mich bestimmt lieb gehabt", während „meine Eltern sicherlich heilig für mich waren, aber ich fürchtete sie sehr". Zentrales Thema ihrer Lebensgeschichte ist deshalb die vermißte Zuwendung und Liebe ihrer Mutter. Bei der Bewertung dieser Beziehung muß allerdings die Rolle des Ahnenkultes und der daraus abgeleiteten Bevorzugung des männlichen Nachwuchses berücksichtigt werden. Und die Mutter war niemand, der diese alte Ordnung in Frage hätte stellen können oder wollen.

Ein zweites chinesisches Beispiel stammt aus dem kommunistischen China Ende der fünfziger Jahre. Die Eltern der Erzählerin kommen allerdings beide aus der bäuerlichen Lebenswelt. Die Zwänge der Arbeitswelt bewirken, daß die Mutter auf ein Betreuungsmodell zurückgreift, das eigentlich der Vergangenheit angehören müßte. Die Frau, die sich auf ihre Anzeige als Milchmutter meldet, hat jedoch nicht nur kommerzielle, sondern auch traditionelle Beweggründe: Eine Mutter, deren erstes Kind gestorben ist, muß ein anderes Kind großziehen, damit eigene später überleben können, so geht der Volksglaube. Die folgende Geschichte zeigt, wie die Weggabe des Mädchens in eine fremde Familie erhebliche Beziehungsprobleme zur Folge hat. Die Erzählerin verbindet mit dem Hin und Her zwischen ihrer Ursprungs- und ihrer Pflegefamilie viele persönliche Probleme ihres Erwachsenenlebens.

„Als meine Mutter sechsundfünfzig Tage nach meiner Geburt wieder arbeiten gehen mußte, brauchte sie dringend eine Milchmutter. Das war kein kleines Problem. Weil mein Vater in einer Zeitungredaktion arbeitete, setzte sie eine Anzeige in die Zeitung. Einige Tage später kam die Milchmutter. Diese Frau hatte gerade ein Kind geboren, das aber gestorben war. Sie war achtzehn und sah sehr gesund aus. Mutter war mit dieser Milchmutter einverstanden. Ihr Familienname war Shi. Die Shis holten mich ab, und als ich eine Weile bei ihnen gelebt hatte, wurde die Frau wieder schwanger. Deshalb hatte sie bald keine Milch mehr. Aber das sagte sie meiner Mutter nicht. Jedes Mal, wenn Mutter mich besuchte, hatte sie den Eindruck, daß ich wieder ein bißchen schmächtiger geworden war, und sie konnte sich das nicht erklären. Sie wußte ja nicht, daß ich immer weniger und schließlich gar keine Milch mehr bekam. Endlich erkundigte sich meine Mutter doch einmal danach. Zuerst wollte die Milchmutter nichts sagen, weil sie Angst hatte, daß ich von meiner Familie zurückgeholt würde. Später hat mir meine Mutter erklärt, warum ich in der Familie bleiben sollte: Wenn das erste Kind stirbt, muß die Mutter ein fremdes aufziehen, dann nämlich können auch eigene Kinder überleben, so glaubt man. Deshalb ließ mich meine Mutter in der Familie Shi, obwohl ich keine Milch bekam. Heute finde ich das Verhalten der Milchmutter sehr egoistisch. (Sie erhielt 20 Yuan = 1/3 ihres Familieneinkommens!) Als ich klein war, war ich so schmächtig und kränklich, ich aß nur Bonbons, scheint mir, immer Bonbons, nichts anderes, und süße Kondensmilch.

Als das erste Kind geboren wurde, war ich ungefähr ein Jahr alt. Von nun an war ich der gute Stern meiner Pflegefamilie. Nach und nach kamen noch vier Kinder dazu. Die Shis wollten mich auf keinen Fall weglassen, obwohl meine Mutter schon lange plante, mich zurückzuholen. Ich glaube, mit der Zeit entwickelte meine Milchmutter Zuneigung zu mir, aber vor allem fühlte sie sich doch zu ihren Kindern hingezogen, denke ich. Als ich klein war, so kann ich mich erinnern, hatte ich immer Durchfall. Ich war eben sehr anfällig. (…)

In der Pflegefamilie spielte ich eine besondere Rolle. Bei den Mahlzeiten wurde die erste Schüssel immer für mich gefüllt. Eines Tages schlief die Milchmutter. Großmutter Shi hielt sich nicht an die Regel, sondern gab die erste Schüssel ihrem ältesten Enkel. Ich fing an, ein fürchterliches Theater zu machen, ich schrie und tobte. Trotzdem bekam ich nicht die erste Schüssel. Wir aßen im mittleren Zimmer, und die Milchmutter wurde natürlich von meinem Geschrei geweckt. Ich beklagte mich bitterlich. Die Milchmutter stand auf, leerte alle Schüsseln wieder in den Topf, teilte neu aus und gab mir die erste. Ich war sehr herrschsüchtig!

Jedes Jahr gebar die Milchmutter wieder ein Kind. Fünf Jahre lebte ich in dieser Familie, und in dieser Zeit hat sie alle ihre fünf Kinder geboren. Ich hatte also einen Haufen kleiner Brüder und Schwestern, mit denen ich mich herumtrieb und um die ich mich kümmern mußte. (…)

Die Shis haben mich nie hart angefaßt, nie kritisiert, nie geschlagen. Später, in der Schule, hat mich ein Lehrer einmal kritisiert. Ich habe sofort laut geweint, denn so etwas war ich nicht gewöhnt.

Meine Mutter brachte mir häufig etwas zum Essen und auch Kleider, aber von den Shi-Kindern durfte keines etwas davon anrühren, nichts von den Leckereien probieren und auch nicht meine Kleider anziehen. Falls es doch geschah, zwang ich sie, die Sachen sofort wieder auszuziehen.

Ich habe, glaube ich, nie darüber nachgedacht, daß ich zurück wollte. Später kam meine Mutter einmal, um mich für einige Tage nach Hause zu holen. Sie arbeitete bei der Tageszeitung von Shanxi und ihre Kollegen und Freunde hatten mich noch nie zu Gesicht bekommen. Bei Mutters ersten Besuchen beachtete ich sie überhaupt nicht. Sie wollte mich umarmen, aber ich lief weg und versteckte mich. Nachdem sie einige Zeit mit den anderen geplaudert hatte, kam ich langsam näher. Mutter brachte Geschenke mit und langsam wurden wir miteinander vertraut, aber ich weigerte mich, mit ihr nach Hause zu gehen. Eines Tages schaffte sie es doch, aber ich schrie und tobte. Nachdem ich einige Tage zu Hause verbracht hatte, kam die Milchmutter wieder, um mich abzuholen. Ich glaube, wenn sie nicht mehr aufgetaucht wäre, hätte ich mich recht gut eingewöhnt und nicht mehr fortgewollt. Aber sie kam immer wieder, um mich mitzunehmen, und ich habe wieder geschrien und getobt. So ging das dauernd hin und her. Meine Eltern wollten, daß ich bei ihnen bliebe, und die Shis wollten mich unbedingt bei sich haben. An eine Situation erinnere ich mich noch genau: Vater Shi erschien und nahm mich mit. Ich schlug und zwickte ihn, so fest ich konnte. Trotzdem ging er mit mir weg. Ich saß vorn auf seinem Fahrrad, und er erzählte mir: ‚Deine Mutter vermißt dich so sehr!‘ Was dann kam, kann man sich leicht vorstellen: Er zog Bonbons aus der Jackentasche. Nachdem ich zwei davon gegessen hatte, war die Welt wieder in Ordnung.

Manchmal besuchte ich Vater im Büro. Dort erschien mir alles sehr sauber und luxuriös. Alles war sehr schön, aber auch sehr fremd. Als ich dann endgültig nach Hause zurückkehrte, sagte meine Mutter: ‚Du schläfst mit Vater unter einer Decke, und deine kleine Schwester schläft mit mir unter einer Decke!‘ Wir lagen alle auf dem großen Kang (heizbares Ofenbett). Ich habe mir nie überlegt, warum ich zwei Mütter hatte. Als ich wieder zu Hause wohnte und in den Kindergarten ging, ich war sechs, fragte ich die anderen Kinder, wieviel Mamas und Papas sie hätten. Sie sagten, eine, und ich antwortete stolz: ‚Ich habe zwei!‘ Das fand ich toll, denn beide Eltern kauften für mich Dinge zum Essen und zum Anziehen. Aber zwischen mir und meiner Familie gab es eine unsichtbare Wand. Bei der Milchmutter konnte ich machen, was ich wollte, aber zu Hause fühlte ich mich unsicher. Immer wenn ich Ärger bekam, war ich fest entschlossen wegzulaufen. Das geschah sehr oft. Manchmal lag ich im Bett, und in meinem Kopf entstand ein genauer Plan, wie ich aus unserer Wohnung zum Haus der Milchmutter laufen wollte. Ich hatte alles bis ins kleinste Detail vor Augen.

Mutter bereute, daß sie mich zu der Milchmutter gegeben hatte, weil ich mich zu Hause nun nicht so recht wohlfühlte. Sie bemühte sich sehr, mir ihre Zuneigung zu zeigen. Sie versuchte, sehr gerecht zu sein, damit ich mich nicht benachteiligt fühlte.

Wenn sie etwas für uns Schwestern kaufte, so war es immer genau dasselbe für uns beide. Die neuen Sachen wurden dann vor mir ausgebreitet, um mich zu beruhigen: ‚Sieh mal, alles ist ganz genau gleich!‘ Eigentlich liebte sie meine Schwester mehr als mich, weil sie sie gestillt hatte. Aber oft verhielt sie sich so, als liebte sie mich mehr. (…)

Später wollte ich gern an die Milchmutter schreiben, aber meine Mutter gab mir ihre Adresse nicht. Einer der Shi-Söhne hat mich einmal besucht und mir erzählt, daß sie mich alle sehr vermissen, und er hat dabei geweint. Als ich so ungefähr zwanzig war, ließ ich mir von meiner Mutter die Geschichte mit der Milch erzählen, und ich habe die Milchmutter sehr gehaßt. Jetzt frage ich mich, wie mich die Eltern in eine so arme Familie stecken konnten. Zum Beispiel gingen meine Zähne kaputt, weil ich kein ordentliches Essen bekam und nie die Zähne putzte. Außerdem konnte ich mich nie in eine Ordnung einfügen. Ich hasse Disziplin. Trotzdem verstehe ich die Milchmutter. Sie hatte ein gutes Herz, sie wußte es einfach nicht besser, das ist alles."

Trennung ist Aufhebung oder Verlust von persönlicher Bindung. Bindung gründet im Sinne des Psychiaters John Bowlby auf dem ursprünglichen Vorhandensein von Personen, die sich auf Bindungen einlassen. Sie sind Voraussetzung für menschliche Existenz überhaupt. Kinder und Heranwachsende müssen deshalb zunächst die Verläßlichkeit solcher Personen erfahren, bevor sie in der Lage sind, auf ihre Wiederkehr zu vertrauen. Ob bei Trennungen andere Personen Verluste ausgleichen können, hängt von verschiedenen Qualitäten ab, vor allem von echter Zuwendung und Verläßlichkeit. Kinder und Jugendliche sind und bleiben sehr empfindsam gegenüber Trennungserfahrungen. Trennungserfahrungen gefährden die Entwicklung ihres Sozialverhaltens und ihrer Identität. Das lehren uns auch die fremdkulturellen Beispiele.

Elisabeth Grohs: Frühkindliche Sozialisation in traditionellen Gesellschaften. In: K. E. Müller, A. K. Treml: Ethnopädagogik. Berlin: Reimer 1992, S. 31–60 – Marion Rollin: Schlaf Jimmy. Eine Langzeitstudie über die Folgen der Scheidung. In: Die Zeit, Nr. 30, 21.07.1989 – Judith Wallerstein, Sandra Blakeslee: Gewinner und Verlierer. Frauen, Männer und Kinder nach der Scheidung. Eine Langzeitstudie. München: Droemer Knaur 1989 – Zhao Tianhong: Die Milchmutter. In: Traudel Schlenker, Zhao Yuanhong: Im Traum war ich ein Schmetterling. Chinesen erzählen ihre Kindheit. Leipzig: G. Kiepenheuer 1993, S. 51–57

Vorbilder

→ direkte/indirekte Vorbilder → Identifikation → Imitation/Lernen

Nachdem Erich Kästner mit seinem Kinderroman „Emil und die Detektive“ für Furore gesorgt hatte, veröffentlichte er mit „Pünktchen und Anton“ ein anderes berühmt gewordenes Kinderbuch. Interessanterweise ähneln sich die Hauptfiguren beider Bücher, Emil und Anton, in jeder Hinsicht außerordentlich. Sich dieser Übereinstimmung bewußt, begründet Kästner in „Das kleine Nachwort“ zu „Pünktchen und Anton“, er habe das in voller Absicht getan, „denn Emile und Anton können wir gar nicht genug kriegen. (...) Vielleicht werdet ihr, wenn ihr sie liebgewonnen habt, wie diese Vorbilder, so fleißig, so anständig, so tapfer und so ehrlich?“ Trotz bester Absichten, mit seinem erhobenen Zeigefinger stempelt Kästner Emil und Anton zu regelrechten Tugendbolden. Doch die noch heute andauernde Begeisterung für diese Kinderfiguren dürfte wohl eher in ihrer Eigenständigkeit, ihrem Selbstvertrauen und Mutterwitz liegen. Derart unverblümt angemahnte vorbildhafte Tugenden dürften Kindern, und heutigen allzumal, ein Greuel sein. Sicher überlesen sie deshalb gerne Kästners massive Belehrungen, die er jedem Kapitel von „Pünktchen und Anton“ angefügt hat, was er im übrigen in der Einleitung auch selbstkritisch vorschlägt. Dennoch, die Vorbildfunktion von Kinderbuchfiguren ist durchaus der Rede wert, denkt man an andere Beispiele wie Astrid Lindgrens „Pippi Langstrumpf“ oder neuerdings Joanne Rowlings Harry Potter-Bücher. Allerdings, die Kästnerschen Figuren sind bei aller Idealisierung ausschließlich der damaligen Lebenswelt entnommen, während bei Lindgren und Rowlings die Hauptfiguren übermenschliche Eigenschaften mitbringen: Pippi mit ihrer physischen Überlegenheit; Harry Potter als Zauberlehrling. Doch sind es nicht gerade diese Eigenschaften, die ein gutes Stück an Faszination ausmachen und eine phantasievolle Identifizierung auslösen? Der aktuelle Medienrummel um Harry Potter spiegelt einerseits etwas vom kindlichen Bedürfnis nach Identifikation, aber auch die heutigen Möglichkeiten, davon finanziell zu profitieren. Es besteht die Gefahr, daß Identifikationsbereitschaft in einen Fankult abdriftet, der sich vor allem an Äußerlichkeiten orientiert.

Der Begriff Vorbild ist in Standardwerken über Kindheit und Jugend heute verpönt. Es finden sich lediglich Hinweise auf die 30 Jahre alte Theorie des Imitationsverhaltens, auch Modelltheorie, von Albert Bandura. Begriffe wie Modell und Imitation kündigen die damit verbundene Gefahr vordergründiger Auslegung des Themas Vorbild bereits an. Bronfenbrenner hat bei ausführlicher Diskussion des damaligen Kenntnisstandes auf die Notwendigkeit der Erforschung komplexer vorbildhafter Beziehungsgefüge hingewiesen: „Bedauerlicherweise gibt es bis jetzt nur wenige Arbeiten über den Einfluß anderer Familienmitglieder (als der Eltern) oder nahestehender Personen – wie Geschwister, Großeltern, gute Freunde und andere Kinder oder Erwachsene – auf das Kind." Man muß sich wohl auf die Vorstellung einlassen, daß es häufig zu einem unplanbaren Zusammenspiel verschiedener potentiell vorbildhafter Personen und Situationen kommen kann. Das „natürliche" kindliche Bedürfnis nach Identifikation braucht solche vorbildhaften Bezugspunkte. Spannend bleibt also die Frage, wann und in welcher Weise das Verhalten anderer ansteckend wirkt. Einfache Antworten werden hier nicht zu haben sein.

Die Schwierigkeiten der Forscher mit diesem Thema könnten damit zu tun haben, daß man die Vielschichtigkeit vorbildhafter Zusammenhänge bisher unterschätzt hat. Völkerkundliche Quellen in Gestalt von selbstbiographischen Geschichten bieten hier den Vorteil, nicht nur rückblickend wichtige Faktoren im Werdegang ihrer Autoren, sondern auch durch den Kontrast fremdkultureller Lebensumstände mögliche Verknüpfungen zu erhellen. Wenn solche Lebensumstände Erfahrungen in zwei verschiedenen Kulturen umfassen, in einer ursprünglichen und einer fremden, dann stellt sich dabei nicht selten das Problem gegenläufiger Vorbilder.

Der Papua Albert Maori Kiki, mit Abstammungswurzeln in zwei kulturell sehr verschiedenen einheimischen Völkern, legt ein emphatisches Bekenntnis zu seiner Mutter ab, obwohl sie nach Meinung des Volkes seines Vaters, der Elema, eine „Wilde vom Stamm der Kukuku" war: „Meine Mutter war eine wunderbare Frau. (…) Meine Mutter wird immer bei mir sein, ich habe nichts vergessen von dem, was sie mich gelehrt hat. (…) Obwohl ich weiß, daß Gott in mir ist, weiß ich doch auch, daß meine Mutter in mir ist. Wenn ich in Gefahr bin, bei einem Autounfall zum Beispiel, rufe ich ihren Namen: Eau". Maori Kiki durchläuft aber auch die

Einweihungsriten der Elema und verinnerlicht so die Traditionen beider Völker.

Die australische Kolonialregierung und die anglikanische Kirche üben großen Druck aus, damit die Papua-Kinder die Schule besuchen. Und die Missionare arbeiten mit harten Repressalien, auch mit Prügeln, und versuchen über die Kinder auf die Erwachsenen Einfluß zu nehmen. Wenn die Eltern nicht in die Kirche gehen, prügelt man die Kinder. Trotz der negativen Erfahrungen während der Grundschulzeit bringt Maori Kiki Interesse an einer Vervollständigung seiner Ausbildung mit. Vater und Mutter sind in dieser Hinsicht gegensätzlicher Meinung. Der Vater ist zwar der Meinung, daß die im Eravo, dem traditionellen Männerhaus der Elema, vermittelten Lehren wichtiger seien als die christliche Religion, aber er befürwortet den weiteren Schulbesuch seines Sohnes. Die Mutter ist prinzipiell dagegen: „Meine Mutter war immer der Meinung, daß ich in der Schule schlechte Dinge lernte, (sie) haßte die Weißen."

Nach einigen Zwischenspielen trifft Maori Kiki auf den Australier Albert Speer, einen Medizinalbeamten aus Kerema: „Ich lernte sehr viel von dem Medizinalbeamten. Er zeigte nicht nur, wie man Wunden behandelt und Patienten pflegt, er ließ mich auch seine Büroarbeiten machen, und manchmal tippte ich seine gesamte Korrespondenz. Er war der erste (weiße) Mensch, der ein echtes Interesse an meinem Fortkommen hatte. Oft nahm er mich mit nach Hause, zeigte mir Bilder von Australien und erzählte mir von der Landschaft, in der er gelebt hatte und die er liebte. (...) Wir gingen zusammen fischen, und wir sprachen über das Wasser, über Fische und Krokodile, über alle möglichen Dinge. Ich sagte ihm, daß ich in mein Dorf zurückwollte und dort bleiben; doch er sagte, nein, für dich gibt es etwas Wichtigers zu tun: du mußt etwas lernen und es deinem Volk bringen, geh nicht mit leeren Händen zurück. Ich sagte: meine Mutter wird alt, ich muß mich um sie kümmern. Und ich kann Vögel schießen. Ich kann ein Schwein mit dem Speer erlegen und ein Haus bauen. Er sagte, diese Dinge sind wichtig, aber ebenso wichtig ist es zu lernen, ein Land aufzubauen. Dein Land wird Männer brauchen, und ich glaube, du bist einer von ihnen. (...) Nur einmal wurde er böse, als ich heiraten wollte. Da war ein Mädchen, dessen Vater Zimmermann in der Stadt war, und die mich gern mochte und mich heiraten wollte. Sie war hübsch, und mir gefiel der Gedanke. Aber ihre ältere Schwester hatte mich auch gern, und schließlich beschloß ich, beide zu heiraten. (…) In Gedanken sah ich mich zu Hause geachtet, denn man würde mich wie einen wichtigen Mann behandeln (…) Aber Mr. Speer wurde wütend und gab mir eine Ohrfeige, als ich es ihm erzählte, und ich weinte, und er vergoß auch Tränen. Er sagte mir, daß ich der erste Papua sei, den er jemals geschlagen hätte. Und wieder sagte er: ich muß dafür sorgen, daß du ausgebildet wirst. Er sagte mir, daß ich warten müsse, und nach der Ausbildung könnte ich ein gebildetes Mädchen heiraten und ein Heim gründen.

Mein Drang nach Hause zu gehen und dort zu bleiben, war stark. Meine Mutter (…) sagte immer wieder: du hast das Geheimnis deines Volkes vergessen. Auch meine Onkel wollten, daß ich nach Hause käme. Sie dachten, ich sei der richtige Typ eines Anführers geworden.

Ich liebte meine Mutter mehr als jeden Menschen, aber schließlich hörte ich auf Albert Speer. Er hatte großen Einfluß auf mich. Ich glaubte ihm nicht, als er sagte, daß ich eines Tages mein Volk führen würde. Aber er war der erste weiße Mann, der je mit mir zusammen aß. Der erste weiße Mann, der mein Freund wurde. Es war mir unmöglich, ihn zu enttäuschen, und so gab ich den Gedanken an Heirat auf. (…)

Ich werde nie vergessen, was Mr. Speer für mich getan hat, und obwohl er nur wenige Jahre älter ist als ich, sehe ich ihn als einen Vater an. Von Fidschi schrieb ich ihm und fragte, ob er es mir gestatten würde, als Zeichen des Dankes seinen Namen anzunehmen. Und so geschah es, daß zu Maori Kiki noch Albert gefügt wurde. Als ich später heiratete und Kinder hatte, nannte ich meinen Sohn Percy nach Mr. Speers Vater, und meine Tochter Jane nach seiner Schwester. (…) Als ich ihn kürzlich sah, sagte ich zu ihm: wenn Sie aus dem Dienst ausscheiden, möchte ich, daß Sie zu mir nach Orokolo kommen und dort bleiben, und wenn Sie sterben, werde ich Sie mit meinen eigenen Händen begraben. Aber das gefiel ihm nicht. Er sagte, er müsse zu seinen eigenen Leuten gehen und dort sterben."

Dieser Textausschnitt illustriert, wie der Erzähler sich mit konkurrierenden Vorbildern auseinandersetzen muß. Und er weiß noch, wie stark die „Versuchung" war, dem Ratschlag seiner geliebten Mutter zu folgen. Weshalb er dann doch nicht auf ihn hört, erschließt sich aus dem Kontext des Verhältnisses zu seinem Mentor Albert Speer. Nach den negativen Erinnerungen an die weißen Kolonisatoren in der Schule erlebt Maori Kiki, daß da ein fremder weißer Mann ernsthaft an ihm interessiert ist, ihn in seine private Sphäre einbezieht, sogar mit ihm zusammen ißt. Eine damals unerhörte persönliche Erfahrung. Aber vor allem glaubt dieser weiße Mann an ihn und seine Fähigkeiten, er traut dem Erzähler etwas zu, etwas, was zunächst unvorstellbar erscheint. Und diesen Mann möchte er nicht enttäuschen. Da kann selbst dessen Ohrfeige nichts mehr daran ändern, denn „Täter" und „Opfer" vergießen deswegen gemeinsame Tränen. Dieser komplexe Zusammenhang macht die Entscheidung des Erzählers verstehbar. Möglicherweise enttäuscht er dadurch seine Mutter, aber er gibt ja seine enge Beziehung zu ihr damit nicht auf. Mit dem Angebot, den späten Albert Speer wie einen Vater zu versorgen, erweist Maori Kiki ihm aus traditioneller Sicht die höchste Ehre. Obwohl es dem jungen Maori Kiki nicht an Vorbildern mangelt, identifiziert er sich mit diesem „Fremden", der höchste Erwartungen mit ihm verbindet. Aber diese Erwartungen sind eingebettet in eine bisher nicht gekannte Achtung und Anerkennung seiner Persönlichkeit.

Nebenbei sei erwähnt, daß Albert Maori Kiki später tatsächlich Außen-, Handels- und Verteidigungsminister von Papua Neuguinea geworden ist. Doch zu der Zeit, als er seine Autobiographie auf Band gesprochen hat, war er Inspektionsbeamter.

Ein anderes Beispiel konkurrierender Vorbilder enthält die Lebensgeschichte des Eskimos Nathan Kakianak von der St. Lawrence-Insel im Nordwesten Kanadas. Dessen traditionelles Vorbild ist der Vater, ein großer Jäger und einer, der das für Eskimos unumgängliche Härtetraining seit frühester Jugend durchgemacht hat. Zu den traditionellen Eigenschaften, die die Jugend verinnerlichen muß, gehören Gehorsam, Zurückhaltung gegenüber Erwachsenen, Erledigung der täglichen Pflichten, Beachtung der Regeln der Gruppensolidarität wie Teilen der vorhandenen Nahrungsmittel und wechselseitige Hilfe. Vor diesem Hintergrund formuliert der Sohn sein Ziel, einmal „ein guter Jäger zu werden", denn jeder Junge braucht die Fähigkeit zu jagen, da sie die einzige Basis der Ernährung darstellt. Als Nathan dann in die Schule gehen muß, erwächst daraus eine echte Konkurrenz für ihn. Er muß gestehen, daß seine Gedanken, während er im Klassenzimmer sitzt, zumeist bei seinem Vater auf der Jagd weilen. Doch er erlebt, daß der Klassenlehrer Mr. Riley ihn deswegen nicht vor anderen ausschimpft, statt dessen schreibt der seine Bemerkungen auf ein Stück Papier, das er ihm unauffällig übergibt. Bedingt durch das notwendige Pendeln seiner Eltern zwischen der Küste und dem Inland (Nomadisieren) ist der Schulbesuch Nathans zeitweise sporadisch. Der Lehrer geht verständnisvoll darauf ein. Obwohl er den regelmäßigen Schulbesuch der Kinder sicherstellen muß, weiß er, daß die Härte des Jägerlebens und das Erlernen der Jagdtechniken so früh wie möglich notwendig ist, so wichtig wie der Schulunterricht. Nach einiger Zeit verpflichtet der Lehrer Nathan, seine Jagderlebnisse niederzuschreiben, ja sogar eine Art Tagebuch zu führen, als die Familie für längere Zeit abwesend sein muß. Schließlich gibt er Nathan Lernmaterialien mit, damit er den jüngeren Geschwistern und Verwandten etwas beibringen kann.

Durch dieses verständnisvolle Verhalten des Lehrers werden die konkurrierenden Lebensorientierungen für Nathan entschärft, so daß daraus für ihn keine Identifikationskonflikte entstehen. Das Gegenteil ist sogar der Fall, er gewinnt dadurch ein neues Selbstverständnis. Denn schließlich ist Nathan der einzige in der Familie, der Lesen und Schreiben kann, womit er für deren Bedürfnisse in der „modernen" Öffentlichkeit eintreten kann.

Die traditionelle Kultur der Sotho (Basotho) in Lesotho ist durch eine hierarchische Sozialstruktur bestimmt. Dazu gehören ein oberster Häuptling, 22 Oberhäuptlinge, Häuptlinge, Unterhäuptlinge und Anführer. Zwischen den Inhabern dieser Positionen existiert eine erhebliche Rivalität, die sich zumeist in Auseinandersetzungen um Vieh und Weideplätze niederschlägt. Zur Regelung dieser Rivalitäten hat sich ein differenziertes mündlich überliefertes Rechssystem herausgebildet. Religiöser Hintergrund ist die Ahnenverehrung. Zu den frühen Erfahrungen von Stimela Jason Jingoes in dieser Lebenswelt gehört die intensive Wahrnehmung von Diskussionen und Gerichtsverhandlungen auf dem dörflichen Versammlungsplatz: „Jeder Junge, der damals in Lesotho aufgewachsen ist, absorbierte vom frühen Alter an unbewußt und ohne Anstrengung das Wissen über die Gesetze des Landes, weil er bei den Zusammenkünften der Männer im Versammlungshaus dabei sein durfte." Eine andere wichtige Kindheitserfahrung hat mit seiner besonderen Stellung in der Stammeshierarchie zu tun. Der Junge wächst als Begleiter des Sohnes des obersten Häuptlings heran, eine Verpflichtung, die auf das Ansehen von Jingoes Großvater und dessen Verbindungen zurückgeht. „Ich bin mit Häuptling Boshoane aufgewachsen und habe ihn während seiner Jugend immer begleitet, genauso, wie es beim Tage meiner Geburt ausgemacht war." Seine frühen Lebenserfahrungen faßt Jingoes in zwei vorbildhaften Vorstellungen zusammen: Zwei Dinge hätten ihn fasziniert, das erste sei die Vorstellung gewesen, einmal Lehrer zu werden, das zweite die Vorstellung, Gerichtspräsident zu sein. Jingoes' Schulzeit spielt in seinen Erinnerungen eine eher nebensächliche Rolle. Er sei ein guter Schüler gewesen und Lernen sei ihm leicht gefallen. Im übrigen dominieren seine Erlebnisse als Hütejunge. Nach der Schule will er dann wirklich Lehrer werden, muß aber wegen einer Augenkrankheit aufgeben. Andere Versuche schlagen ebenfalls fehl. Jingoes arbeitet in verschiedenen Jobs bei Weißen, wird Minenarbeiter, Reisevertreter und tritt schließlich als Soldat in die englische Armee ein. In dieser Funktion kommt er nach England, kämpft in Frankreich gegen Deutschland, lebt wie ein Europäer. Vor allem beeindrucken ihn die fehlenden Rassenschranken. Die Rückkehr fällt ihm auch deshalb um so schwerer. Er arbeitet zehn Jahre in einer südafrikanischen Gewerkschaft, gerät in Konflikte mit der Polizei, wird 40mal angeklagt, dreimal verurteilt, kommt ins Gefängnis. Parallel zur Gewerkschaftsarbeit ist er Lehrer der Methodist Episcopal Church. Schließlich drängt ihn seine Familie und der damalige Principal Chief Boshoane zurückzukehren, um in der Stammeshierarchie Fachmann für Rechtsfragen zu werden, und zwar sowohl für traditionelles als auch für das durch die Weißen gesetzte Recht. Diesem Drängen gibt er nach, dennoch ist es letztlich seine persönliche Entscheidung. Jingoes avanciert schließlich zum stellvertretenden Präsidenten des traditionellen Gerichtshofes. In diesem Zusammenhang entwickelt er sich zu einem Bewahrer und Verteidiger der Basotho-Kultur, der aufgrund seiner frühen Erfahrungen auch über magisches Wissen verfügt.

Obwohl Jingoes in seiner nachschulischen Karriere Familie und Basotho-Kultur teilweise aus den Augen verloren hat, obwohl seine frühkindlichen Prägungen verschüttet scheinen, existieren sie dennoch als latente vorbildhafte Lebensorientierungen. Es bedurfte dann eines Anstoßes, dieses ursprüngliche Leitbild wieder zu aktivieren und im Zusammenhang mit den späteren Lebenserfahrungen zu entwickeln. Andere Beispiele autobiographischer Erinnerungen belegen in ähnlicher Weise, wie ursprüngliche vorbildhafte Erfahrungen, festgemacht an Personen und Situationen, lebenslang ein latentes Potential für Identifikation darstellen können. Auch zufällige Ereignisse können ein solch latentes Potential wieder aktivieren.

Martin Ordoñez, ein Chakchiquel-Maya aus Guatemala, der jüngste Sohn in seiner vielköpfigen Familie, hat von Anfang an eine negative Einstellung zur eingeborenen Lebenswelt. Er sieht sich als einer, dessen Interesse sehr früh auf Lernen und Studieren ausgerichtet ist. Sobald er des Lesens und Schreibens ein wenig mächtig ist, liest er jedes Zeitungsstück und schreibt auf jeden Fetzen Papier, die ihm unter die Finger kommen. Traditionelle Arbeiten sind ihm ein Greuel. Der Vater, früh verstorben, bleibt in Martins Erinnerung als einer, der nicht nur Spanisch, sondern auch verschiedene Maya-Dialekte beherrschte. Obwohl die traditionell orientierte Mutter gegen den Schulbesuch ihrer Kinder ist, respektiert sie den Willen ihres verstorbenen Mannes, allen eine Schulausbildung zukommen zu lassen. Aber sie hofft, daß ihre Kinder, und insbesondere der Sohn Martin, dann mit den Mitteln der Ladinos für die Belange der Indios eintreten. Im Verlaufe seiner Schulzeit hat dieser jedoch mit erheblichen Schwierigkeiten zu kämpfen. Die Mutter nimmt ihn aus der Schule für Indios, weil der Lehrer ihn zu sehr schlägt und schickt ihn in die Schule für Ladinos. Dort leidet der Junge vor allem unter den Mitschülern, weil er der einzige Indio ist. Schließlich gewinnt er das Stipendium eines Rechtsanwalts in Guatemala City und besucht dort die weiterführende Schule. Doch die Anpassungsprobleme sind erheblich, er fühlt sich entwurzelt, was nach acht Monaten seine Flucht nach Hause zur Folge hat. Verschiedene Versuche, handwerkliche Berufe zu erlernen, scheitern ebenfalls. Weil die Mutter das Stipendium zurückzahlen müßte, kehrt er wieder in die Hauptstadt zurück. Schließlich erreicht er doch den Abschluß, macht eine Lehrerausbildung und unterrichtet. Die Mutter bedrängt ihn, als Lehrer sich zu seiner Indioherkunft zu bekennen und Indiokleidung zu tragen, was er ablehnt. Auch deshalb gilt er bei den Indios als Ladino, was aber nichts daran ändert, daß ihn die Ladinos weiterhin als Indio ansehen. In diesem Hin und Her ist im übrigen die diskriminierende ethnische Schichtung des gesamten Landes gebündelt. Martin Ordoñez identifiziert sich selbst ausdrücklich nicht mit seiner Herkunftskultur, „er folge keiner einzigen Tradition“, beklagt aber fehlende Anerkennung in der Ladinowelt. Schließlich gibt er den Lehrerberuf auf und übernimmt eine Stelle im Indian Institute von Guatemala City als Spezialist für Indiosprachen.

Von Kindheit an erlebt Martin Ordoñez den Zwiespalt gegenläufiger Lebensvorbilder: Indio oder Ladino. Mit seinem, wie er meint, ursprünglichen Interesse an Lesen und Schreiben sieht er sich schon sehr früh auf der Seite der Ladinos. Seine Geschwister sind das genaue Gegenteil.

Martins schulische und berufliche Entwicklung konfrontiert ihn mit der Ladinokultur und bewirkt, unabhängig von allen Widerständen, schließlich seine Ladinisierung. Abwehr und Zurückweisen alles Traditionellen verhindern aber nicht, daß er als Spezialist für Indiosprachen seinem Leben doch noch eine traditionelle Wende gibt. Auf diese Weise arbeitet er, gewollt oder ungewollt, an der Bewahrung der kulturellen Tradition der Indios. Bewußt oder unbewußt, er greift damit auch eine Kindheitserinnerung an seinen Vater auf, von dem er weiß, daß er außergewöhnlich polyglott gewesen ist. Er habe viele Sprachen beherrscht, neben dem Spanischen, dem Chakchiquel auch andere Maya-Dialekte. Unbekannt geblieben ist, wie Martin Ordoñez diesen Sachverhalt in seinem Selbstverständnis verarbeitet. Aber seine Selbstbiographie ist ein Dokument des Hin- und Hergeworfenseins zwischen scheinbar unvereinbaren Lebensvorbildern und ein Abbild seiner inneren Zerrissenheit, und das seit seiner frühen Kindheit. Am Leben gehalten wird diese Zerrissenheit durch die diskriminierenden politisch-gesellschaftlichen Verhältnisse des Landes Guatemala.

Den beiden Missionaren und Ethnographen Wilhelm Koppers und Martin Gusinde ist die kulturelle Bestandsaufnahme der heute kulturell und physisch ausgerotteten feuerländischen Ureinwohner zu verdanken. Beide haben sich um ein tiefes Verständnis dieser Völker bemüht. Dazu gehörte auch, daß sie sich selbst den dort üblichen Einweihungszeremonien unterzogen haben. Koppers äußert in seinem selbstbiographischen Reisebericht Hochachtung für die während dieser Zeremonie wahrgenommene Übereinstimmung der dort vermittelten Lehren mit dem alltäglichen Verhalten der Lehrenden: „Kündigte sich die Abenddämmerung an, versammelte ein ehrwürdiger, allgemein geschätzter Alter uns Kandidaten (der Jugendweihe) in seiner unmittelbaren Nähe und wir hockten im Halbkreis vor ihm auf dem Erdboden; dabei richtete er seine Belehrungen und Ermahnungen an uns. (...) Und er war einer, der in seinem Alltag selber einhielt, was er uns empfahl! Gerade sein untadeliges Beispiel erzwang mit einem unwiderstehlichen Zauber die bedingungslose Gefolgschaft für seine Anweisungen."

Bei diesem Beispiel darf nicht außer acht gelassen werden, daß es sich bei den Yagan zahlenmäßig um ein sehr kleines und überschaubares Volk handelt, in der die soziale Kontrolle der Allgemeinheit unmittelbar wirkt. Lehrende und Lernende erhalten unmittelbare Rückmeldungen. Eine wirklich ideale Lebenswelt – leider bei einem seit langem ausgerotteten Volk!

Vorbilder, vorbildhafte Beziehungen, vorbildhafte Situationen zeigen sich nicht ohne weiteres als solche. Sie haben bei Kindern und Jugendlichen (und Erwachsenen) häufig nicht durchschaubare oder vorhersehbare Wirkungen, weil sie sich mit ihrer subjektiven Wahrnehmung der Lebensverhältnisse verknüpfen. In dieser Hinsicht sind Kinder und Jugendliche unverfügbar. Vorbilder, vorbildhafte Beziehungen und Situationen haben einen langen Atem. Sie können lange im Verborgenen blühen. Wenn sie dann zum Vorschein kommen, manchmal durch Zufälle, ist ihr Entstehungszusammenhang oft nicht nachvollziehbar. Das heißt aber dennoch, daß Kinder und Jugendliche Vorbilder, vorbildhafte Beziehungen und Situationen brauchen, ein Spektrum positiver gelebter, vielleicht weniger gelehrter Erfahrungen. Kinder und Jugendliche brauchen vorbildhafte Optionen, auf die sie bewußt oder unbewußt zurückgreifen können.

Urie Bronfenbrenner: Erziehungssysteme. Kinder in den USA und der Sowjetunion. München: dtv 1973 – Kästner für Kinder. 2 Bände. Frankfurt/M.: Büchergilde Gutenberg 1985 – Wilhelm Koppers: Unter Feuerland-Indianern. Stuttgart: Strecker und Schröder 1924 – Albert Maori Kiki: Ich lebe seit 10.000 Jahren. Berlin: Ullstein 1969 – Erich Renner: Ethnopädagogik. Weinheim: Deutscher Studien Verlag 2000 – Erich Renner: Sozialisation in zwei Kulturen. Die Analyse autobiographischer Texte. Frankfurt, New York: Campus 1986